高等职业教育财经类规划教材·精品与示范系列（财务会计专业）

会计信息化实务

（用友 U8V10.1 版）

王　妍　王玲启　主　编

電子工業出版社
Publishing House of Electronics Industry
北京·BEIJING

内容简介

本教材以用友 ERP-U8V10.1 版财务管理系统为操作平台，从应用的角度出发，以实用性为重点，将一个案例单位的经济业务自始至终进行介绍，包括系统管理设置、基础信息设置以及总账、报表、薪资管理、固定资产、应收款管理、应付款管理系统在内的共 8 个项目的经济业务的处理操作流程。每个项目都包括要求达到的能力目标、各岗位的驱动任务及模拟实训项目。每项岗位的驱动任务又包括各种典型业务、步骤指导、重要操作提示等环节。

本教材以提高学生的财务软件操作能力为宗旨，编排新颖，理实一体，深入浅出，图文并茂，适应高职高专的教学特点，有利于提高学生在信息化环境下的业务处理能力。本教材也可供从事相关工作的人员作为参考用书使用。

图书在版编目（CIP）数据

会计信息化实务：用友 U8V10.1 版 / 王妍，王玲启主编. 一北京：电子工业出版社，2018.11

ISBN 978-7-121-34364-3

Ⅰ. ①会… Ⅱ. ①王… ②王… Ⅲ. ①会计信息－财务管理系统－高等职业教育－教材 Ⅳ. ①F232

中国版本图书馆 CIP 数据核字（2018）第 122930 号

策划编辑：张云怡
责任编辑：刘元婷
印　　刷：三河市鑫金马印装有限公司
装　　订：三河市鑫金马印装有限公司
出版发行：电子工业出版社
　　　　　北京市海淀区万寿路 173 信箱　邮编　100036
开　　本：787×1 092　1/16　印张：11.75　字数：300.8 千字
版　　次：2018 年 11 月第 1 版
印　　次：2018 年 11 月第 1 次印刷
定　　价：29.00 元

凡所购买电子工业出版社图书有缺损问题，请向购买书店调换。若书店售缺，请与本社发行部联系，联系及邮购电话：（010）88254888，88258888。

质量投诉请发邮件至 zlts@phei.com.cn，盗版侵权举报请发邮件至 dbqq@phei.com.cn。

本书咨询联系方式：（010）88254573，zyy@phei.com.cn。

前　言

你想超越平庸，成为专业的会计电算化人才吗？

你想熟练使用财务软件，从烦琐的会计业务中摆脱出来吗？

你是否对会计软件有强烈的控制愿望呢？

如果你对这些问题的回答都是“是”，那么选择本教材是极其适合你的。

随着现代会计信息化的全面发展，会计电算化人才被认定为一种复合型人才。复合型人才应该拥有足够的会计和计算机两方面的知识，掌握计算机技术，能将会计工作转化为利用计算机辅助完成；要熟知一些计算机环境下的会计运作方式和模式。根据多年对企事业单位招聘信息的整理，企事业单位对高职高专学生的要求是：掌握基本的专业理论知识，熟练的专业基本技能，具备相应的职业资格证书，能够直接顶岗工作；具备熟练的计算机操作技能，能够熟练运用财务软件处理经济业务。

根据这样的人才需求，本教材以提高学生的财务软件操作能力为宗旨，以“会计电算化”课程的“学做一体，课证融合”的理念，深入浅出、图文并茂地进行讲解，并通过模拟实训，提高学生在信息化环境下的业务处理能力；本教材以用友公司开发的ERP-U8V10.1版本的财务软件为演示平台，不仅帮助读者在完成本教材的学习后轻松通过会计考试中会计电算化的考试科目，还可以帮助读者解决日常工作中遇到的问题。读者也可以将本书作为参考书使用。

本书的每个项目都围绕如下要点展开。

- 能力目标：指出通过该项目应该掌握的知识点和达到的能力。
- 任　　务：每个项目下根据软件和会计工作岗位的特点分解的工作任务。
- 业　　务：提供了案例企业的业务数据。
- 操作步骤：根据实验资料的数据，描述操作步骤，并在重点地方给出提示。
- 模拟实训：根据每个项目内容编制的练习。

编　者

目　录

项目 1　系统管理设置……（1）

任务一　系统管理……（1）

业务一　首次登录系统管理……（1）

业务二　增加用户……（2）

业务三　建立账套……（3）

业务四　设置操作员权限……（8）

业务五　账套备份……（9）

业务六　账套引入……（10）

模拟实训　系统管理……（12）

项目 2　基础信息设置……（14）

任务一　基础设置……（14）

业务一　设置部门档案……（14）

业务二　设置企业人员信息……（16）

业务三　设置客户信息……（19）

业务四　设置供应商档案……（22）

模拟实训　基础设置……（23）

项目 3　总账系统……（26）

任务一　总账系统初始化……（26）

业务一　系统参数的设置……（26）

业务二　会计科目的设置……（28）

业务三　设置项目目录……（32）

业务四　设置凭证类别……（35）

业务五　输入期初余额……（36）

业务六　设置结算方式……（40）

任务二　总账系统日常业务处理……（41）

业务一　填制凭证……（41）

业务二　审核凭证……（47）

业务三　出纳签字……（47）

业务四　修改已审核已签字凭证……（48）

业务五　删除凭证……（50）

业务六　记账……（51）

业务七　查询凭证……（52）

业务八　修改、删除已记账凭证……（53）

任务三　总账系统期末业务处理……（54）

业务一　自定义转账……………………………………………………………………………（54）
业务二　期间损益结转……………………………………………………………………………（56）
业务三　生成自定义转账凭证……………………………………………………………………（56）
业务四　生成期间损益结转凭证…………………………………………………………………（59）
业务五　期末对账与结账…………………………………………………………………………（60）
模拟实训　总账系统………………………………………………………………………………（63）
项目 4　报表系统……………………………………………………………………………………（69）
任务一　利用报表模板生成报表…………………………………………………………………（69）
业务一　生成资产负债表…………………………………………………………………………（69）
任务二　自定义报表………………………………………………………………………………（71）
业务一　生成利润表………………………………………………………………………………（71）
模拟实训　套用模板制作报表……………………………………………………………………（80）
项目 5　薪资管理系统………………………………………………………………………………（81）
任务一　薪资系统初始化…………………………………………………………………………（81）
业务一　设置薪资管理系统初始参数……………………………………………………………（81）
业务二　设置工资类别……………………………………………………………………………（82）
业务三　设置人员附加信息………………………………………………………………………（84）
业务四　设置所有工资类别工资项目……………………………………………………………（84）
业务五　设置银行档案……………………………………………………………………………（86）
业务六　设置不同“工资类别”的工资项目……………………………………………………（86）
业务七　设置“在职人员”的人员档案…………………………………………………………（88）
业务八　设置“在职人员”的工资项目计算公式………………………………………………（90）
任务二　薪资日常业务处理………………………………………………………………………（95）
业务一　更改个人所得税税率……………………………………………………………………（95）
业务二　录入工资数据……………………………………………………………………………（96）
业务三　查看扣缴所得税和银行代发一览表……………………………………………………（98）
业务四　工资分摊设置……………………………………………………………………………（100）
业务五　进行工资分摊并生成记账凭证…………………………………………………………（103）
业务六　月末处理…………………………………………………………………………………（105）
业务七　查看工资发放条…………………………………………………………………………（106）
模拟实训　薪资管理系统…………………………………………………………………………（107）
项目 6　固定资产系统………………………………………………………………………………（110）
任务一　固定资产系统初始化……………………………………………………………………（110）
业务一　启用固定资产系统进行初始参数设置…………………………………………………（110）
业务二　固定资产选项设置………………………………………………………………………（113）
业务三　设置部门对应折旧科目…………………………………………………………………（114）
业务四　固定资产类别设置………………………………………………………………………（115）
业务五　设置固定资产增减方式对应入账科目…………………………………………………（117）
业务六　录入固定资产原始卡片…………………………………………………………………（119）

任务二　固定资产日常业务处理……………………………………………………………………（121）
业务一　修改固定资产卡片………………………………………………………………………（121）
业务二　新增固定资产业务………………………………………………………………………（122）
业务三　计提固定资产折旧业务…………………………………………………………………（124）
业务四　减少固定资产业务………………………………………………………………………（125）
业务五　固定资产变动……………………………………………………………………………（126）
业务六　重新计提月末折旧………………………………………………………………………（128）
业务七　记账对账业务……………………………………………………………………………（129）
模拟实训　固定资产管理系统……………………………………………………………………（129）
项目7　应收款管理系统……………………………………………………………………………（133）
任务一　应收款管理系统初始化…………………………………………………………………（133）
业务一　启用应收款管理系统进行初始参数设置………………………………………………（133）
业务二　设置存货分类……………………………………………………………………………（134）
业务三　设置计量单位……………………………………………………………………………（135）
业务四　设置存货档案……………………………………………………………………………（137）
业务五　设置基本会计科目………………………………………………………………………（138）
业务六　结算方式科目设置………………………………………………………………………（139）
业务七　坏账准备、账龄区间及开户行设置……………………………………………………（140）
业务八　单据编号设置……………………………………………………………………………（142）
业务九　设置期初余额……………………………………………………………………………（142）
任务二　单据处理…………………………………………………………………………………（145）
业务一　填制销售专用发票和应收单……………………………………………………………（145）
业务二　修改、删除、审核销售专用发票及应收单……………………………………………（149）
业务三　填制收款单并审核………………………………………………………………………（151）
业务四　制单（生成凭证）………………………………………………………………………（152）
任务三　转账处理、坏账处理……………………………………………………………………（156）
业务一　转账（应收冲应收）业务………………………………………………………………（156）
业务二　坏账处理业务……………………………………………………………………………（157）
业务三　坏账收回业务……………………………………………………………………………（159）
业务四　结账业务…………………………………………………………………………………（160）
模拟实训　应收款管理系统………………………………………………………………………（161）
项目8　应付款管理系统……………………………………………………………………………（163）
任务一　应付款管理系统初始化…………………………………………………………………（163）
业务一　启用应付款管理系统进行初始参数设置………………………………………………（163）
业务二　设置基本会计科目………………………………………………………………………（164）
业务三　结算方式科目设置………………………………………………………………………（165）
业务四　逾期账龄区间设置………………………………………………………………………（165）
业务五　单据编号设置……………………………………………………………………………（166）
业务六　录入期初采购发票………………………………………………………………………（167）

业务七　录入预付款单……（168）
任务二　单据处理……（169）
业务一　录入采购专用发票……（169）
业务二　录入采购专用发票和运费普通发票……（170）
业务三　审核应付单据……（171）
业务四　录入付款单……（172）
业务五　制单（生成凭证）处理……（173）
任务三　转账处理、结账处理……（175）
业务一　转账业务……（175）
模拟实训　应付款系统……（177）

项目1

系统管理设置

能力目标

通过学习“系统管理设置”中的主要功能和操作方法，掌握以系统管理员的身份增加用户、建立账套、设置用户权限、备份账套、引入账套和修改账套的方法。

任务一 系统管理

业务一 首次登录系统管理

业务描述

请以系统管理员 admin 身份登录系统管理。

操作步骤

（1）单击“开始”/“程序”/“用友 ERP-U8”/“系统服务”/“系统管理”命令，进入“用友 ERP-U8[系统管理]”窗口。

（2）单击“系统”/“注册”命令，打开“登录”系统管理对话框，如图 1-1 所示。

（3）操作员：admin，密码为空。

单击“确定”按钮，以系统管理员身份进入系统管理。

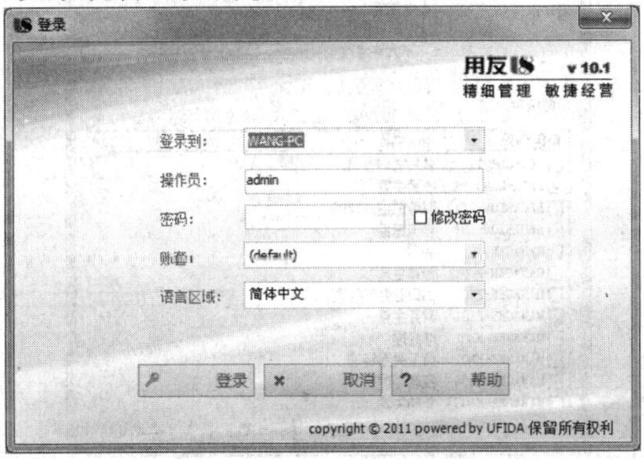

图 1-1 “登录”系统管理

业务二　增加用户

业务描述

2017 年 1 月 1 日，永望公司用户及其权限如表 1-1 所示，请以系统管理员 admin 身份登录系统管理，增加用户信息。

表 1-1　用户及其权限表

编　号	姓　名	口　令	部　门	角　色
001	周伟	001	财务部	账套主管
002	王平	002	财务部	总账会计
003	张一	003	财务部	—

操作步骤

（1）在系统管理下，选中“权限”/“用户”命令，打开“用户管理”对话框。

（2）单击“增加”按钮，打开“操作员详细情况”对话框，如图 1-2 所示，以增加用户。录入

编号：001

姓名：周伟

口令及确认口令：001

所属部门：财务部，在“所属角色”列表中选中“账套主管”前的复选框。

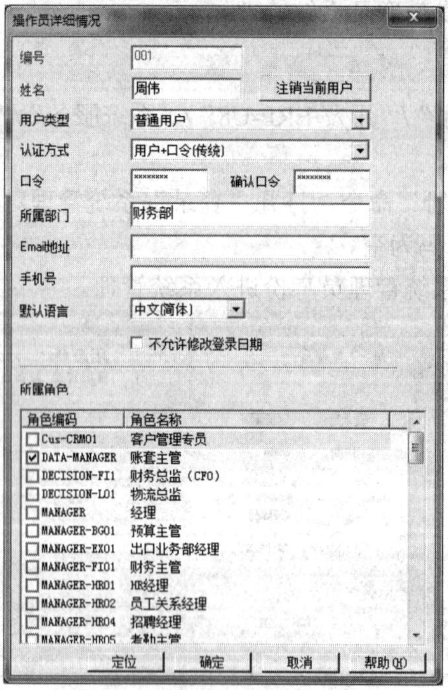

图 1-2　操作员详细情况

（3）单击“增加”按钮。依次设置其他操作员。设置完成后单击“取消”按钮退出。

提示

只有系统管理员（admin）才能进行增加用户的操作。

业务三　建立账套

业务描述

2017年1月1日，永望公司建账信息如下。

账套号：100

单位名称：天津永望股份有限公司

单位简称：永望公司

单位地址：天津市和平区马场道1号

法人代表：王文

邮政编码：100086

税号：　10001 10102 ×××××

启用会计期：2017年1月

企业类型：工业

行业性质：2007年新会计制度科目

账套主管：周伟

基础信息：对存货、客户进行分类

分类编码方案：

科目编码级次：4222

客户分类编码级次：123

存货分类编码级次：122

部门编码级次：122

结算方式编码级次：12

收发类别编码级次：12

操作步骤

（1）admin登录系统管理，选择“账套”/“建立”，打开“创建账套——建账方式”对话框，如图1-3所示，选择“新建空白账套”/“下一步”。

（2）打开“创建账套——账套信息”对话框，如图1-4所示，录入账套号“100”，账套名称“天津永望股份有限公司”；启用会计期“2017-1”。

（3）单击“下一步”按钮，打开“创建账套——单位信息”对话框，如图1-5所示，录入单位信息。

（4）单击“下一步”按钮，打开“创建账套——核算类型”对话框，如图1-6所示。

（5）单击“账套主管”栏的下三角按钮，选择“[001]周伟”，其他采取系统默认选项。

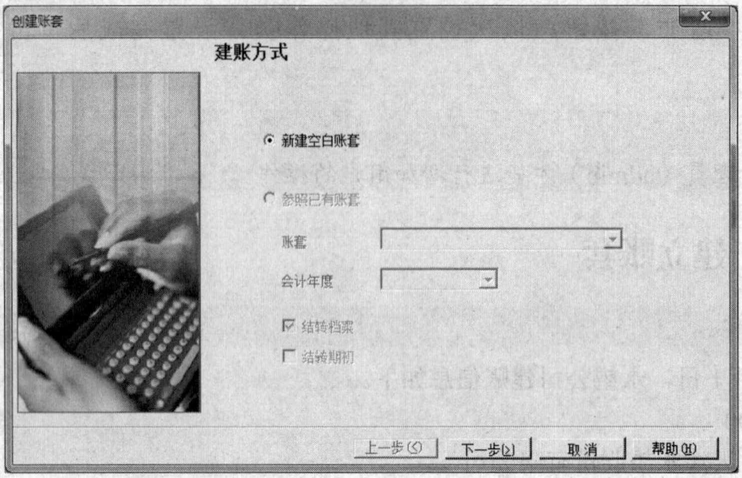

图 1-3　创建账套——建账方式

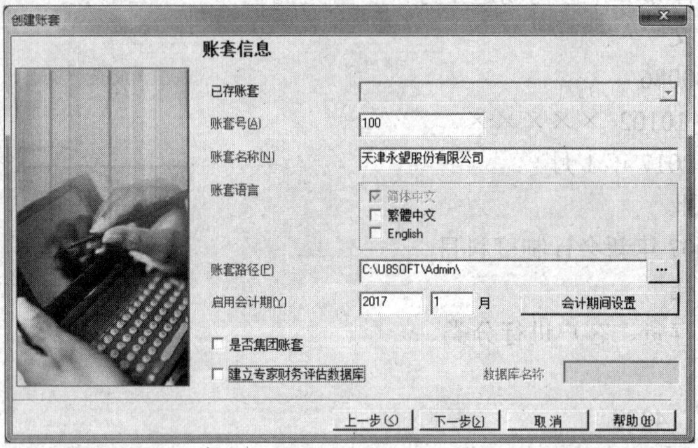

图 1-4　创建账套——账套信息

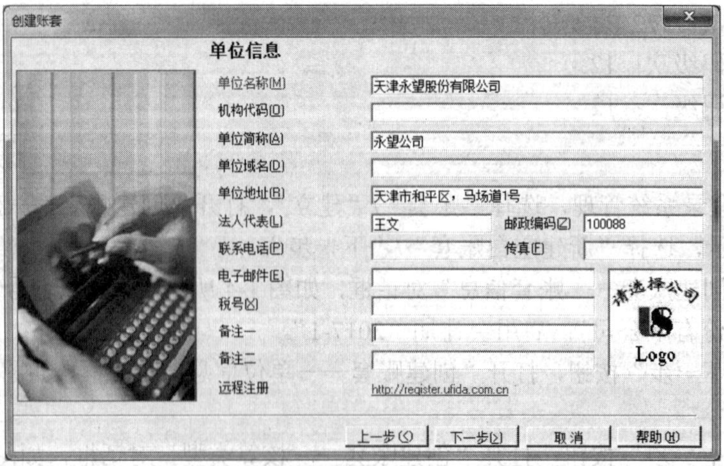

图 1-5　创建账套——单位信息

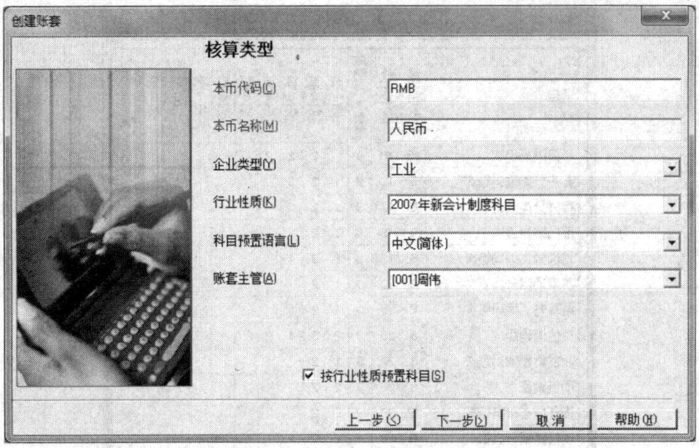

图 1-6　创建账套——核算类型

（6）单击“下一步”按钮，打开“创建账套——基础信息”对话框，如图 1-7 所示。

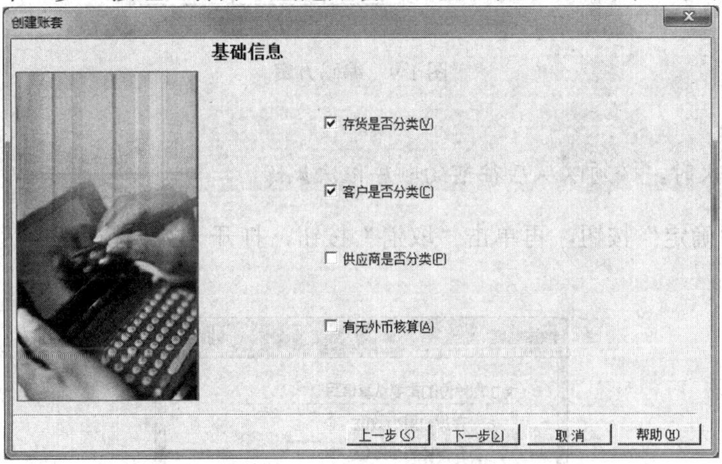

图 1-7　创建账套——基础信息

（7）分别选中“存货是否分类”及“客户是否分类”前的复选框。

（8）单击“下一步”/“完成”按钮，弹出系统提示“可以创建账套了么？”，如图 1-8 所示，单击“是”按钮。此时系统建账会需要一段时间，稍后打开“编码方案”对话框，如图 1-9 所示，按所给资料修改分类编码方案。

图 1-8　创建账套

项目	最大级数	最大长度	单级最大长度	第1级	第2级	第3级	第4级	第5级	第6级	第7级	第8级	第9级
科目编码级次	13	40	9		2	2	2					
客户分类编码级次	5	12	9	1	2	3						
存货分类编码级次	8	12	9	1	2	2						
部门编码级次	9	12	9	1	2	2						
地区分类编码级次	5	12	9	2	3	4						
费用项目分类	5	12	9	1	2							
结算方式编码级次	2	3	3	1	2							
货位编码级次	8	20	9	2	3	4						
收发类别编码级次	3	5	5	1	2							
项目设备	8	30	9	2	2							
责任中心分类档案	5	30	9	2	2							
项目要素分类档案	6	30	9	2	2							
客户权限组级次	5	12	9	2	3	4						
供应商权限组级次	5	12	9	2	3	4						

图 1-9　编码方案

提示

删除编码级次时，必须以从后往前的顺序依次删除。

（9）单击“确定”按钮，再单击“取消”按钮，打开“数据精度”对话框，如图 1-10 所示。

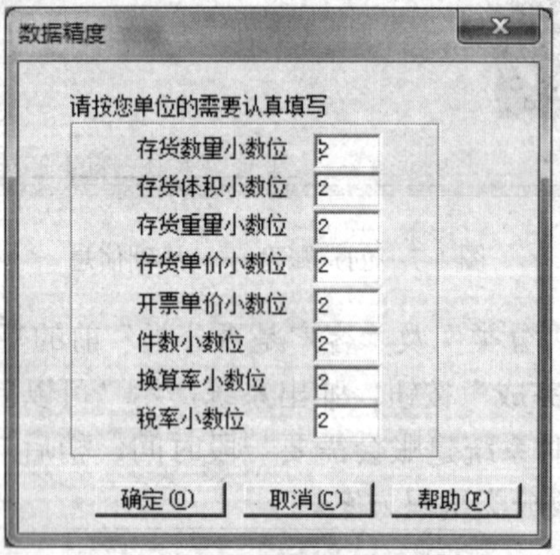

图 1-10　数据精度

（10）默认系统预置的数据精度的设置，单击“确定”按钮，稍等片刻系统弹出信息提示框，如图 1-11 所示。

（11）单击“是”按钮，打开“系统启用”对话框，如图 1-12 所示，依次启用“总账”“应收款管理”“应付款管理”“固定资产”选项，启用自然日期为 2017 年 1 月 1 日。

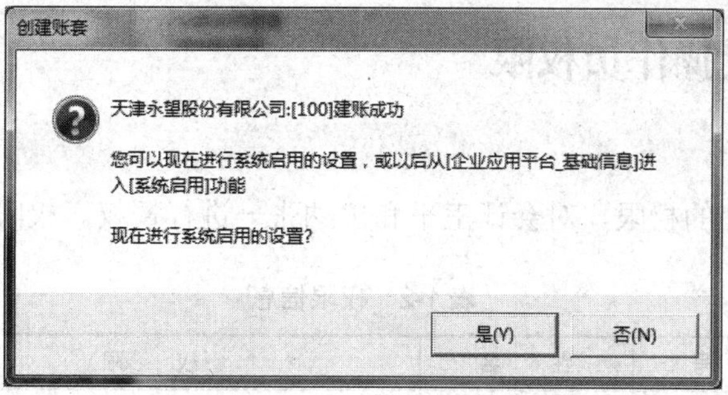

图 1-11　信息提示框

图 1-12　系统启用

提示

此步骤如果选择“否”，那么先结束建账过程，之后在“企业应用平台”中的“基础信息”中还可以进行系统的启用。

（12）结束建账过程，系统提示“请进入企业应用平台进行业务操作!”信息，如图 1-13 所示。单击“确定”按钮返回。

图 1-13　进入应用平台提示

业务四　设置操作员权限

业务描述

查看会计主管周伟的权限，对会计王平和出纳张一进行授权。权限信息如表 1-2 所示。

表 1-2　权限信息

编　号	姓　名	权　限
001	周伟	账套主管的全部权限
002	王平	总账系统所有权限
003	张一	出纳所有权限、总账系统中出纳签字功能

操作步骤

1. 查看周伟是否为 100 账套的账套主管

（1）在系统管理中，单击“权限”/“权限”命令，打开“操作员权限”窗口，如图 1-14 所示。

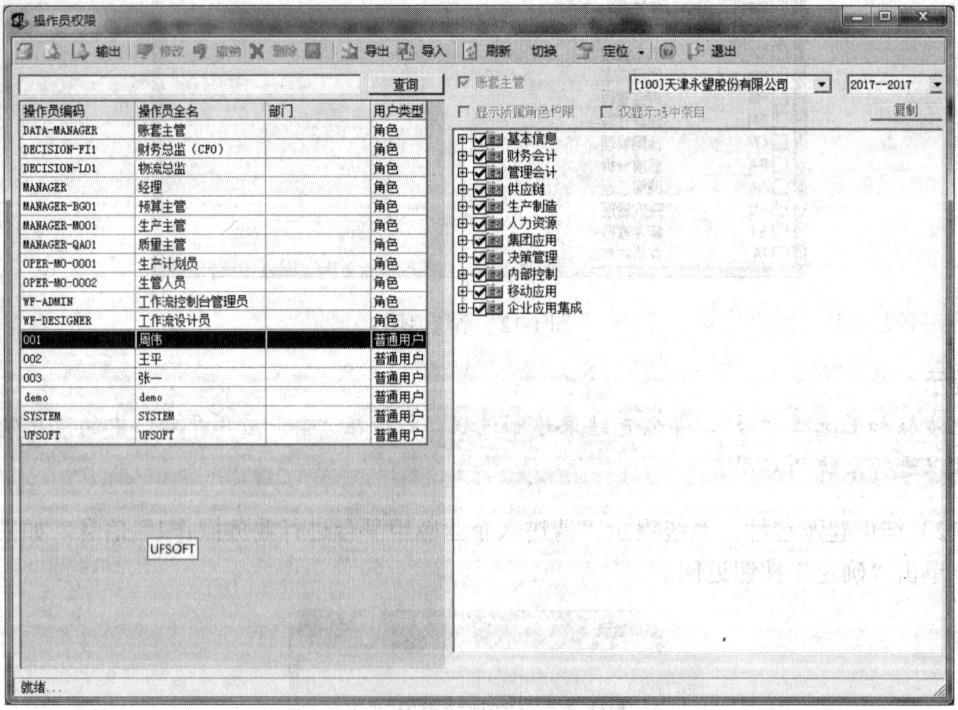

图 1-14　操作员权限

（2）在“账套主管”右边的下拉列表框中选中“[100] 天津永望股份有限公司”账套。

（3）在左侧的操作员列表中，选中“001”号操作员“周伟”。同样步骤可以查看“002”号操作员“王平”的权限。

2. 为张一赋权

（1）在操作员权限窗口中，选中“003”号操作员张一。

（2）选中“显示所属角色权限”前的复选框，单击“刷新”/“修改”按钮。

（3）单击“财务会计”/“总账”/“凭证”前的“+”标记，依次展开。

（4）单击“刷新”/“修改”按钮，选中“出纳签字”前的复选框，再选中“出纳”前的复选框，为张一赋权如图1-15所示。

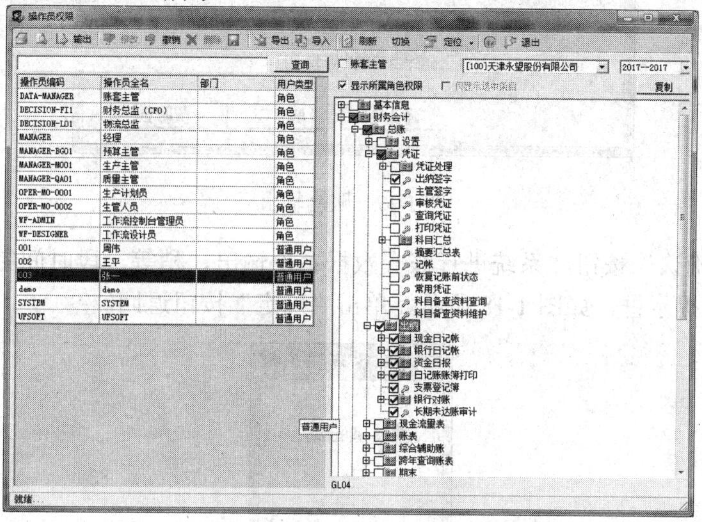

图1-15　为张一赋权

（5）单击“保存”按钮返回。

业务五　账套备份

业务描述

2017年1月1日，请输出“100账套”至“D：\账套备份”文件夹中保存。

操作步骤

（1）在D盘中新建“账套备份”文件夹。

（2）由系统管理员“admin”注册系统管理，如图1-16所示。

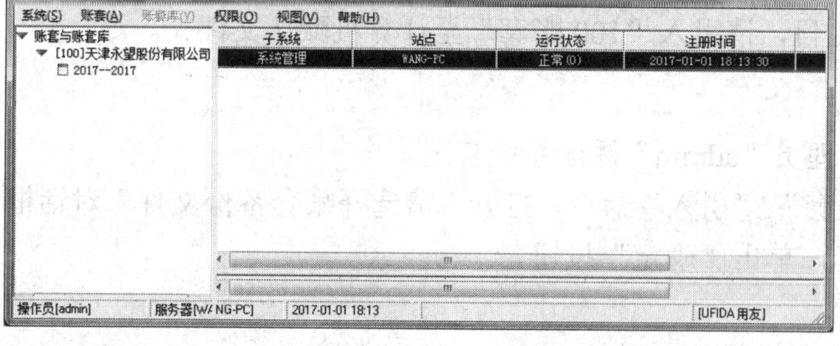

图1-16　注册系统管理

（3）单击“账套”/“输出”命令，打开“账套输出”对话框，如图1-17所示。

单击“账套号”栏的下三角按钮，选择“[100] 天津永望股份有限公司”，在输出位置选择“D:\账套备份\”文件夹。

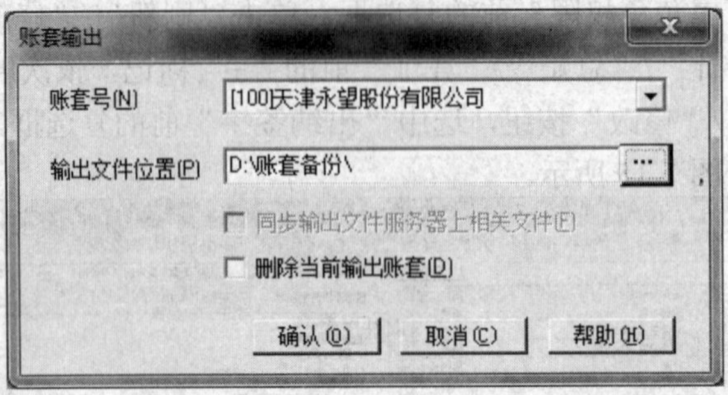

图1-17　账套输出

（4）单击“确认”按钮，系统进行账套数据备份输出，稍等一段时间完成后，系统弹出“输出成功”信息提示框，如图1-18所示，单击“确定”按钮返回。

图1-18　输出成功

提示

1. 只有系统管理员（admin）有权进行账套输出。

2. 利用账套输出功能还可以进行“删除账套”的操作，勾选“删除当前输出账套”前的复选框即可进行删除。

业务六　账套引入

业务描述

2017年1月1日，请引入“100账套”至计算机默认文件夹。

操作步骤

（1）由系统管理员“admin”注册系统管理。

（2）单击“账套”/“引入”命令，打开“请选择账套备份文件”对话框，如图1-19所示，选择要引入的账套，单击“确定”按钮。

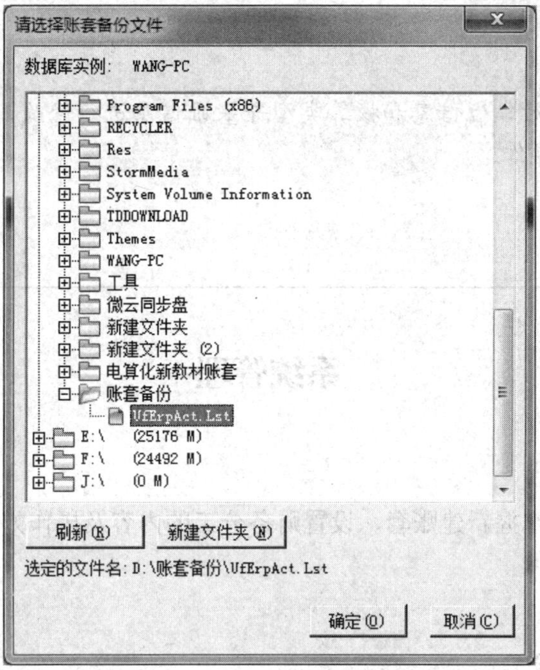

图 1-19　请选择账套备份文件

（3）系统会将账套引入系统中，弹出“请选择账套引入的目录”对话框，如图 1-20 所示，此时默认系统自动分配的目录即可，单击“确定”/“确定”按钮。

图 1-20　请选择账套引入的目录

（4）引入账套需要一段时间，引入完成后系统弹出提示“账套[100]引入成功！”，如图 1-21 所示。单击“确定”按钮。

图 1-21　账套[100]引入成功

提示

“账套修改”方法：

账套建立后，可以对单位信息和核算类型等基础信息进行修改，修改账套时只能由账套主管（001 周伟）进行操作。

模拟实训

系统管理

一、实训目的

通过完成本实训，掌握新建账套、设置财务分工的内容及操作方法。

二、实训资料

1. 操作员及其权限

操作员及其权限如表1-3、表1-4所示。

表1-3 操作员

用户编号	用户名	角色	口令
01	学生本人	账套主管	01
02	王贝	出纳	02
03	李阳	总账会计	03

表1-4 操作员功能及其权限

用户编码	用户名	功能及权限
01	学生本人姓名	账套主管
02	王贝	具有总账系统凭证下的出纳签字权及出纳的所有权限
03	李阳	具有总账系统下的所有权限

2. 账套信息

账套号：班级号+后两位学号（例如：1班34号学生所建账套号应为134）；

账套名称：康乐公司；账套路径：默认；启用会计期：2017年1月；

单位名称：北京市康乐科技有限公司；单位简称：康乐公司；地址：北京市宣武门大街86号；法人代表：张乐；邮政编码：300015，联系电话与传真：010-8888 8888；电子邮件：kangle@163.com，税号：654789321456。本币代码：RMB；本币名称：人民币；企业类型：

工业；行业性质：2007 新会计制度科目；账套主管：学生本人；按行业预置科目打“√”；存货、客户、供应商均分类核算，有外币业务，在后面相应的可选栏打“√”；

科目编码级次：4-2-2-2-2；客户及供应商分类编码级次：2-2-3；其余分类编码及数据精度均采用系统默认值；启用总账系统，启用日期为 2017 年 1 月 1 日。

3. 实训要求

- 增加用户
- 建立账套
- 设置用户权限

项目2

基础信息设置

能力目标

通过学习“基础信息设置”中的主要功能和操作方法，掌握以账套主管身份设置部门档案、人员信息、客户信息和供应商信息的方法。

任务一 基础设置

业务一 设置部门档案

业务描述

2017 年 1 月 1 日，请以账套主管“001 周伟”的身份登录企业应用平台，增加如表 2-1 所示的部门档案信息。

表 2-1 部门档案表

部门编号	部门名称
1	人事部
2	财务部
3	供应部
4	销售部
401	销售一科
402	销售二科
5	生产部

操作步骤

（1）首先将系统时间更改为 2017 年 1 月 1 日。然后单击“开始”/“程序”/“用友 ERP-U10.1”/“企业应用平台”命令，打开“登录”对话框。

（2）录入操作员“001”（或周伟），密码“001”，单击“账套”栏的下三角按钮，选择“[100]

（default）天津永望股份有限公司”，录入信息的结果如图 2-1 所示。

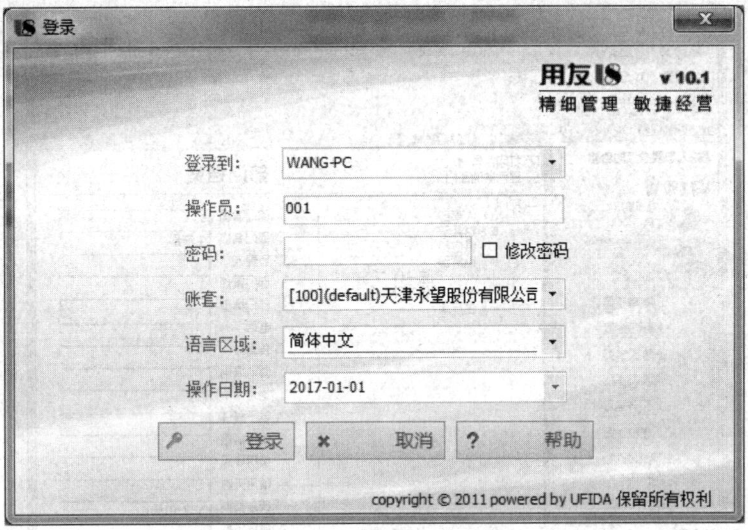

图 2-1 登录企业应用平台

（3）单击“登录”按钮，进入“企业应用平台”窗口。

在左侧“基础设置”选项卡中，双击“基础档案”/“机构人员”/“部门档案”命令，进入“部门档案”窗口，如图 2-2 所示。

（4）单击“增加”按钮，录入部门编码“1”、部门名称“人事部”。

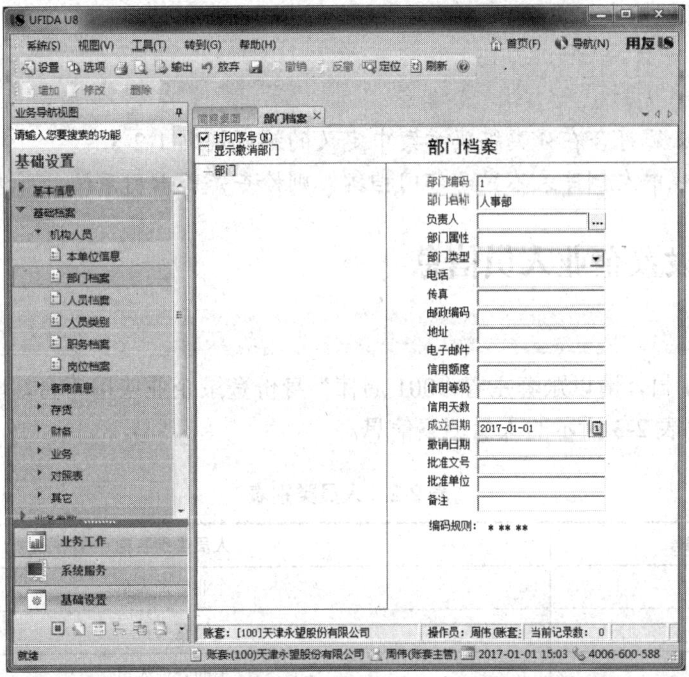

图 2-2 部门档案

（5）单击“保存”按钮。以此方法依次录入其他的部门档案，操作结果如图 2-3 所示。

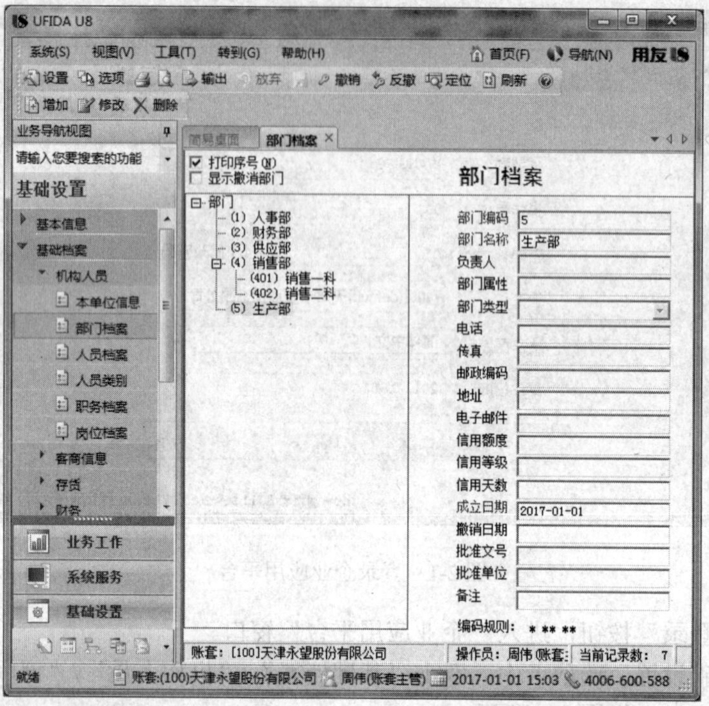

图 2-3 完整部门档案

（6）关闭“部门档案”页面。

提示

1. 部门编码必须符合在分类编码方案中定义的编码规则 1-2-3。
2. 若操作过程中左侧目录不显示部门档案，则检查是否启用系统，并重新登录。

业务二 设置企业人员信息

业务描述

2017 年 1 月 1 日，请以账套主管“001 周伟”身份登录企业应用平台，增加如表 2-2 所示的人员类别信息、表 2-3 所示的人员档案信息。

表 2-2 人员类别表

人员类别编号	人员类别名称
1011	企业管理人员
1012	经营人员
1013	车间管理人员
1014	生产工人

表 2-3 人员档案表

人员编码	人员姓名	性　别	人员类别	行政部门	是否业务员
001	杨东	男	企业管理人员	人事部	是
002	周伟	男	企业管理人员	财务部	
003	王平	男	企业管理人员	财务部	
004	张一	女	企业管理人员	财务部	
005	杨宝	男	经营人员	供应部	是
006	刘英	女	经营人员	销售一科	是
007	韩杰文	男	经营人员	销售二科	是
008	刘伟	男	车间管理人员	生产部	
009	胡青宁	男	生产工人	生产部	

操作步骤

（1）在“基础设置”选项卡中，双击“基础档案”/“机构人员”/“人员类别”命令，进入“人员类别”窗口。

（2）选择“正式工”类别，单击“增加”按钮，按表 2-2 在“正式工”下增加“企业管理人员”类别，“档案编码”录入“1011”，“档案名称”录入“企业管理人员”，增加档案的结果如图 2-4 所示。

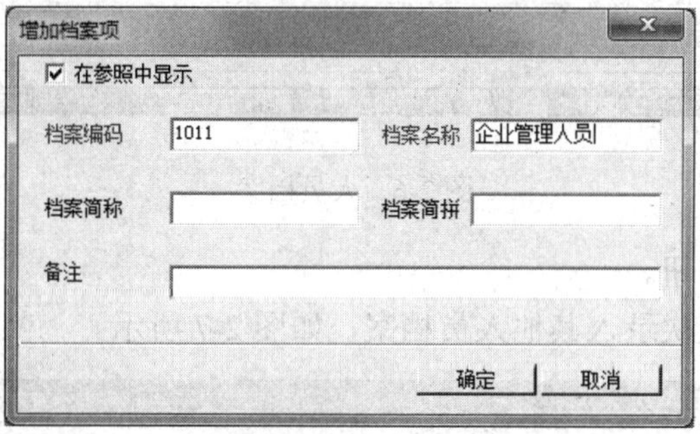

图 2-4 增加档案项

（3）单击“确定”按钮，并依次增加其他三类人员类别，“人员类别”窗口如图 2-5 所示。

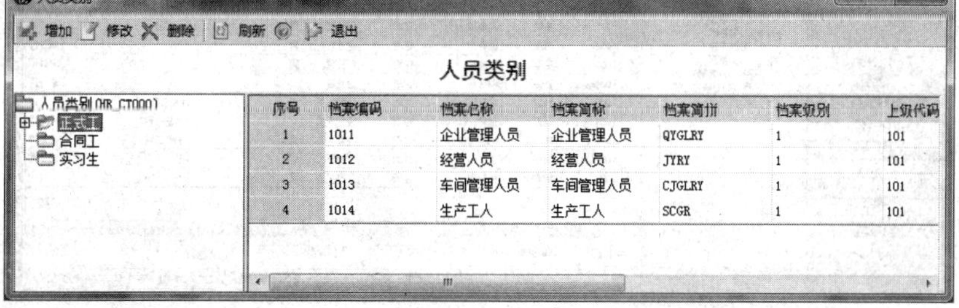

图 2-5 人员类别

（4）单击“退出”按钮，退出“人员类别”窗口。

（5）在“基础设置”选项卡中，双击“基础档案”/“机构人员”/“人员档案”命令，进入“人员列表”窗口。

（6）单击左窗口中“部门分类”下的“人事部”。

（7）单击“增加”按钮，按实验资料输入人员信息，输入信息后的人员档案如图2-6所示。

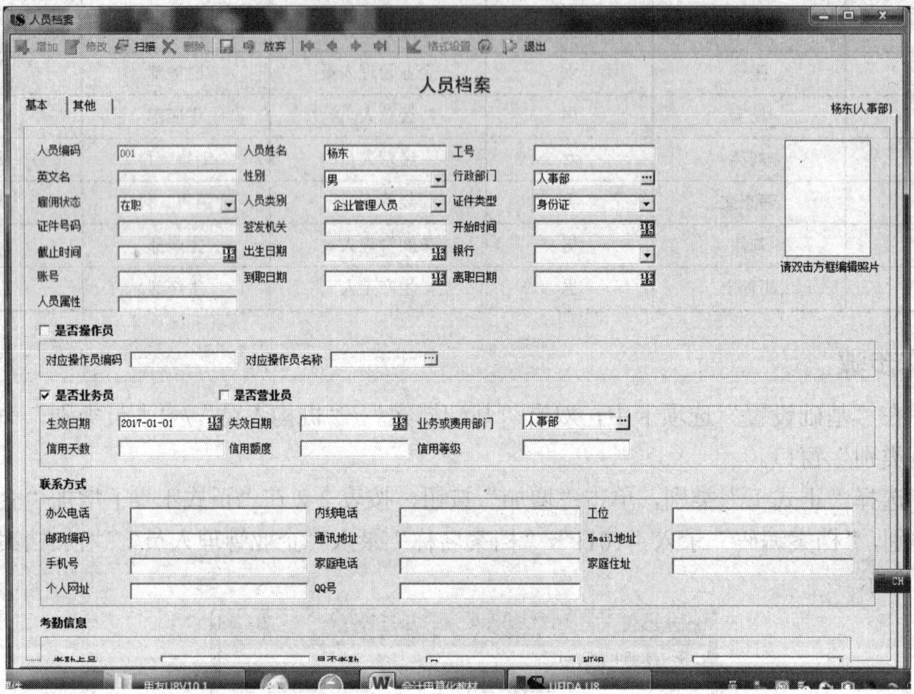

图2-6 人员档案

（8）单击“保存”按钮。

（9）用同样的方法依次录入其他人员档案，如图2-7所示。

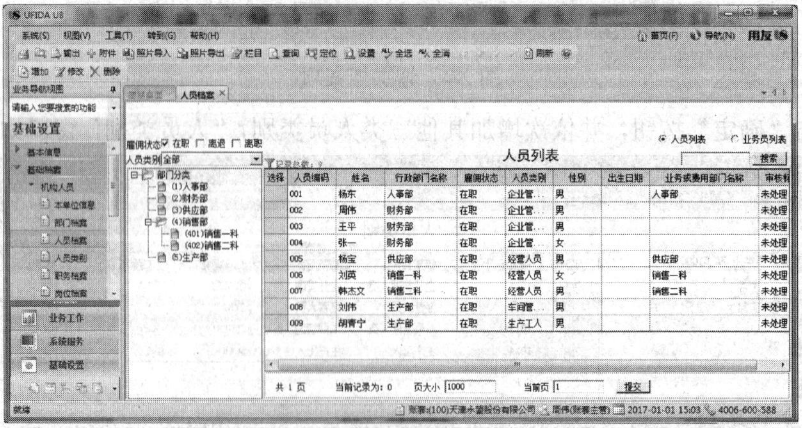

图2-7 完整人员档案

（10）关闭“人员档案”界面。

业务三　设置客户信息

业务描述

2017 年 1 月 1 日，请以账套主管“001 周伟”身份登录企业应用平台，增加如表 2-4 所示的客户分类、表 2-5 所示的客户档案信息。

表 2-4　客户分类表

类别编码	类别名称
1	北京地区
2	上海地区
3	东北地区
4	华北地区
5	西北地区

表 2-5　客户档案表

客户编码	客户名称	客户简称	所属分类	分管部门	专管业务员
01	北京日升公司	日升公司	1	销售一科	刘英
02	北京上极公司	上极公司	1	销售一科	刘英
03	上海天立公司	天立公司	2	销售一科	刘英
04	上海永兴公司	永兴公司	2	销售一科	刘英
05	抚顺钢铁厂	抚顺钢厂	3	销售二科	韩杰文
06	石家庄宏伟公司	宏伟公司	4	销售二科	韩杰文
07	陕西光明公司	光明公司	5	销售二科	韩杰文

操作步骤

（1）在“基础设置”选项卡中，双击“基础档案”/“客商信息”/“客户分类”命令，进入“客户分类”窗口。

（2）单击“增加”按钮，按表 2-4 提供的信息，输入客户分类信息，如图 2-8 所示。

（3）单击“保存”按钮。

（4）用同样的方法依次录入其他的客户分类，如图 2-9 所示。

（5）关闭“客户分类”界面。

（6）在“基础设置”选项卡中，单击“基础档案”/“客商信息”/“客户档案”命令，打开“客户档案”窗口。窗口分为左右两部分，左窗口显示已经设置的客户分类，选中“北京地区”客户分类。

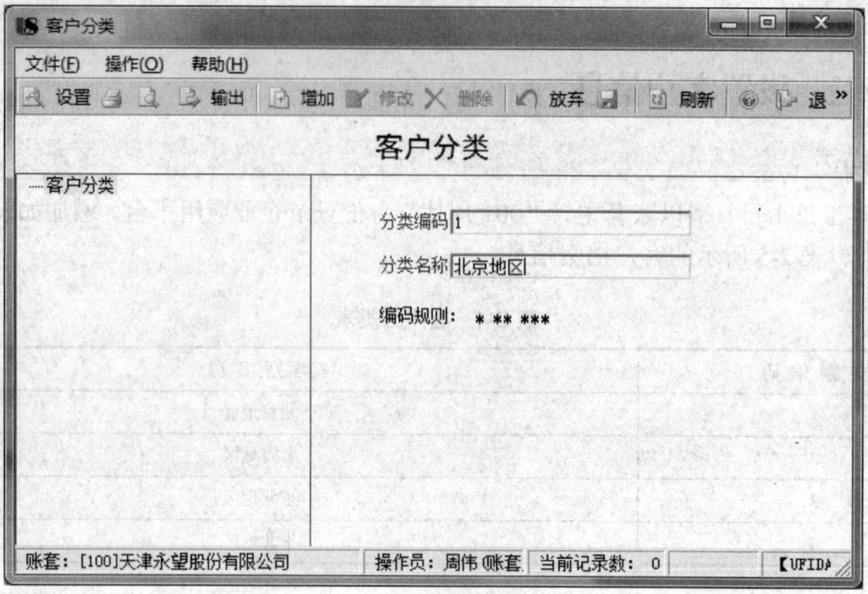

图 2-8　客户分类

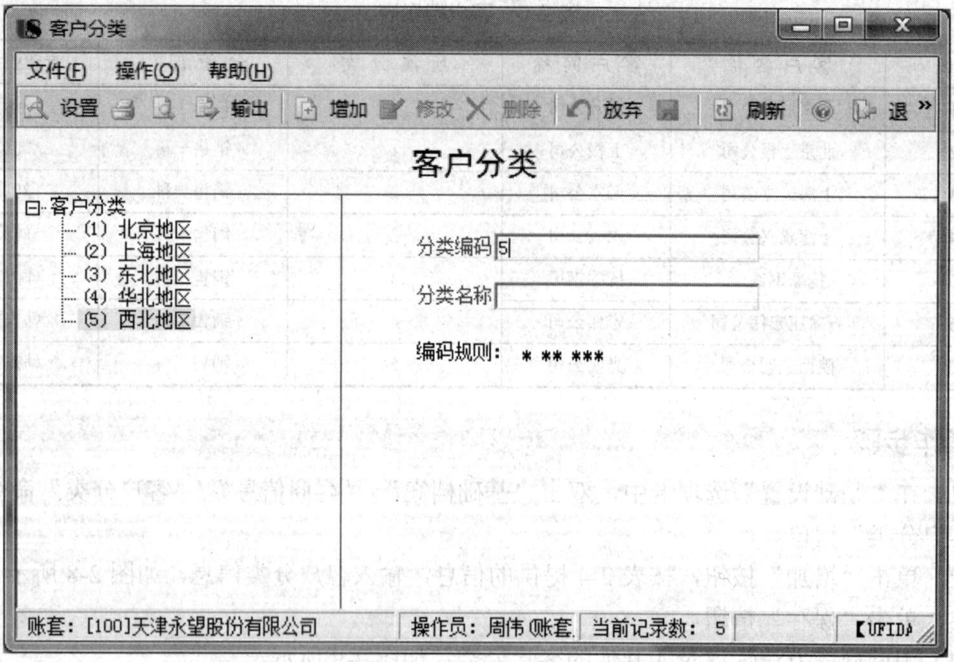

图 2-9　完整客户分类

（7）单击“增加”按钮，打开“增加客户档案”窗口。窗口中共包括 4 个选项卡，即“基本”“联系”“信用”“其他”，用于对客户不同的属性分别归类记录。

（8）按实验资料输入“客户编码”“客户名称”“客户简称”“所属分类”“分管部门”“专管业务员”等相关信息，如图 2-10、图 2-11 所示。

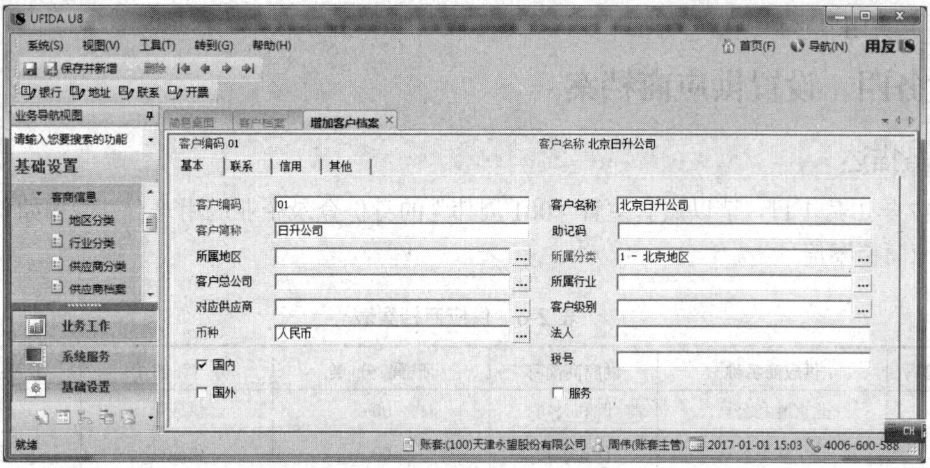

图 2-10　增加客户档案——基本

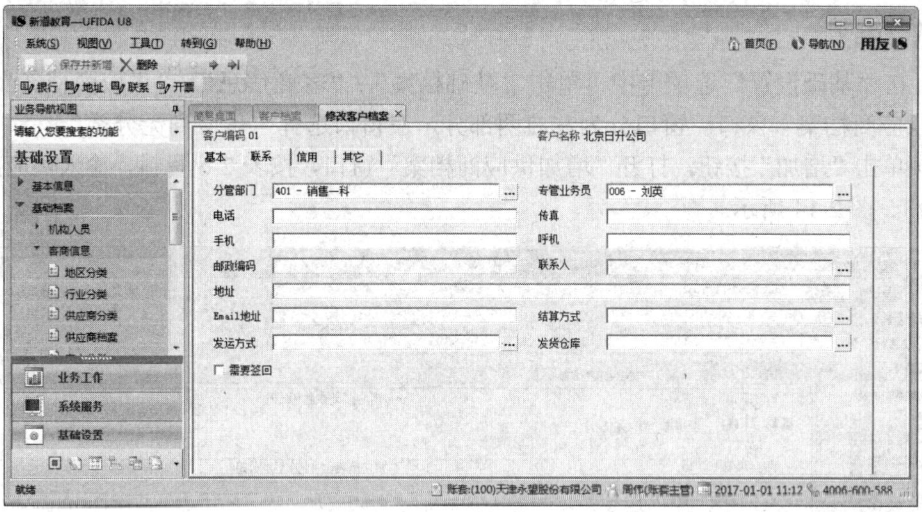

图 2-11　增加客户档案——联系

（9）单击“保存并新增”按钮。

（10）以此方法依次录入其他的客户档案，完整客户档案如图 2-12 所示。

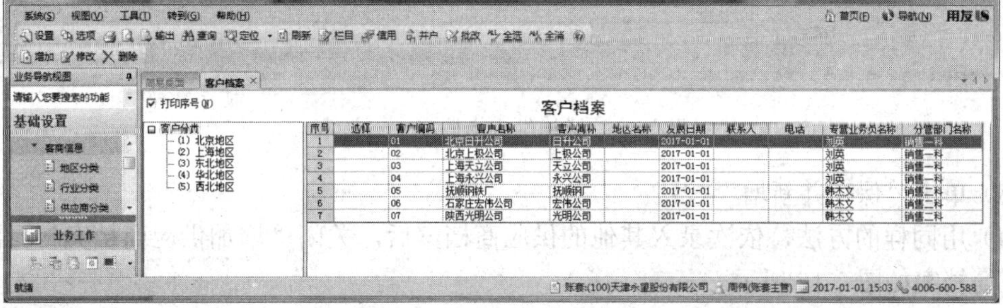

图 2-12　完整客户档案

（11）关闭“客户档案”界面。

业务四　设置供应商档案

业务描述

2017年1月1日，请以账套主管“001 周伟”的身份登录企业应用平台，增加如表2-6所示的供应商档案信息。

表2-6　供应商档案表

供应商编码	供应商名称	供应商简称	所属分类	分管部门	专管业务员
01	北京胜利公司	胜利公司	00	供应部	杨宝
02	辽宁红日公司	红日公司	00	供应部	杨宝
03	天津本利公司	本利公司	00	供应部	杨宝

操作步骤

（1）在“基础设置”选项卡中，单击“基础档案”/“客商信息”/“供应商档案”命令，打开“供应商档案”窗口。窗口分为左右两部分，左窗口选择“供应商无分类”。

（2）单击“增加”按钮，打开“增加供应商档案”窗口，按表2-6资料，输入供应商信息，如图2-13、图2-14所示。

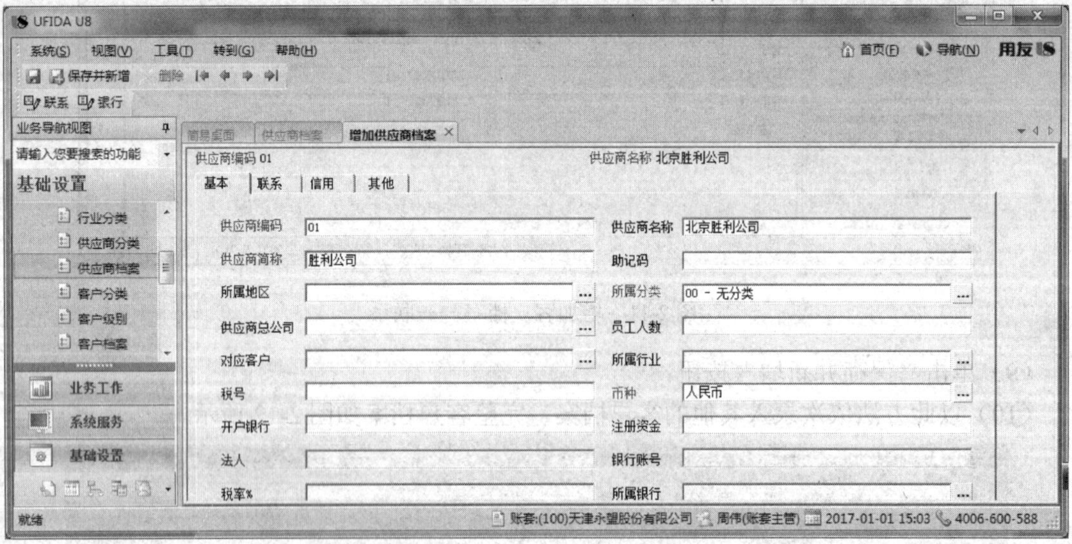

图2-13　增加供应商档案——基本

（3）单击“保存并新增”按钮。

（4）用同样的方法，依次录入其他的供应商档案后，关闭“增加供应商档案”界面。完整供应商档案如图2-15所示。

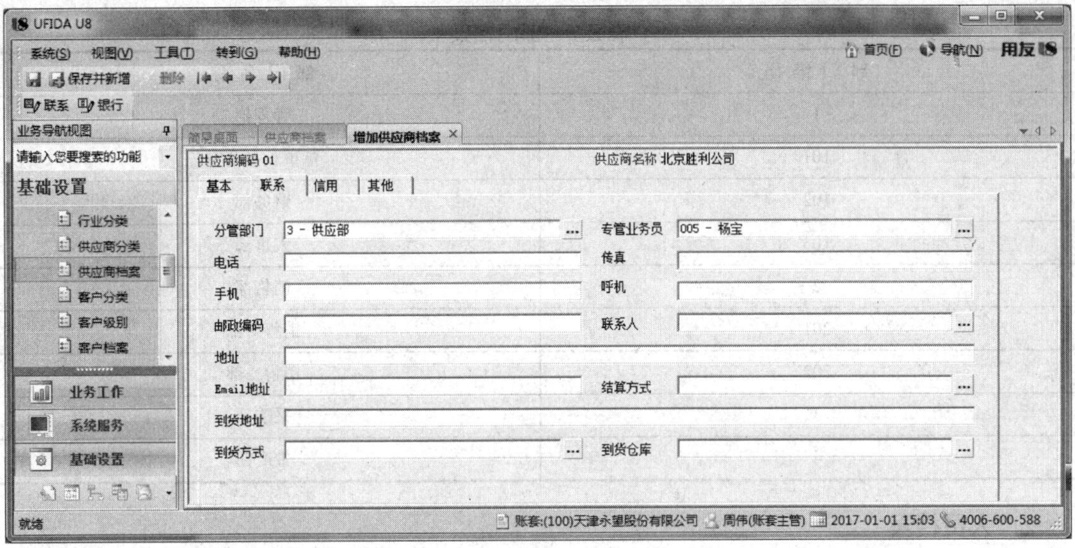

图 2-14　增加供应商档案——联系

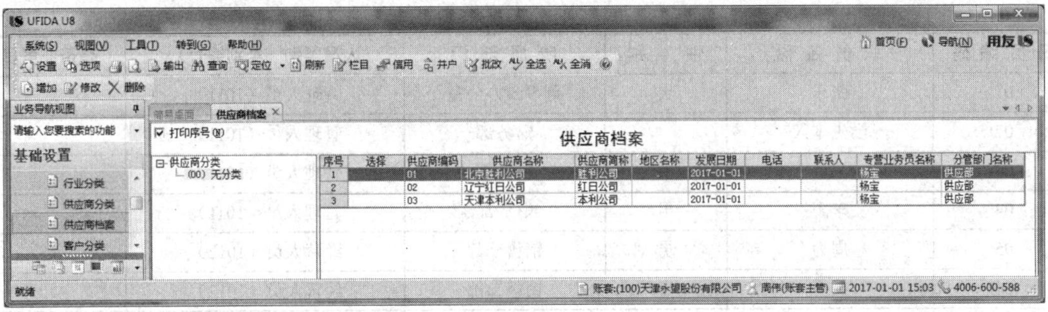

图 2-15　完整供应商档案

（5）关闭“供应商档案”。

模拟实训

基础设置

一、实训目的

通过实训掌握各项基础档案的内容及设置方法。

二、实训资料

1．部门档案

部门档案，如表 2-7 所示。

表 2-7 部门档案

部门编码	部门名称
1	管理部
101	董事长办公室
102	财务部
103	人事部
2	销售部
201	销售一部
202	销售二部
3	采购部
4	生产部

2. 人员档案

人员档案，如表 2-8 所示。

表 2-8 人员档案

职员编码	职员名称	性别	所属部门	人员类别（类别编号）	是否业务员
01	张乐	男	董事长办公室	管理人员（1011）	
02	学生本人		财务部	管理人员（1011）	
03	王贝	女	财务部	管理人员（1011）	
04	李阳	男	财务部	管理人员（1011）	
05	周力	男	销售一部	经营人员（1012）	是
06	吴勇	男	销售二部	经营人员（1012）	
07	钱进	男	采购部	经营人员（1012）	
08	陈飞	男	生产部	生产工人（1013）	
09	石方明	男	人事部	管理人员（1011）	

3. 往来单位

客户分类，如表 2-9 所示。

表 2-9 客户分类

类别编码	类别名称
01	企业单位
0101	工业企业
0102	商业企业
0103	金融企业
02	事业单位
0201	机关
0202	学校
03	其他

客户档案，如表2-10所示。

表2-10 客户档案

客户编码	客户名称	客户简称	所属分类
001	北京师范大学	北师大	0202
002	湖南华信集团有限公司	湖南华信	0101

供应商分类，如表2-11所示。

表2-11 供应商分类

类别编码	类别名称
01	长期供应商
02	临时供应商

供应商档案，如表2-12所示。

表2-12 供应商档案

供应商编码	供应商名称	供应商简称	所属分类
001	山东德成钢铁公司	山东德成	01
002	天津万利塑成集团公司	天津万利	01

4. 实训要求

- 设置部门档案；
- 设置企业人员信息；
- 设置客户信息；
- 设置供应商信息。

项目3

总账系统

能力目标

通过学习“总账系统初始化”“日常业务处理”“总账期末业务处理”的主要内容和操作方法，掌握设置总账系统参数、录入期初余额、设置会计科目、录入档案资料的方法；掌握总账系统中凭证处理和记账的方法，期末转账的设置和凭证生成的方法，期末对账和结账的方法。

任务一　总账系统初始化

业务一　系统参数的设置

业务描述

2017年1月1日，账套主管“001 周伟”设置总账管理系统参数。

（1）凭证选项卡：取消“现金流量科目必录现金流量项目”；勾选“自动填补凭证断号”；取消“制单序时控制”参数。

（2）权限选项卡：取消“允许修改、作废他人填制的凭证”；勾选“出纳凭证必须经由出纳签字”参数。

操作步骤

（1）在企业应用平台“业务工作”选项卡中，单击“财务会计”/“总账”命令，打开总账系统。

（2）在总账系统中，单击“设置”/“选项”命令，打开“选项”对话框。

（3）单击“编辑”按钮。

（4）在“凭证”选项中，取消“制单序时控制”和“现金流量科目必录现金流量项目”前面的复选框；勾选“自动填补凭证断号”前的复选框，其他系统默认参数不用修改，如图3-1所示。

（5）在“权限”选项中，取消“允许修改、作废他人填制的凭证”前的复选框，勾选“出纳凭证必须经由出纳签字”前的复选框，如图3-2所示。

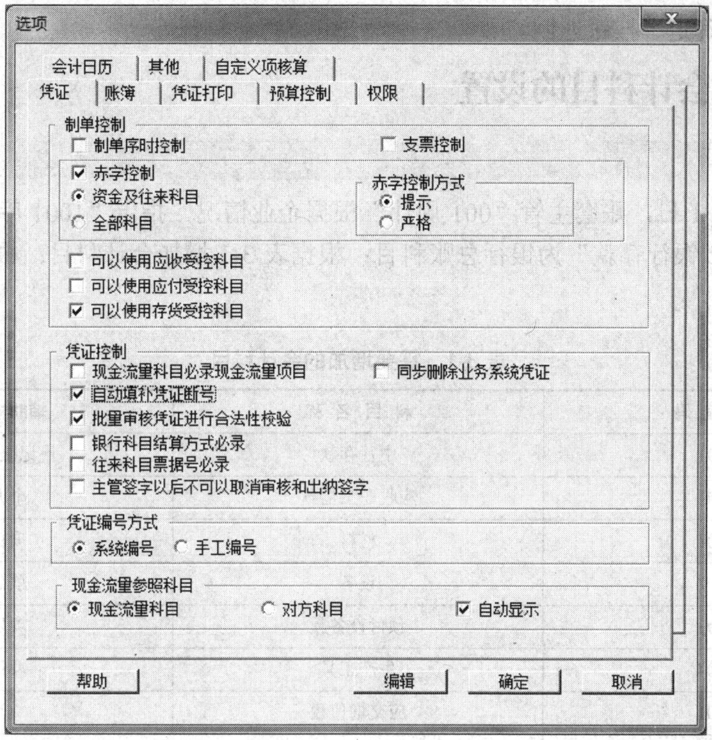

图 3-1 “凭证”选项

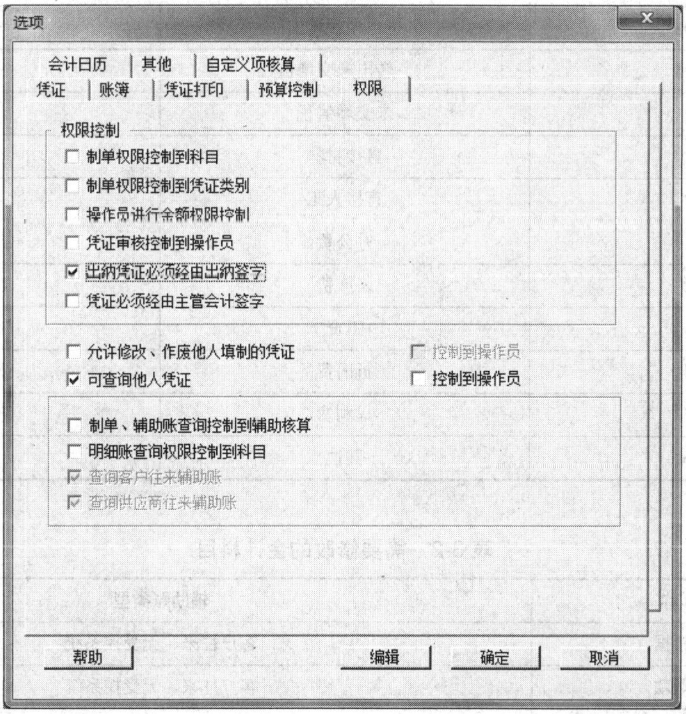

图 3-2 “权限”选项

（6）单击“确定”按钮返回。

业务二　会计科目的设置

业务描述

2017 年 1 月 1 日，账套主管“001 周伟”根据企业情况，指定“1001 库存现金”为现金总账科目、“1002 银行存款”为银行总账科目；根据表 3-1 增加会计科目；根据表 3-2 修改会计科目。

表 3-1　需要增加的会计科目

科 目 编 码	科 目 名 称	辅助核算选项
100201	中行存款	日记账、银行账
122101	应收职工借款	个人往来
160501	材料	项目核算
160502	设备	项目核算
160503	预付设备款	项目核算
160504	生产工具	项目核算
222101	应交增值税	
22210101	进项税额	
22210102	销项税额	
22210103	进项税额转出	
22210104	转出未交增值税	
222102	未交增值税	
500101	直接材料	
500102	直接人工	
660201	办公费	部门核算
660202	差旅费	部门核算
660203	工资	部门核算
660204	折旧费	部门核算
660205	福利费	部门核算
660206	其他	

表 3-2　需要修改的会计科目

科 目 名 称	辅助账类型
1121 应收票据	客户往来、无受控系统
1122 应收账款	客户往来、无受控系统
2203 预收账款	客户往来、无受控系统

续表

科 目 名 称	辅助账类型
2201 应付票据	供应商往来、无受控系统
2202 应付账款	供应商往来、无受控系统
1123 预付账款	供应商往来、无受控系统
1605 工程物资	项目核算

操作步骤

1. 指定会计科目

（1）在企业应用平台的“基础设置”选项卡中，单击“基础档案”/“财务”/“会计科目”命令，进入“会计科目”窗口。

（2）单击“编辑”/“指定科目”命令，打开“指定科目”对话框。

（3）单击“>”按钮，将“1001 库存现金”从“待选科目”选入“已选科目”，如图 3-3 所示。

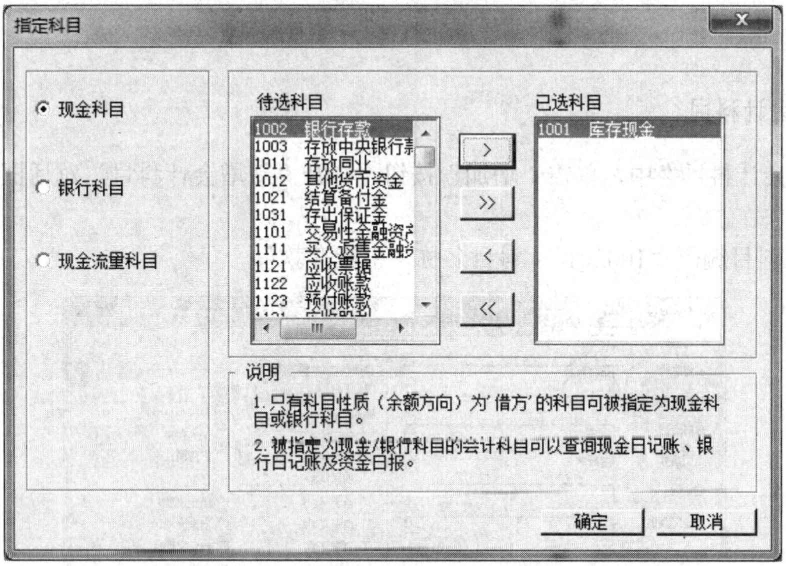

图 3-3 指定科目——现金科目

（4）单击选择“银行总账科目”选项，单击“>”按钮，将“1002 银行存款”从“待选科目”选入“已选科目”，如图 3-4 所示。

（5）单击“确定”按钮。

提示

1. 只有指定现金及银行总账科目才能进行出纳签字的操作。
2. 只有指定现金及银行总账科目才能查询现金日记账和银行存款日记账。

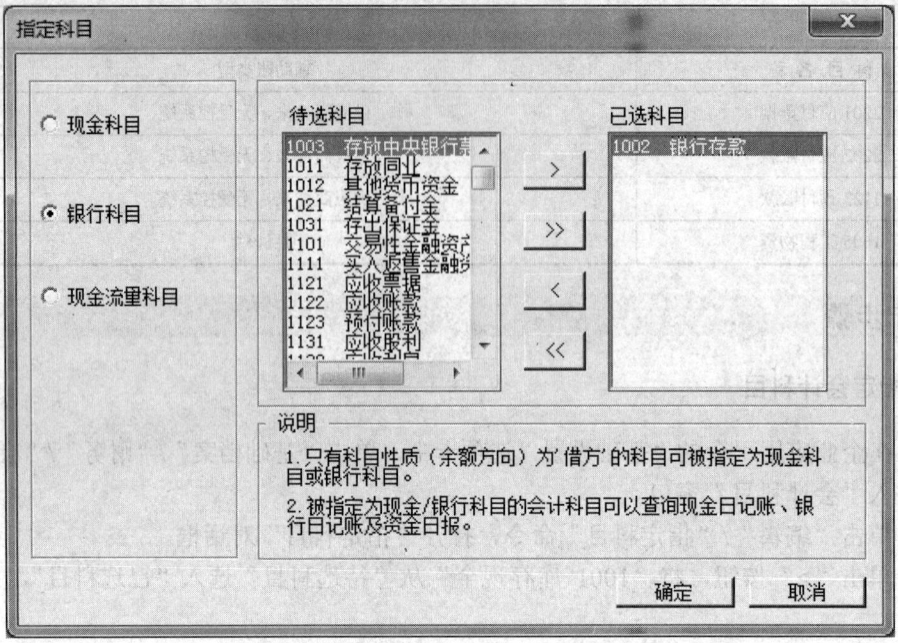

图 3-4 指定科目——银行科目

2．增加会计科目

(1) 在“会计科目”中，单击“增加”按钮，打开“新增会计科目”对话框，如图 3-5 所示。

（2）录入科目编码“100201”、科目名称“中行存款”。

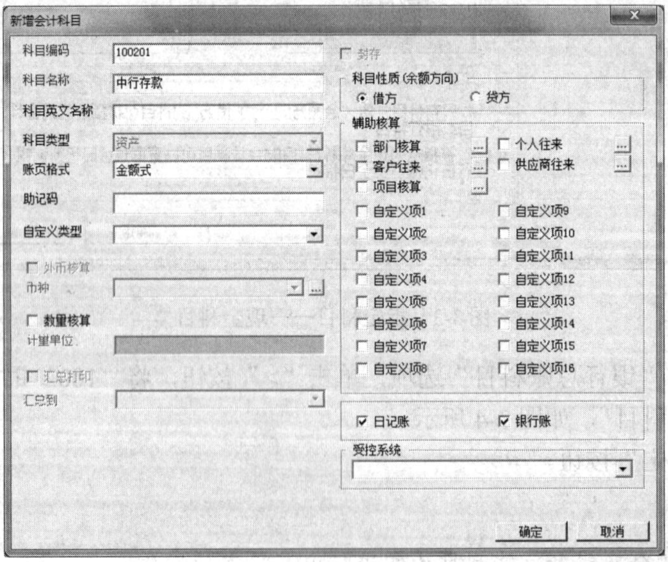

图 3-5 增加会计科目

（3）单击“确定”按钮。

（4）用同样的方法，依次增加表3-1中其他的会计科目，同时注意修改辅助核算选项。

提示

1. 由于预置科目“1002”已经被设置为“日记账”及“银行账”，所以新增科目“100201”被自动识别为“日记账”及“银行账”。

2. 会计科目编码应符合编码规则。

3. 若科目已经使用，则不能被修改或删除。

3. 修改会计科目

（1）在“会计科目”中，双击“1121 应收票据”，或在选中“1121 应收票据”后单击“修改”按钮，打开“会计科目_修改”对话框，如图3-6所示。

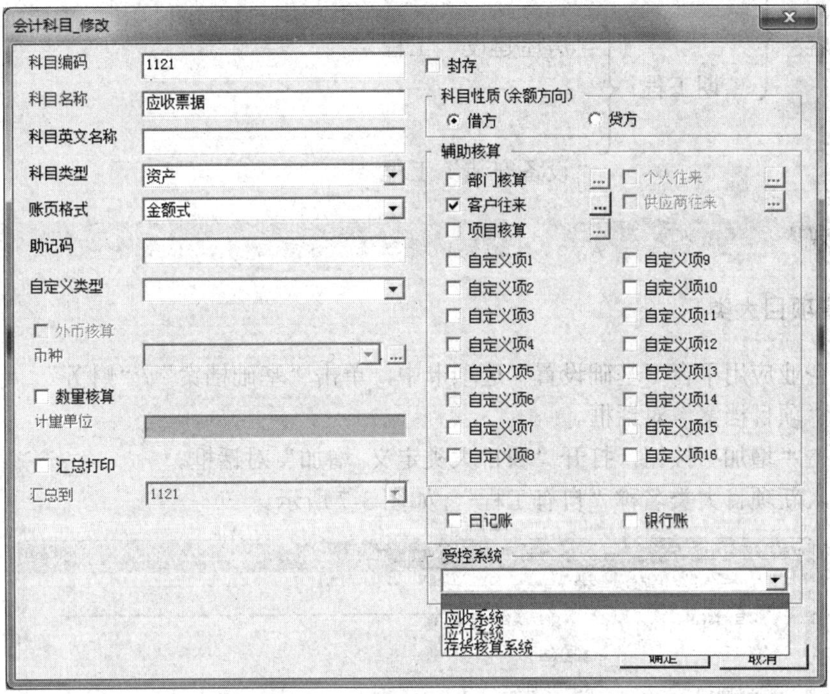

图3-6 修改会计科目

（2）单击“修改”按钮，选中“客户往来”前的复选框，再单击“受控系统”栏的下三角按钮，选择空白处（无受控系统）。

（3）单击“确定”按钮。

（4）用同样的方法，依次修改表3-2中其他的会计科目，修改完后单击“退出”按钮。

提示

1. “无受控系统”即该账套不使用“应收”及“应付”系统，“应收”及“应付”业务均以辅助账的形式在总账系统中进行核算。

2. 在会计科目使用前要先检查系统预置的会计科目是否能够满足需要，如果不能满足需要，则以增加或修改的方式增加新的会计科目及修改已经存在的会计科目，如果系统预置的会计科目中有一些是并不需要的，可以采用删除的方法进行删除。

业务三　设置项目目录

业务描述

2017年1月1日，账套主管“001 周伟”根据如下项目情况进行设置。

项目名称：自有工程

核算科目：“工程物资”及明细科目

项目内容：
- 一期工程
- 二期工程
  - “房屋建设”工程
  - “设备安装”工程

操作步骤

1. 新增项目大类

（1）在企业应用平台“基础设置”选项卡中，单击“基础档案”/“财务”/“项目目录”命令，打开“项目档案”对话框。

（2）单击“增加”按钮，打开“项目大类定义_增加”对话框。

（3）录入新项目大类名称“自有工程”，如图3-7所示。

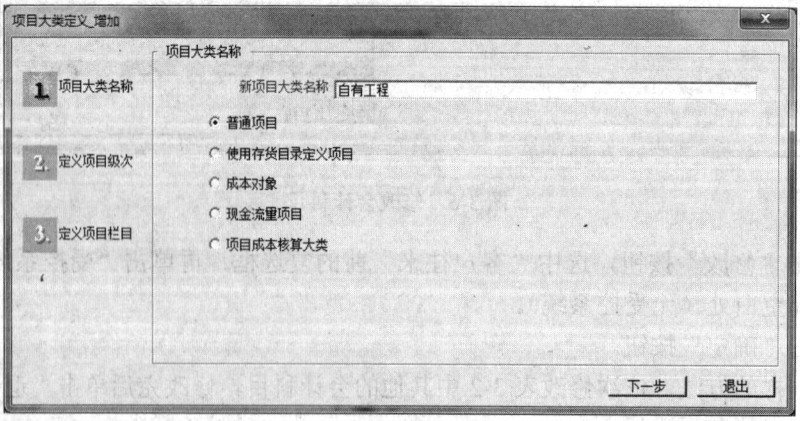

图3-7　录入新项目大类名称

（4）单击“下一步”按钮，打开“定义项目级次”对话框，如图3-8所示。

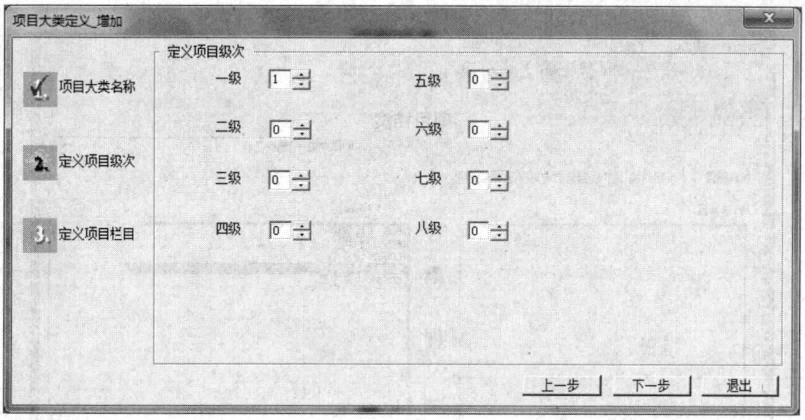

图 3-8　定义项目级次

（5）默认系统设置，单击“下一步”按钮，打开“定义项目栏目”对话框，单击“完成”按钮，返回“项目档案”对话框。

2．指定项目核算科目

（1）单击“项目大类”栏的下三角按钮，选择“自有工程”项目大类，如图 3-9 所示。

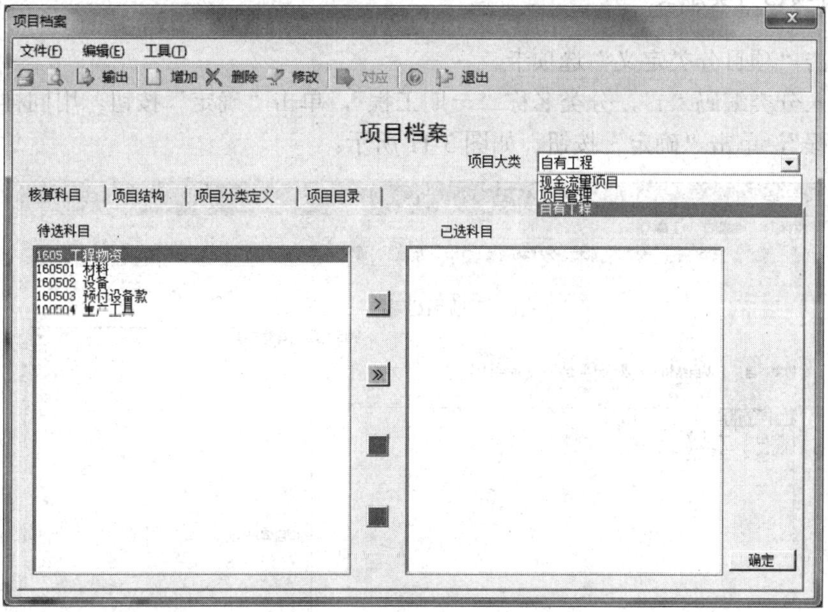

图 3-9　指定项目核算科目（一）

（2）单击“核算科目”选项卡。

（3）单击“>>”按钮，将“1605 工程物资”及其下级明细科目从“待选科目”列表中选入“已选科目”列表，如图 3-10 所示。

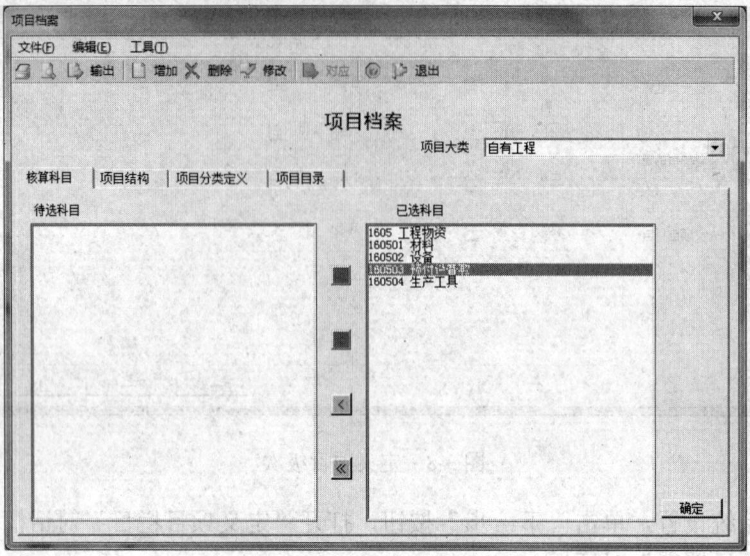

图 3-10 指定项目核算科目（二）

（4）单击“确定”按钮进行确认。

3. 进行项目分类定义

（1）单击“项目分类定义”选项卡。

（2）录入分类编码“1”，分类名称“一期工程”，单击“确定”按钮。用同样的方法，增加“二期工程”，单击“确定”按钮，如图 3-11 所示。

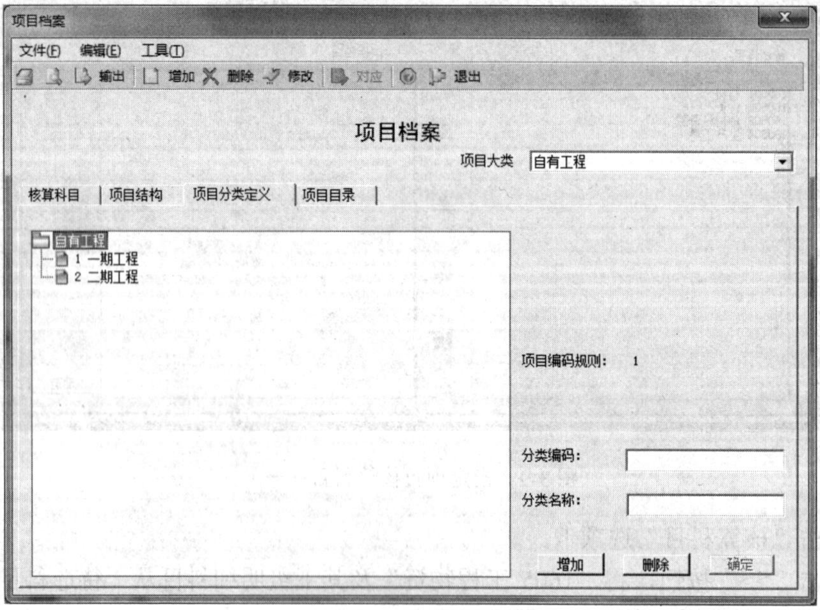

图 3-11 项目分类定义

4. 项目目录维护

（1）单击“项目目录”选项卡，单击“维护”按钮，进入“项目目录维护”窗口。

（2）单击“增加”按钮，录入项目编号“1”，项目名称“房屋建设”，双击“所属分类码”栏参照按钮，选择“一期工程”。用同样的方法，增加“设备安装”工程，如图 3-12 所示。

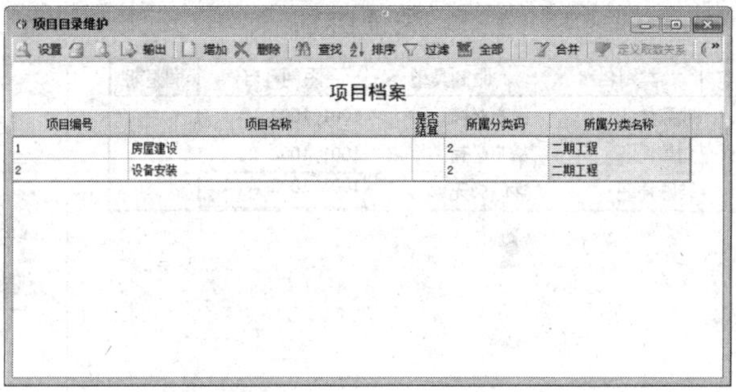

图 3-12　项目目录维护

（3）单击“退出”按钮。

提示

1. 一个项目大类可以指定多个科目，一个科目只能属于一个项目大类。
2. 多增加的空白行可按“Esc”键退出。

业务四　设置凭证类别

业务描述

2017 年 1 月 1 日，账套主管“001 周伟”根据表 3-3 设置凭证类别。

表 3-3　凭证类别

类别名称	限制类型	限制科目
收款凭证	借方必有	1001，1002
付款凭证	贷方必有	1001，1002
转账凭证	凭证必无	1001，1002

操作步骤

（1）在企业应用平台的“基础设置”选项卡中，选择“基础档案”/“财务”/“凭证类别”命令，打开“凭证类别预置”对话框。

（2）选中“收款凭证 付款凭证 转账凭证”前的单选按钮。

（3）单击“确定”按钮，打开“凭证类别”对话框。

（4）单击“修改”按钮，双击“收款凭证”所在行的“限制类型”栏，出现下三角按钮，从下拉列表中选择“借方必有”，在“限制科目”栏录入“1001，1002”，或者单击限制科目栏的参照按钮，分别选择“1001”及“1002”。用同样的方法，完成对付款凭证和转账凭证的限制设置，如图 3-13 所示。

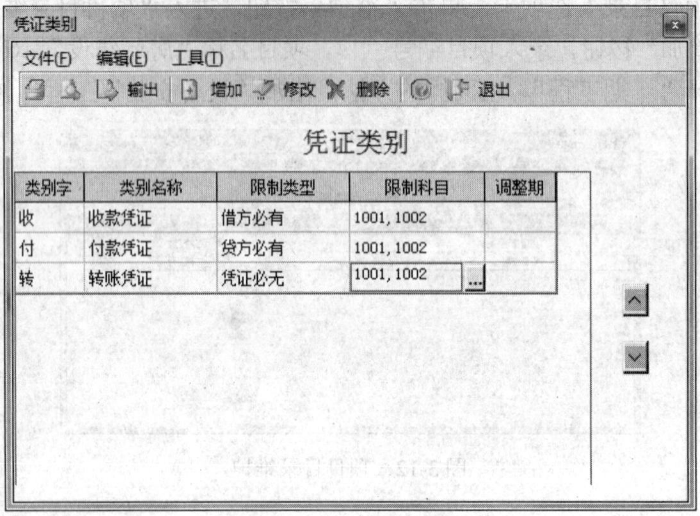

图 3-13　设置凭证类别

（5）单击“退出”按钮。

提示

1. 已经使用的凭证类别不能删除，也不能修改类别字。

2. 如果收款凭证的限制类型为借方必有“1001，1002”，则系统要求在填制凭证时，收款凭证的借方必须有一个是“1001”或“1002”，否则，系统会判断该张凭证不属于收款凭证类别，不允许保存。付款凭证及转账凭证也应满足相应的要求。

3. 如果直接录入科目编码，则编码间的标点符号应为英文状态下的标点符号，否则系统会提示科目编码有错误。

业务五　输入期初余额

业务描述

2017 年 1 月 1 日，账套主管“001 周伟”根据表 3-4 录入期初余额。

表 3-4　期初余额

单位：元

科目名称	期初余额	账户明细
库存现金	10 000	
银行存款——中行存款	217 000	
应收票据	1 170	2016 年 10 月 26 日，上极公司购买乙产品，价税合计 1 170 元，票据号 0009

续表

科目名称	期初余额	账户明细
应收账款	14 540	1. 2016年10月16日，应收日升公司购甲产品货款价税合计7 020元，发票号0007 2. 2016年10月22日，应收永兴公司购甲产品货款价税合计7 020元，发票号0008 3. 2016年10月26日，为永兴公司代垫运费500元
其他应收款——应收职工借款	4 000	2016年10月20日，供应部杨宝出差借款4 000元
预付账款	20 000	2016年10月27日，预付胜利公司20 000元
原材料	75 332	
库存商品	50 000	
固定资产	1 212 000	
累计折旧	155 124	
短期借款	120 000	
应付票据	25 740	2016年10月27日，应付红日公司货款25 740元
应付账款	62 010	1. 2016年10月19日，应付胜利公司货款38 610元 2. 2016年10月22日，应付本利公司货款23 400元
预收账款	25 000	2016年10月30日，预收宏伟公司货款25 000元
应交税费——应交增值税（进项税额）	-3 832	
应交税费——应交增值税（销项税额）	20 000	
长期借款	200 000	
实收资本	1 000 000	
试算平衡总额	1 448 918	

操作步骤

（1）在选项卡“业务工作”中，选择“财务会计”/“总账”，单击“设置”/“期初余额”命令，进入“期初余额录入”窗口。

（2）白色的单元为末级科目，可以直接输入期初余额。如库存现金10 000、银行存款——中行存款217 000、原材料75 332、短期借款120 000、应交税费——应交增值税（进项税额）3 832、应交税费——应交增值税（销项税额）20 000、长期借款200 000、实收资本1 000 000，如图3-14所示。

提示

1. 进项税额为“-3832”表示借方余额。

2. 灰色的单元为非末级科目，不可以直接录入期初余额，要从下级科目录入，下级科目录完后系统将自动汇总生成。

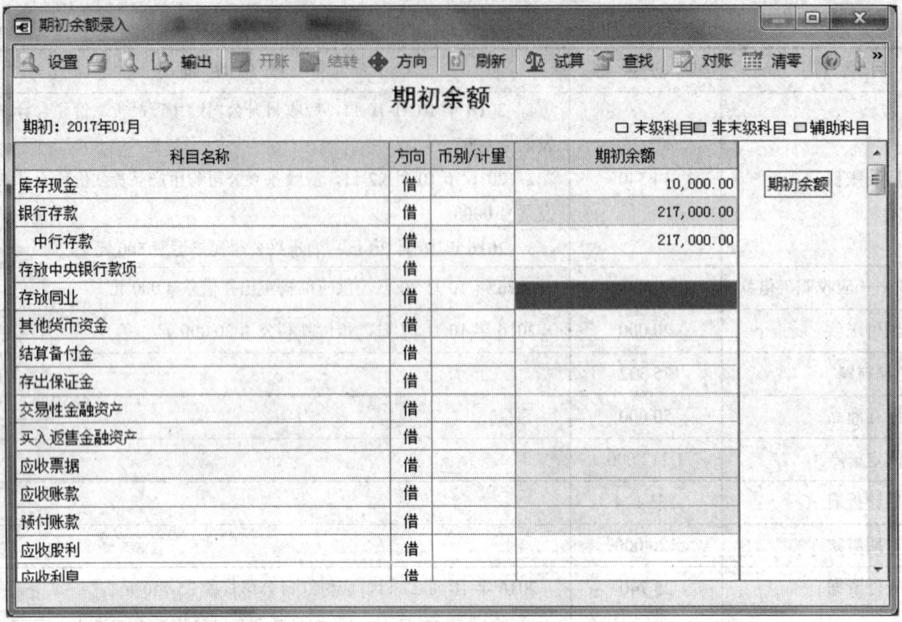

图 3-14 期初余额末级科目录入

（3）黄色的单元代表对该科目设置了辅助核算，不允许直接录入余额，需要在该单元格中双击进入“辅助期初余额”窗口，单击“往来明细”按钮，然后录入，完成后自动返回总账期初余额表中。如双击“应收票据”所在行“期初余额”栏，进入“辅助期初余额”窗口，单击“往来明细”按钮，进入“期初往来明细”窗口。

（4）单击“增行”按钮，单击“日期”栏参照按钮，选择“2016-10-26”，单击“客户”栏参照钮，选择“上极公司”，在“摘要”栏录入“应收票据款”，在“金额”栏录入“1 170.00”，在“票号”栏录入“0009”等信息，如图 3-15 所示。

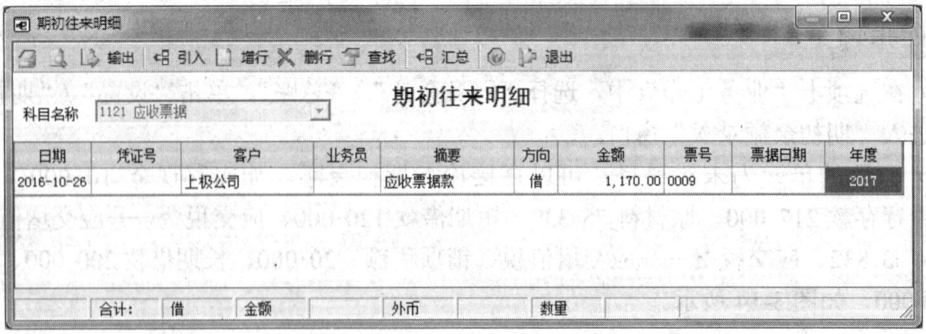

图 3-15 应收票据往来期初余额

（5）单击“汇总”按钮，系统弹出“完成了往来明细到辅助期初表的汇总！”信息提示框，单击“确定”按钮后，再单击“退出”按钮，如图 3-16 所示。

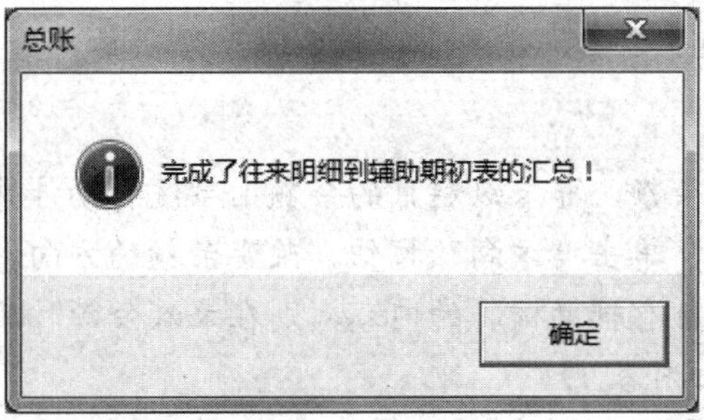

图 3-16　往来汇总

（6）用同样的方法，录入应收账款、其他应收款——应收职工借款、应付票据、应付账款和预收账款等其他带辅助核算的科目余额，如图 3-17 所示。

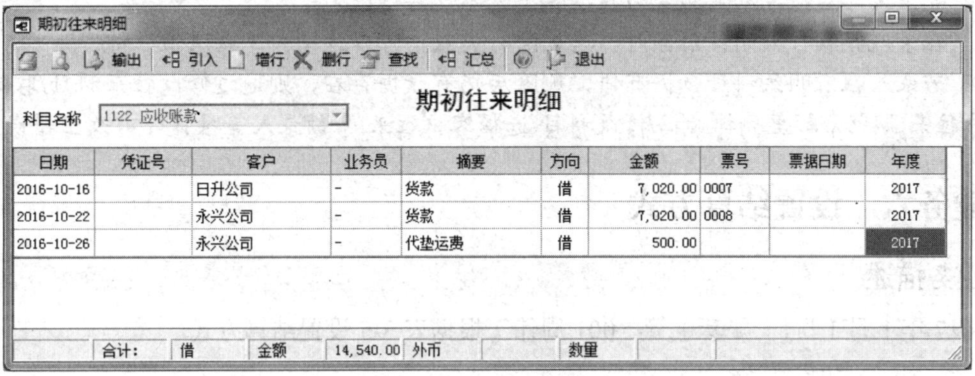

图 3-17　应收账款往来汇总

（7）全部数据录入完毕后，单击“试算”按钮，系统进行试算平衡。试算结果如图 3-18 所示。

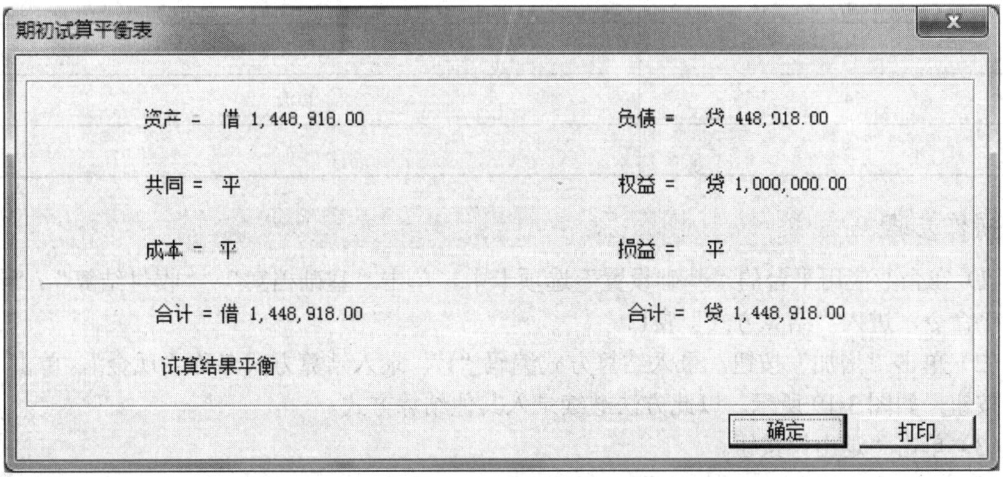

图 3-18　期初余额试算平衡

（8）单击“确定”按钮。

提示

1. 只录入末级科目的余额，非末级科目的余额由系统自动计算生成。

2. 可在未录入余额时，单击“方向”按钮，改变余额的方向。

3. 如果录入余额的科目有辅助核算的内容，则在录入余额时必须录入辅助核算的明细内容，而修改时也应修改明细内容。

4. 如果某一科目有数量（外币）核算的要求，录入余额时还应输入该余额的数量（外币）。如果年中某月开始建账，需要输入启用月份的月初余额及年初到该月的借贷方累计发生额（年初余额由系统根据月初余额及借贷方累计发生额自动计算生成）。

5. 如果期初余额不平衡，可以填制凭证但是不允许记账。

6. 凭证记账后，期初余额变为只读状态，不能再修改。

7. 在录入期初往来明细余额时，若删除行失败，可以连续按下两次 Esc 键。

8. 若录入往来明细科目数据有错，删除后仍有数据存在，则通过修改往来科目/取消客户往来/期初余额里删掉数据/修改科目/选择客户往来/余额录入等操作即可改正错误。

业务六　设置结算方式

业务描述

2017 年 1 月 1 日，账套主管“001 周伟”根据表 3-5 设置结算方式。

表 3-5　结算方式

编　码	结算方式名称
1	现金
2	现金支票
3	转账支票
4	信汇
5	电汇

操作步骤

（1）在企业应用平台的“基础设置”选项卡中，单击“基础档案”/“收付结算”/“结算方式”命令，进入“结算方式”窗口。

（2）单击“增加”按钮，录入结算方式编码“1”，录入结算方式名称“现金”，单击“保存”按钮，如图 3-19 所示。以此方法继续录入其他结算方式。

（3）单击“退出”按钮。

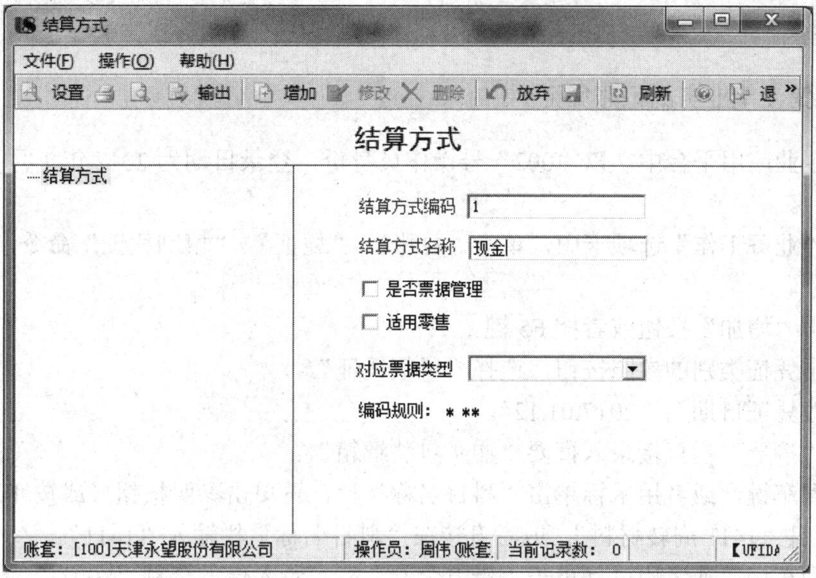

图 3-19 设置结算方式

任务二 总账系统日常业务处理

业务一 填制凭证

业务描述

请总账会计“002 王平”对永望公司 2017 年 1 月发生的以下 4 笔业务进行账务处理。

(1) 1 月 12 日，用现金购买纸箱，支付 800 元。

借：周转材料 800

贷：库存现金 800

（2）1 月 12 日，以中行存款 650 元支付人事部办公费。转账支票号 2001。

借：管理费用——办公费（人事部） 650

贷：银行存款——中行存款 650

（3）1 月 16 日，销售商品给光明公司，价税合计 81 900 元（其中货款 70 000 元，税款 11 900 元）尚未收到。

借：应收账款（光明公司） 81 900

贷：主营业务收入 70 000

应交税费——应交增值税（销项税额） 11 900

（4）1 月 26 日，收到杨宝偿还借款 800 元。

借：库存现金 800

贷：其他应收款——应收职工借款（杨宝） 800

操作步骤

1．填制第 1 笔业务的记账凭证

（1）在企业应用平台中，以“002”号操作员身份，登录日期为 2017 年 1 月 31 日，进入企业应用平台。

（2）在“业务工作”选项卡中，单击“总账”/“凭证”/“填制凭证”命令，进入“填制凭证”窗口。

（3）单击“增加”按钮或者按 F5 键。

（4）单击凭证类别的参照按钮，选择“付款凭证”。

（5）修改凭证日期为“2017.01.12”。

（6）在“摘要”栏直接录入摘要“购买包装纸箱”。

（7）按回车键，或者用鼠标单击“科目名称”栏，再单击参照按钮（或按 F2 键），选择“资产”类科目“1411 周转材料”，或者直接在“科目名称”栏输入“1411”。

（8）按回车键，或者用鼠标单击“借方金额”栏，录入借方金额“800”。

（9）按回车键（复制上一行的摘要），再按回车键，或者用鼠标单击“科目名称”栏（第二行），再单击参照按钮（或按 F2 键），选择“资产”类科目“1001 库存现金”，或者直接在“科目名称”栏输入“1001”。

（10）按回车键，或者用鼠标单击“贷方金额”栏，录入贷方金额“800”，或者直接按“=”键，填制的第 1 笔业务记账凭证如图 3-20 所示。

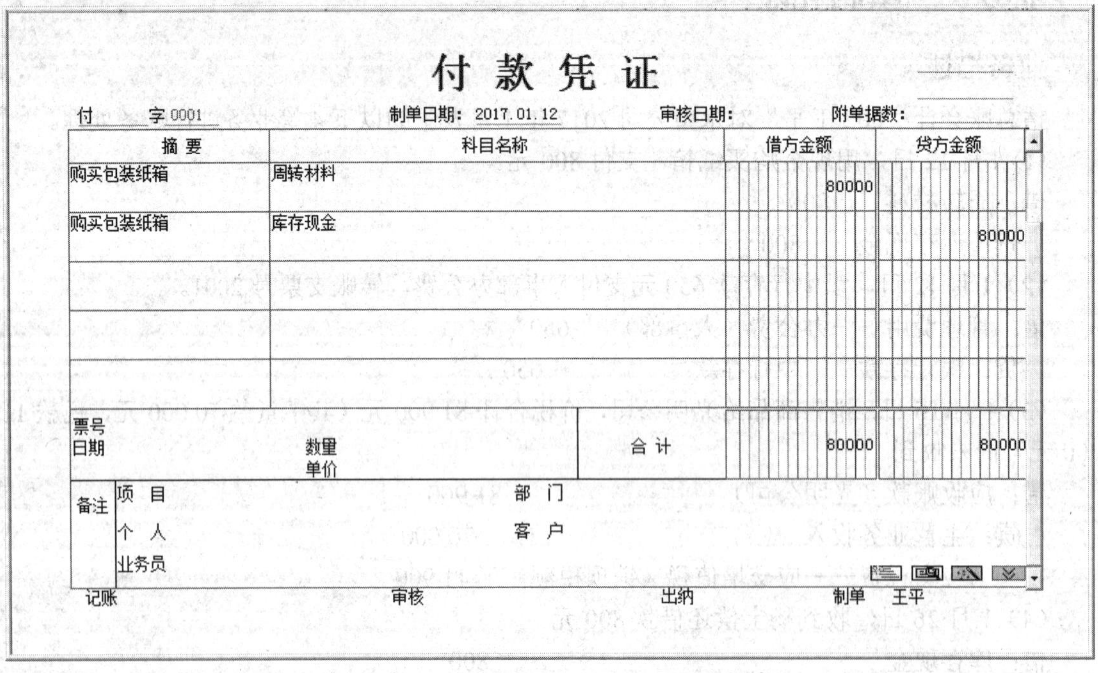
付款凭证

付 字 0001　制单日期：2017.01.12　审核日期：　附单据数：

摘要	科目名称	借方金额	贷方金额
购买包装纸箱	周转材料	80000	
购买包装纸箱	库存现金		80000
票号 日期	数量 单价 合计	80000	80000

备注　项 目　部 门　个 人　客 户　业务员

记账　审核　出纳　制单 王平

图 3-20　填制的第 1 笔业务记账凭证

（11）单击“保存”按钮，系统弹出“凭证已成功保存！”信息提示框，单击“确定”按钮返回。

提示

1. 检查当前操作员，如果当前操作员不是“王平”，则应以重注册的方式更换操作员为“王平”。

2. 凭证填制完成后，可以单击“保存”按钮保存凭证，也可以单击“增加”按钮保存并增加下一张凭证。

3. 凭证填制完成后，在未审核前可以直接修改。

4. 如果凭证的金额录错了方向，可以直接按空格键改变余额方向。

5. 如果辅助项没有及时弹出，也可双击凭证页面右下角第三个图标调出辅助项。

2．填制第 2 笔业务的记账凭证

（1）在“填制凭证”窗口中，单击“增加”按钮或者按 F5 键。

（2）参照以上操作录入表头各项信息。

（3）录入摘要，用鼠标单击“科目名称”栏，单击“科目名称”栏的参照按钮（或按 F2 键），选择“损益”类科目“660201 管理费用 / 办公费”，或者直接在“科目名称”栏输入“660201”。

（4）按回车键，出现“辅助项”对话框，单击“部门”栏参照按钮，选择“人事部”，或者直接录入人事部的编码“1”，如图 3-21 所示，单击“确定”按钮。录入借方金额“650”。

图 3-21　部门辅助核算的记账凭证填制

（5）按回车键（复制上一行的摘要），再按回车键，或者单击“科目名称”栏（第二行），单击“科目名称”栏的参照按钮（或按 F2 键），选择“资产”类科目“100201 中行存款”，或者直接在“科目名称”栏输入“100201”。按回车键，打开“辅助项”对话框，单击“结算方式”参照按钮，选择“转账支票”，或者输入结算方式编码“3”，输入支票号 2001，如图 3-22 所示。

（6）单击“确定”按钮，录入贷方金额“650”，或者直接按“=”键。

（7）单击“保存”按钮保存凭证，填制的第 2 笔业务记账凭证如图 3-23 所示。

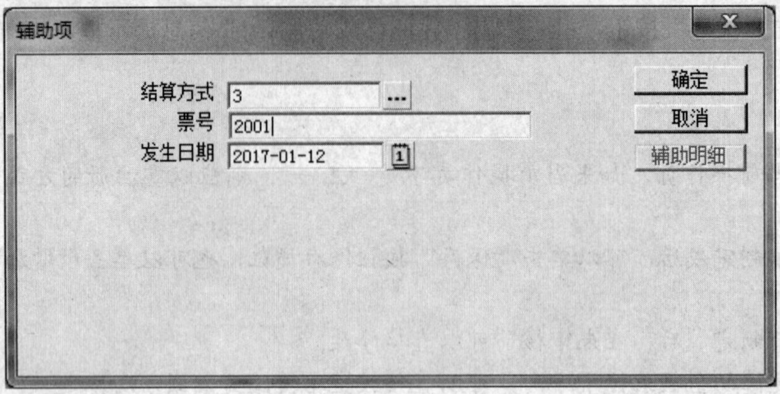

图 3-22　银行账辅助核算的记账凭证填制

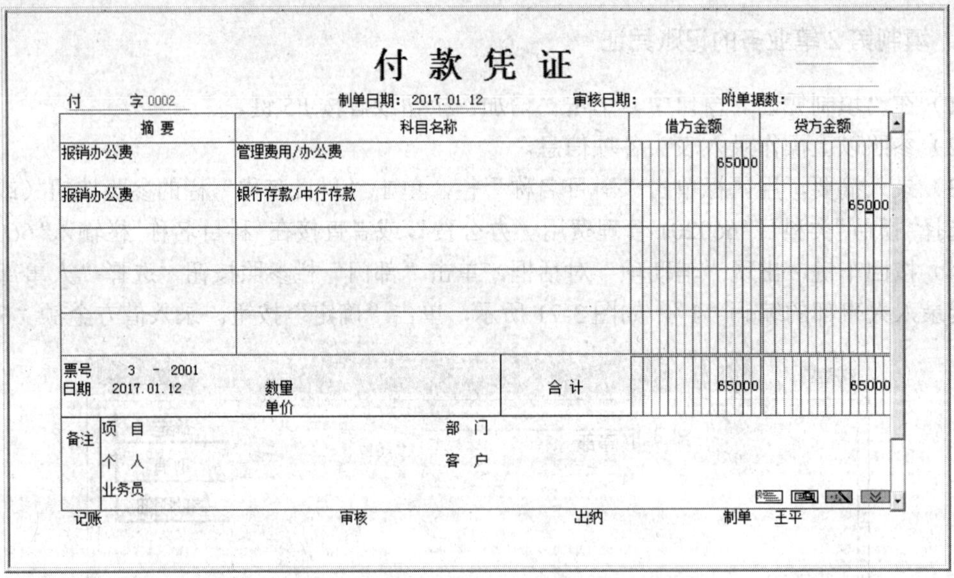

图 3-23　填制的第 2 笔业务记账凭证

提示

1. “=”键意为取借贷方差额到当前光标位置。每张凭证上只能使用一次。

2. 如果在设置凭证类别时已经设置了不同种类凭证的限制类型及限制科目，则在填制凭证时，若凭证类别选择错误，在进入新的状态时系统会提示凭证不能满足的条件，凭证不能保存。

3. 填制第 3 笔业务的记账凭证

（1）在“填制凭证”窗口中，单击“增加”按钮或者按 F5 键。

（2）参照以上操作录入表头各项信息。

（3）录入摘要，用鼠标单击“科目名称”栏，单击“科目名称”栏的参照按钮（或按 F2

键），选择“资产”类科目“1122 应收账款”。

（4）按回车键，出现“辅助项”对话框，如图 3-24 所示。填制内容后单击“确定”按钮。录入借方金额“81 900”。

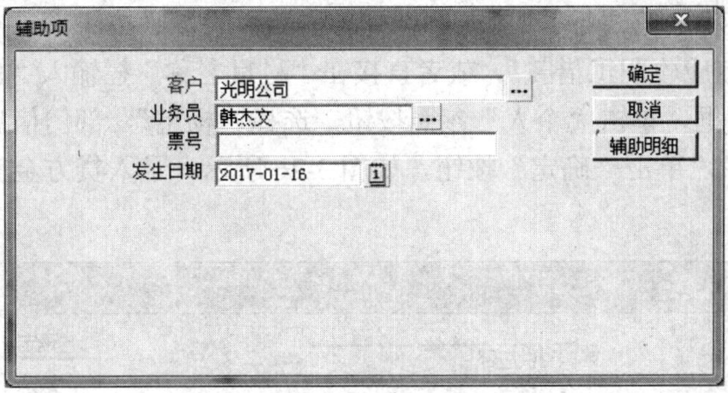

图 3-24 应收账款辅助项

（5）按回车键（复制上一行的摘要），再按回车键，或者单击“科目名称”栏（第二行），单击“科目名称”栏的参照按钮（或按 F2 键），选择“损益”类科目“6001 主营业务收入”，或者直接在“科目名称”栏输入“6001”。按回车键，录入贷方金额“70 000”。按回车键，录入贷方金额“11 900”，或者直接按“=”键，系统自动计算差额录入，单击“保存”按钮保存凭证，填制的第 3 笔业务记账凭证如图 3-25 所示。

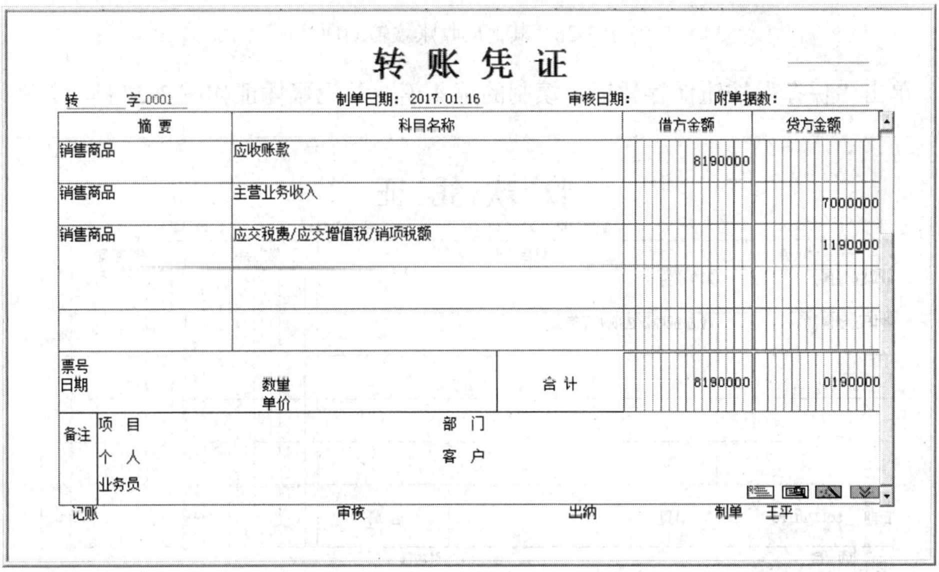

图 3-25 填制的第 3 笔业务记账凭证

4. 填制第 4 笔业务的记账凭证

（1）在“填制凭证”窗口中，单击“增加”按钮或者按 F5 键。

（2）参照以上操作录入表头各项信息。

（3）录入摘要，用鼠标单击“科目名称”栏，单击“科目名称”栏的参照按钮（或按 F2 键），选择“资产”类科目“1001 库存现金”。

（4）按回车键，录入借方金额“800”。按回车键（复制上一行的摘要），再按回车键，或者单击“科目名称”栏（第二行），单击“科目名称”栏的参照按钮（或按 F2 键），选择“资产”类科目“122101 应收职工借款”，或者直接在“科目名称”栏输入“122101”。按回车键，打开“辅助项”对话框，单击“个人”参照按钮，选择“杨宝”，部门信息也被带出，输入发生日期“2017-01-26”，单击“确定”按钮，如图 3-26 所示。录入贷方金额“800”，或者直接按“=”键。

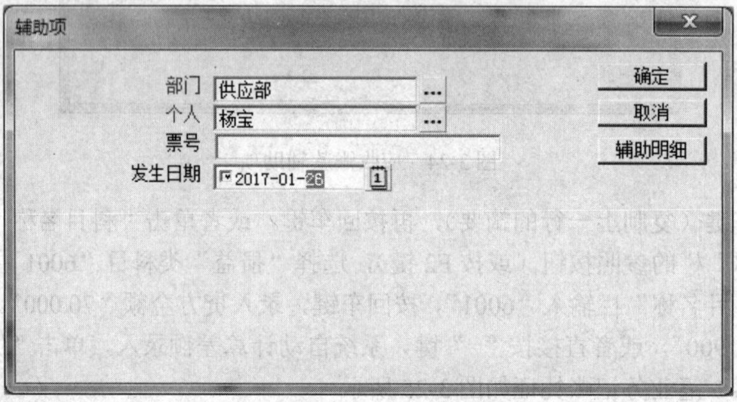

图 3-26　其他应收账款辅助项

（5）单击“保存”按钮保存凭证，填制的第 4 笔业务记账凭证如图 3-27 所示。

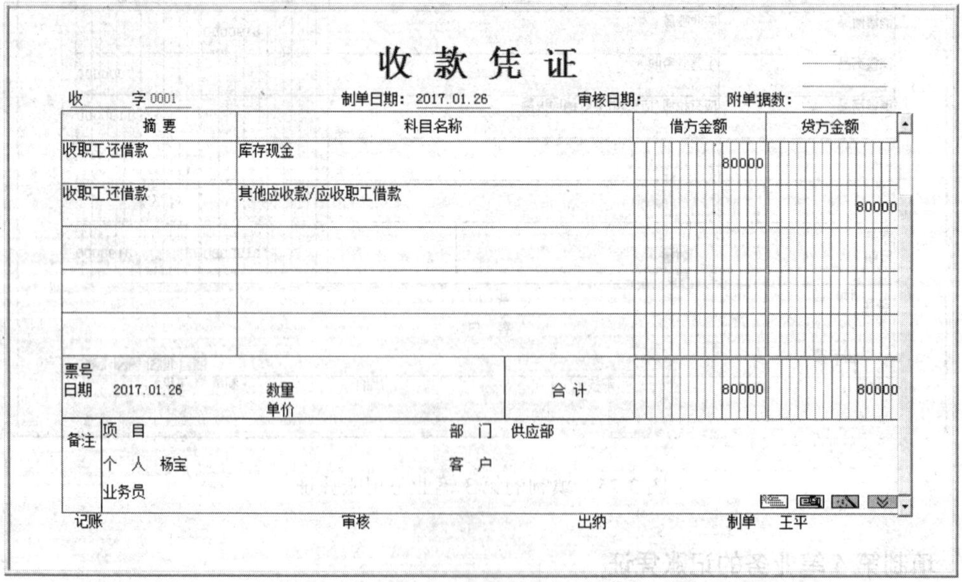

图 3-27　填制的第 4 笔业务记账凭证

（6）凭证填好后，请退出填制凭证界面。

业务二　审核凭证

业务描述

2017 年 1 月 31 日，请会计主管“001 周伟”对以上 4 笔业务进行审核处理。

操作步骤

（1）重新注册，更换操作员为“001 周伟”。

（2）单击“凭证”/“审核凭证”命令，打开“凭证审核”对话框。

（3）单击“确定”按钮，进入“凭证审核”列表窗口。

（4）双击第一张凭证，打开待审核的第 1 号“收款凭证”。

（5）单击“审核”按钮（第 1 号收款凭证审核完成后，系统自动翻页到第 2 张待审核的凭证），再单击“审核”按钮，直到将已经填制的 4 张凭证全部审核签字。

（6）单击“退出”按钮退出，审核结果如图 3-28 所示。

凭证共 4张　已审核 4 张　未审核 0 张　◉ 凭证号排序　○ 制单日期排序

制单日期	凭证编号	摘要	借方金额合计	贷方金额合计	制单人	审核人	系统名	备注	审核日期	年度
2017-01-26	收 - 0001	收职工还借款	800.00	800.00	王平	周伟			2017-01-31	2017
2017-01-12	付 - 0001	购买包装纸箱	800.00	800.00	王平	周伟			2017-01-31	2017
2017-01-12	付 - 0002	报销办公费	650.00	650.00	王平	周伟			2017-01-31	2017
2017-01-16	转 - 0001	销售商品	81,900.00	81,900.00	王平	周伟			2017-01-31	2017

图 3-28　审核结果

提示

1. 系统要求制单人和审核人不能是同一个人，如果是，则要更换操作员。

2. 凭证审核的操作权限应首先在“系统管理”的权限中进行赋权，其次还要注意是否在总账系统的选项中设置了“凭证审核控制到操作员”的选项。如果设置了该选项，则应继续设置审核的明细权限，即“数据权限”中的“用户”权限。只有在“数据权限”中设置了某用户有权审核其他某一用户所填制凭证的权限，该用户才真正拥有了审核凭证的权限。

3. 已审核的凭证不能直接修改，只能在取消审核后才能在填制凭证中进行修改。

业务三　出纳签字

业务描述

2017 年 1 月 31 日，请出纳“003 张一”对以上 3 笔业务进行出纳签字处理。

操作步骤

（1）重新注册，更换操作员为“003 张一”。

（2）单击“凭证”/“出纳签字”命令，打开“出纳签字”对话框。

（3）单击“确定”按钮，打开“出纳签字”列表窗口，列出待签字的 3 张凭证。

（4）双击第一张凭证，打开待签字的第 1 号“收款凭证”。

（5）单击“签字”按钮，单击“下一张”按钮，再单击“签字”按钮，直到对已经填制的所有收付凭证完成出纳签字。

（6）单击“退出”按钮退出，完成出纳签字的结果如图 3-29 所示。

凭证共 3张　已签字 3张　未签字 0张　⊙ 凭证号排序　○ 制单日期排序

制单日期	凭证编号	摘要	借方金额合计	贷方金额合计	制单人	签字人	系统名	备注	审核日期	年度
2017-01-26	收 - 0001	收职工还借款	800.00	800.00	王平	张一			2017-01-31	2017
2017-01-12	付 - 0001	购买包装纸箱	800.00	800.00	王平	张一			2017-01-31	2017
2017-01-12	付 - 0002	报销办公费	650.00	650.00	王平	张一			2017-01-31	2017

图 3-29　出纳签字

提示

1. 出纳签字既可以在“凭证审核”后进行，也可以在“凭证审核”前进行。

2. 要进行出纳签字的操作应满足以下 3 个条件：首先，在总账系统的“选项”中已经设置了“出纳凭证必须经由出纳签字”；其次，已经在会计科目中进行了“指定科目”的操作；再次，凭证中所使用的会计科目是已经在总账系统中设置为“日记账”辅助核算内容的会计科目，如果发现已经进行了出纳签字的凭证有错误，应在取消出纳签字后再在填制凭证功能中进行修改。

业务四　修改已审核已签字凭证

业务描述

请修改第 2 号付款凭证，将金额由“650”元改为“900”元。“001 周伟”取消审核，“003 张一”取消签字，“002 王平”修改凭证，再由“001 周伟”审核，“003 张一”签字。

操作步骤

（1）由操作员“003 张一”单击“凭证”/“出纳签字”命令，打开“出纳签字”对话框。

（2）单击“凭证类别”栏的下三角选择“付款凭证”。

（3）单击“月份”选项，在“凭证号”栏输入“2”，如图 3-30 所示。

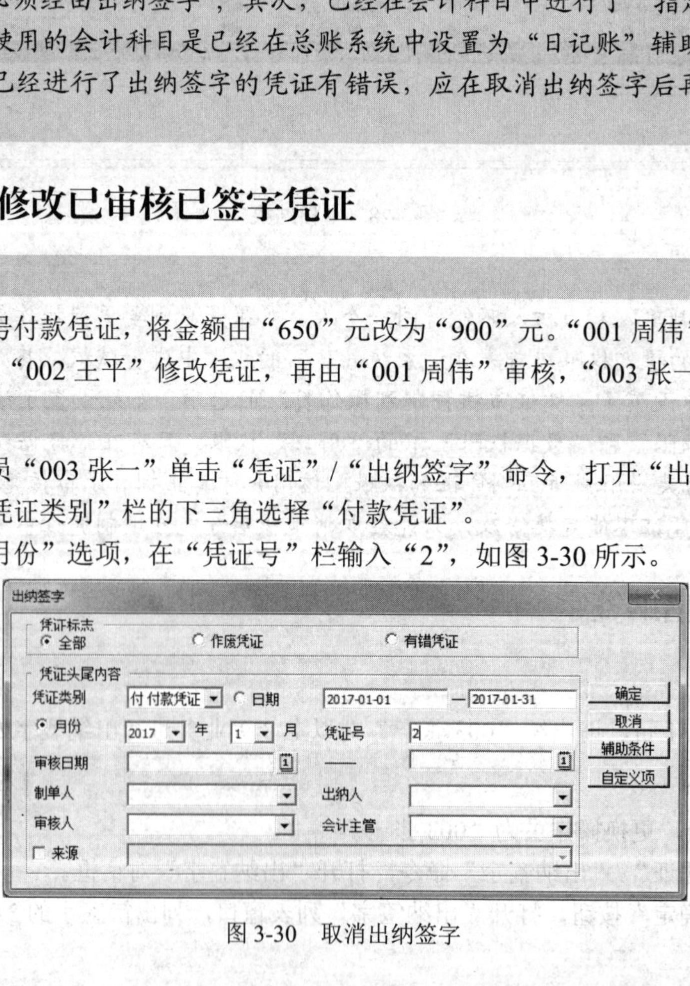

图 3-30　取消出纳签字

（4）单击“确定”按钮，打开“出纳签字”列表窗口。

（5）双击进入第 2 号付款凭证窗口。

（6）单击“取消签字”按钮，取消出纳签字，单击“退出”按钮。

（7）重新注册，更换操作员为“001 周伟”。

（8）单击“凭证”/“凭证审核”命令，打开“审核凭证”列表窗口。

（9）同以上操作，找到并进入第 2 号付款凭证窗口。

（10）单击“取消”审核按钮，取消审核签字。单击“退出”按钮，取消审核后的结果如图 3-31 所示。

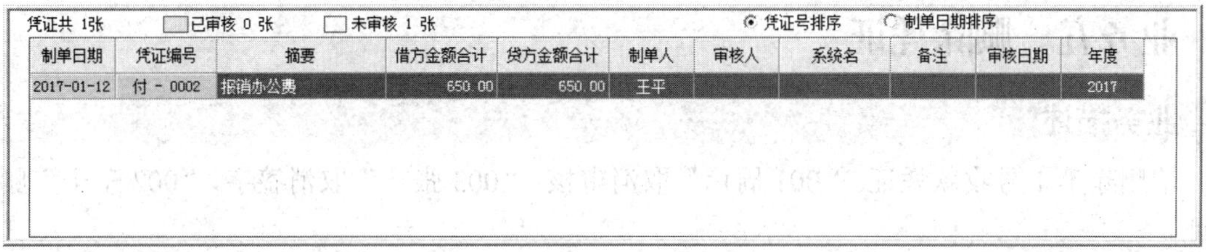

图 3-31 取消审核

（11）重新注册，更换操作员为“002 王平”。

（12）单击“凭证”/“填制凭证”命令，进入“填制凭证”窗口。

（13）单击“上张”“下张”按钮，找到第 2 张付款凭证。

（14）在第 2 张付款凭证中，将借贷方金额均由“650”修改为“900”，单击“保存”按钮。

（15）再更换操作员，由“001 周伟”对第 2 号付款凭证进行审核，由“003 张一”对第 2 号付款凭证进行出纳签字，修改后重新审核签字的结果如图 3-32 所示。

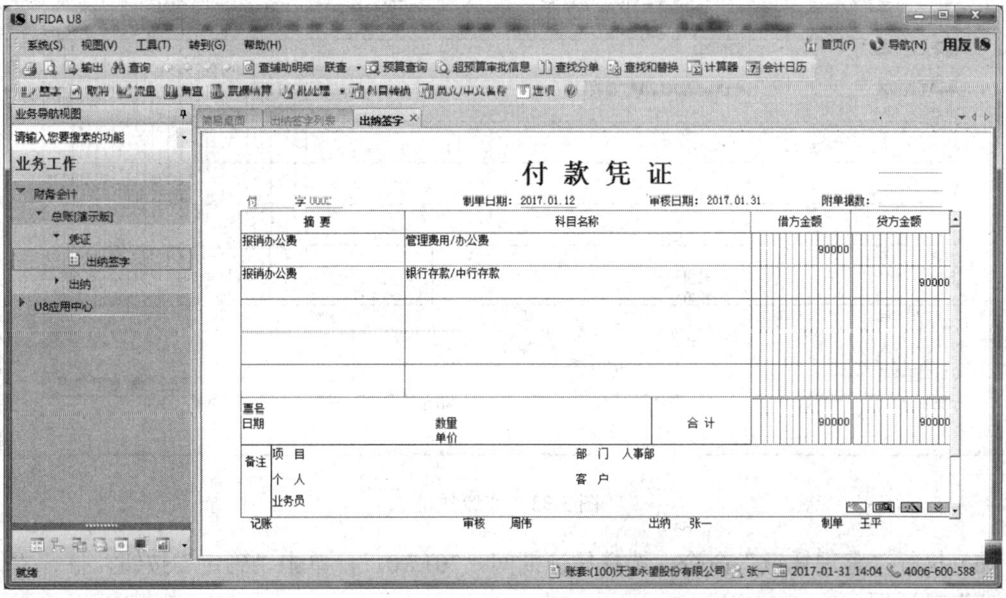

图 3-32 修改后重新审核签字

提示

1. 未审核的凭证可以直接修改。

2. 对已进行出纳签字而未审核的凭证进行修改，要原出纳取消出纳签字后，再由原制单人在填制凭证功能中修改凭证。

3. 如果在总账系统的选项中选中“允许修改、作废他人填制的凭证”，则在填制凭证功能中可以由非原制单人修改或作废他人填制的凭证，修改凭证的制单人将被修改为现在的修改凭证的人。

业务五　删除凭证

业务描述

请删除第 1 号收款凭证。“001 周伟”取消审核，“003 张一”取消签字，“002 王平”删除凭证。

操作步骤

（1）由操作员“001 周伟”取消对该凭证的审核。

（2）由操作员“003 张一”取消对该凭证的出纳签字。

（3）由操作员“002 王平”单击“凭证”/“填制凭证”命令，进入“填制凭证”窗口。

（4）单击“上张”“下张”找到第 1 张收款凭证。

（5）执行“作废 / 恢复”命令，将该张凭证打上“作废”标志，如图 3-33 所示。

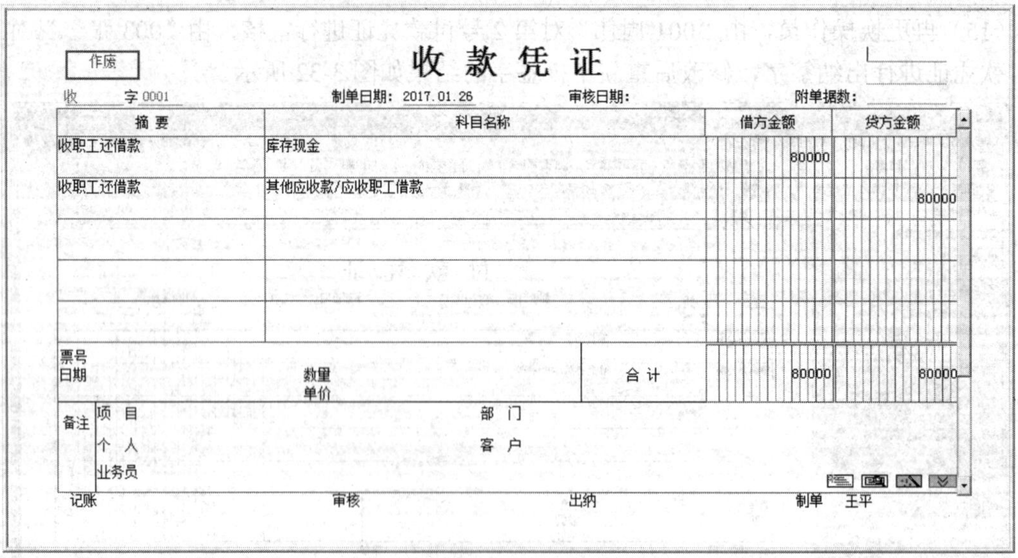

图 3-33　作废凭证

（6）执行“整理凭证”命令，选择凭证期间“2017.01”，单击“确定”按钮，打开“作废凭证表”对话框。

（7）双击“作废凭证表”对话框中的“删除”栏，如图 3-34 所示。

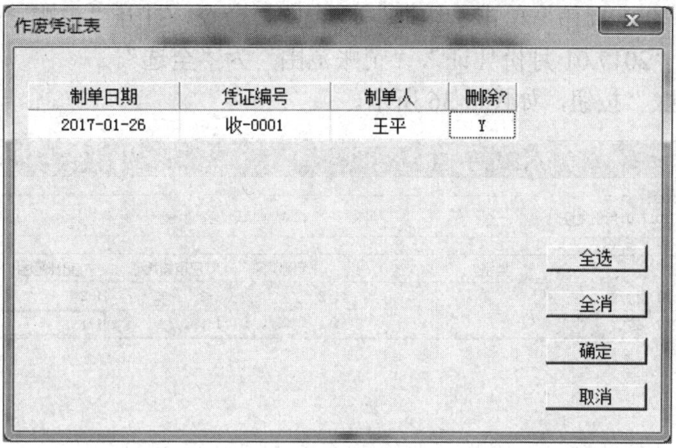

图 3-34　作废凭证表

（8）单击“确定”按钮，系统弹出“是否还需整理凭证断号”信息提示框，并提供 3 种断号整理方式：“按凭证号重排”“按凭证日期重排”“按审核日期重排”，如图 3-35 所示。

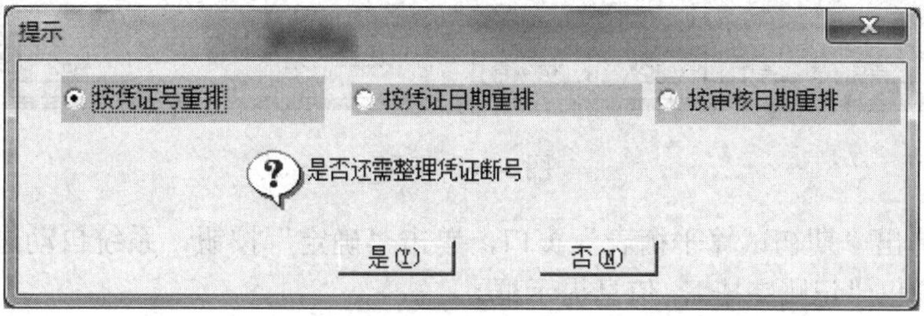

图 3-35　整理凭证断号提示

（9）选择“按凭证号重排”，单山“是”按钮，系统完成对凭证号的重新整理。

提示

1. 已审核或已进行出纳签字的凭证不能直接删除，必须在取消审核及取消出纳签字后再删除，未审核的凭证可以直接删除。

2. 若要删除凭证，必须先进行“作废”操作，然后再进行整理。

3. 对于作废凭证，可以单击“作废/恢复”按钮，取消“作废”标志。

4. 如果仍不能删除凭证，请检查是否已将所有凭证记账。如是，请先取消记账，再整理凭证删除。

业务六　记账

业务描述

“001 周伟”对 2017 年 1 月已填制的凭证进行记账处理。

操作步骤

（1）由操作员“001 周伟”单击“凭证”/“记账”命令，打开“记账——选择本次记账范围”对话框。选择“2017.01 月份凭证”，“记账范围”为“全选”。

（2）单击“记账”按钮，如图 3-36 所示。

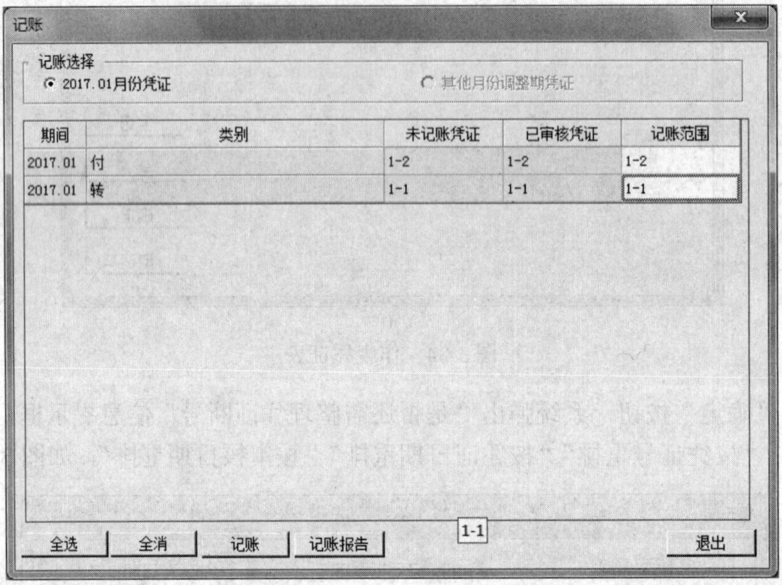

图 3-36　记账

（3）系统弹出“期初试算平衡表”窗口，单击“确定”按钮，系统自动进行记账，记账完成后，系统弹出“记账完毕！”信息提示框。

（4）单击“确定”按钮，再单击“退出”按钮。

提示

1. 如果有期初余额试算不平衡、未审核的凭证，上月未结账，则本月不能记账。

2. 取消记账方法：单击“期末”/“对账”按钮，同时按下 Ctrl、H 键，取消记账状态，单击“总账”/“凭证”/“恢复记账前状态”按钮，选择凭证范围恢复记账，单击“全选”/“确定”按钮。

业务七　查询凭证

业务描述

“001 周伟”对 2017 年 1 月已填制的 1 号转账凭证进行查询。

操作步骤

（1）单击“凭证”/“查询凭证”命令，打开“凭证查询”对话框。

（2）选择“已记账凭证”，选择凭证类别为“转账凭证”，在“凭证号”栏录入“1”。

（3）单击“确定”按钮，打开“查询凭证”列表窗口。

（4）单击“确定”按钮，打开第 1 号转账凭证。

（5）单击“退出”按钮。

业务八　修改、删除已记账凭证

业务描述

对已记账的 1 号付款凭证进行删除，“002 王平”做冲销凭证。

操作步骤

（1）以“002 王平”的身份单击“凭证”/“填制凭证”命令，进入“填制凭证”窗口。

（2）单击“冲销凭证”按钮，打开“冲销凭证”对话框。

（3）单击“凭证类别”栏的下三角按钮，选择“付款凭证”，在“凭证号”栏录入“1”。

（4）单击“确定”按钮，运行的结果如图 3-37 所示。

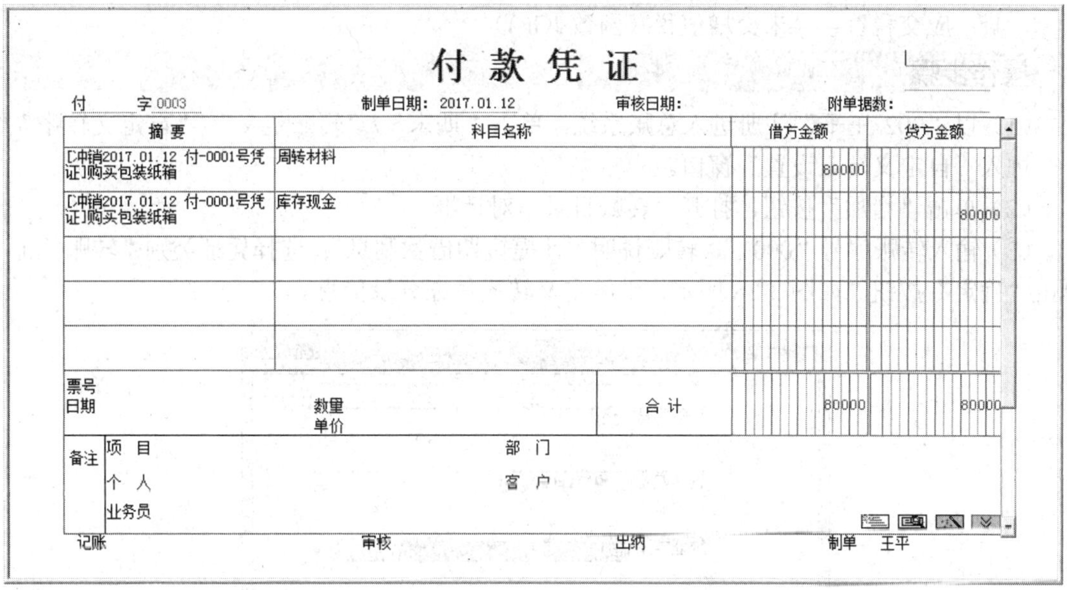

付 款 凭 证

付　字 0003　　制单日期：2017.01.12　　审核日期：　　附单据数：

摘 要	科目名称	借方金额	贷方金额
[冲销2017.01.12 付-0001号凭证]购买包装纸箱	周转材料	80000	
[冲销2017.01.12 付-0001号凭证]购买包装纸箱	库存现金		80000
票号 日期　数量 单价	合 计	80000	80000

备注　项 目　部 门　个 人　客 户　业务员

记账　审核　出纳　制单 王平

图 3-37　冲销凭证生成

（5）单击“保存”按钮。

（6）“003 张一”出纳签字，“001 周伟”审核，并对此张凭证进行记账。

提示

1. 冲销凭证是针对已记账凭证由系统自动生成的一张红字冲销凭证。冲销凭证相当于填制了一张凭证，不需要保存，只要进入新的状态就由系统将冲销凭证自动保存。

2. 已冲销凭证仍需要审核、出纳签字后记账。

3. 若要修改已记账凭证，应待冲销凭证做完，审核记账后，再做一张正确凭证，并审核、记账。

任务三　总账系统期末业务处理

业务一　自定义转账

业务描述

2017 年 1 月 31 日，请以总账会计“002 王平”的身份登录企业应用平台。

（1）按短期借款期末余额的 0.1%计提短期借款利息。设置生成凭证：

借：财务费用（短期借款余额×0.001）

　贷：应付利息（函数 JG( )）

（2）结转未交增值税。设置生成凭证：

借：应交税费——应交增值税（转出未交增值税）（取 222101 的期末余额）

　贷：应交税费——未交增值税（函数 JG( )）

操作步骤

（1）以“002 王平”注册进入总账系统，单击“期末”/“转账定义”/“自定义转账”命令，进入“自定义转账设置”窗口。

（2）单击“增加”按钮，打开“转账目录”对话框。

（3）输入转账序号“0001”，转账说明“计提短期借款利息”；选择凭证类别“转账凭证”，单击“确定”按钮，如图 3-38 所示，继续定义转账凭证分录信息。

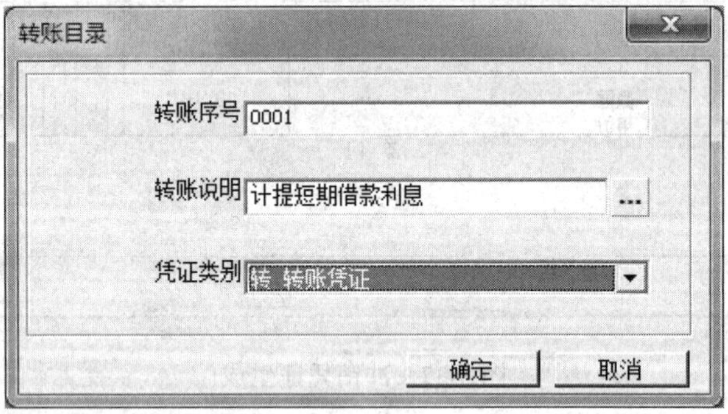

图 3-38　增加自定义转账

（4）单击“增行”按钮，输入科目编码“6603 财务费用”，方向“借”，双击“金额公式”栏，选择参照按钮，打开“公式向导”对话框。

（5）选择“期末余额”函数，单击“下一步”按钮，继续定义公式。

（6）选择科目“2001”，其他采取系统默认，如图 3-39 所示。

（7）单击“完成”按钮，系统会将上述定义的金额公式带回自定义转账设置界面。将光标移至末尾，输入“*0.001”，回车确认。

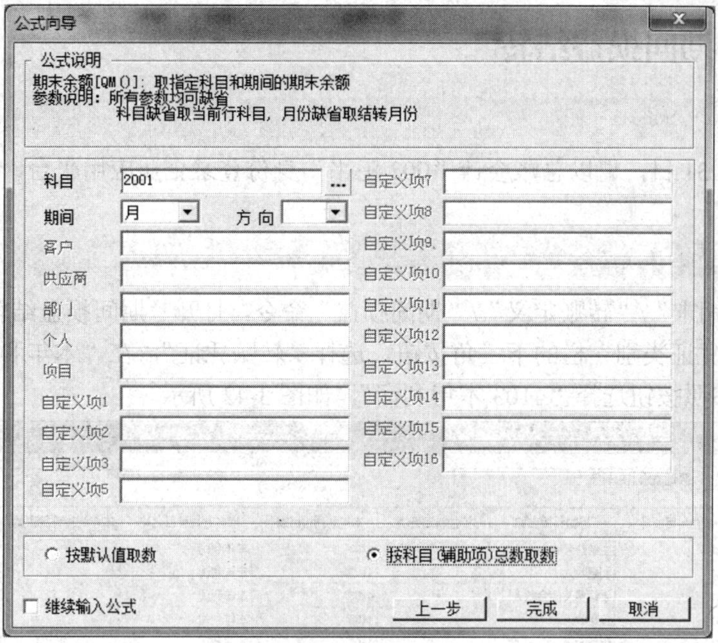

图 3-39　公式向导

（8）继续单击“增行”按钮，选择科目编码“2231”，方向“贷”，金额公式“JG（ ）”，如图 3-40 所示。

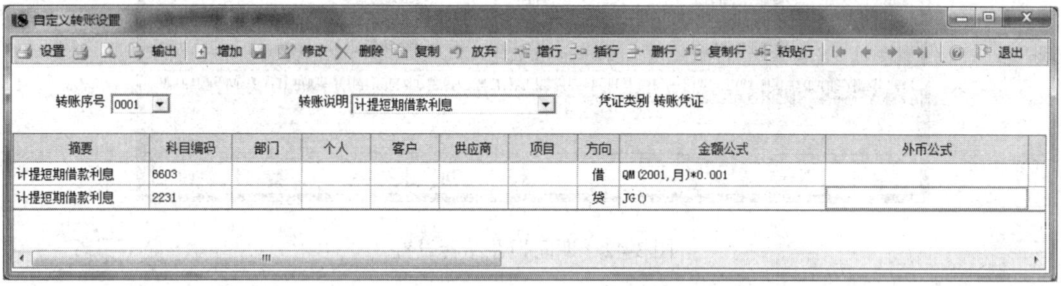

图 3-40　计提短期借款利息自定义转账

（9）单击“完成”按钮，然后单击“保存”按钮。

（10）重复以上步骤，增加结转未交增值税的转账凭证，如图 3-41 所示。

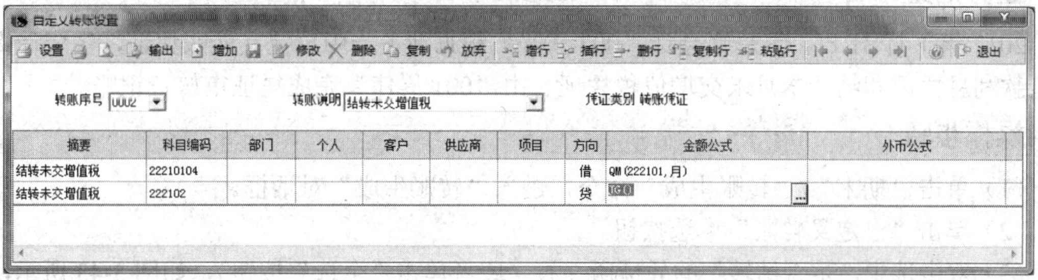

图 3-41　结转未交增值税的自定义转账设置窗口

业务二　期间损益结转

业务描述

2017 年 1 月 31 日，请以总账会计“002 王平”身份登录企业应用平台，设置结转期间损益的凭证。

操作步骤

（1）单击“期末”/“转账定义”/“期间损益”命令，打开“期间损益结转设置”对话框。

（2）单击“凭证类别”栏的下三角按钮，选择“转账凭证”，在“本年利润科目”栏录入“4103”或单击参照按钮选择“4103 本年利润”，如图 3-42 所示。

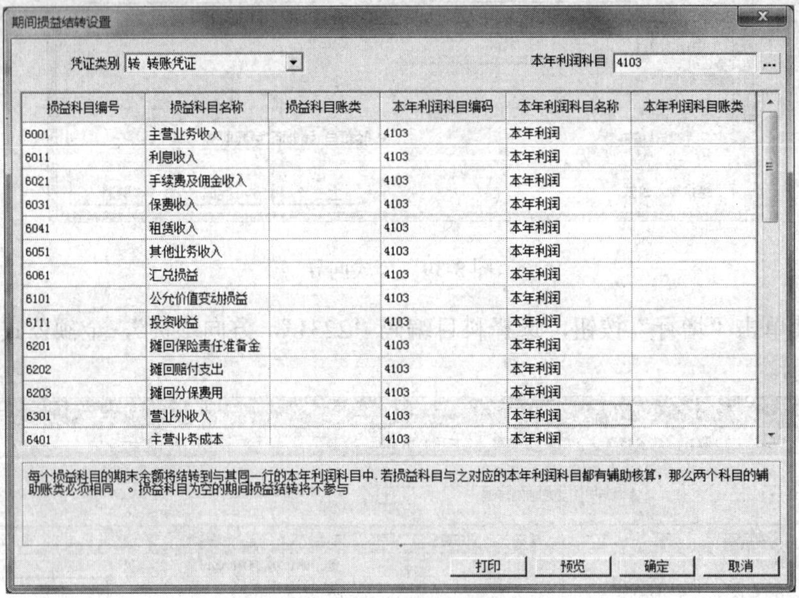

损益科目编号	损益科目名称	损益科目账类	本年利润科目编码	本年利润科目名称	本年利润科目账类
6001	主营业务收入		4103	本年利润	
6011	利息收入		4103	本年利润	
6021	手续费及佣金收入		4103	本年利润	
6031	保费收入		4103	本年利润	
6041	租赁收入		4103	本年利润	
6051	其他业务收入		4103	本年利润	
6061	汇兑损益		4103	本年利润	
6101	公允价值变动损益		4103	本年利润	
6111	投资收益		4103	本年利润	
6201	摊回保险责任准备金		4103	本年利润	
6202	摊回赔付支出		4103	本年利润	
6203	摊回分保费用		4103	本年利润	
6301	营业外收入		4103	本年利润	
6401	主营业务成本		4103	本年利润	

图 3-42　期间损益结转设置

（3）单击“确定”按钮。

业务三　生成自定义转账凭证

业务描述

2017 年 1 月 31 日，请总账会计“002 王平”根据业务一中自定义转账凭证，生成计提短期借款利息凭证和结转本月未交增值税凭证。由“001 周伟”完成凭证审核、记账。

操作步骤

（1）单击“期末”/“转账生成”命令，进入“转账生成”对话框。

（2）单击“自定义转账”单选按钮。

（3）双击选中“是否结转”的凭证所在行（或者单击“全选”按钮），如图 3-43 所示，单击“确定”按钮。

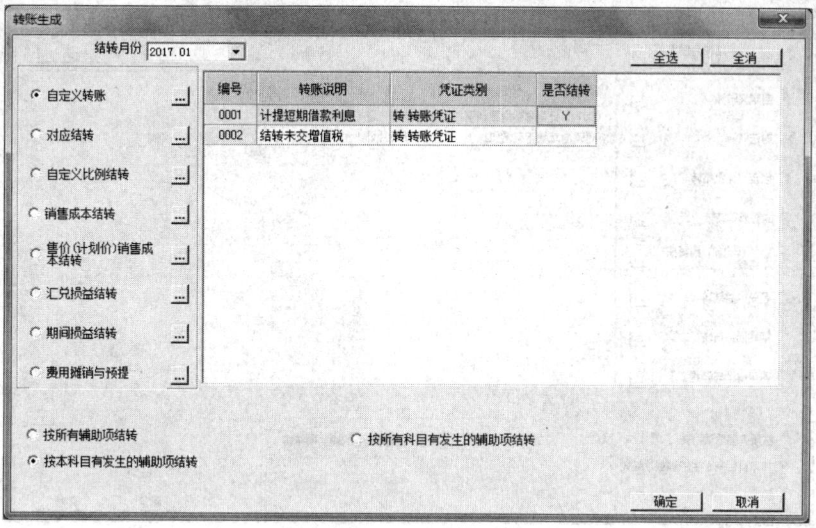

图 3-43　转账生成

（4）单击“确定”按钮，生成计提短期借款利息的转账凭证，单击“保存”按钮，凭证上出现“已生成”的标志，如图 3-44 所示。

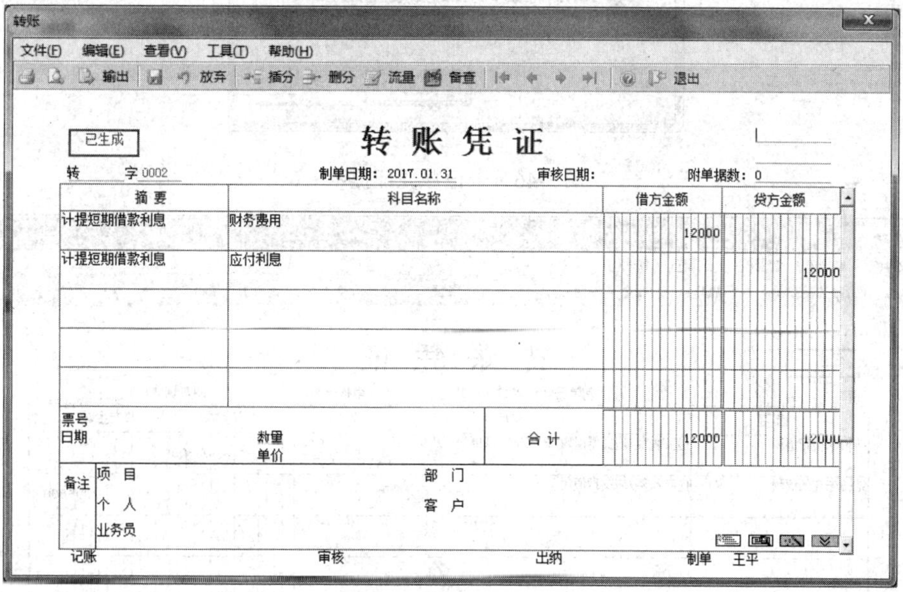

图 3-44　计提短期借款利息凭证

（5）单击“退出”按钮退出。

（6）在“转账生成”/“自定义转账”对话框中，取消“0001 计提短期借款利息”行的“Y”。双击选中“0002 结转未交增值税”所在行“是否结转”，如图 3-45 所示，依以上步骤生成结转未交增值税凭证，会提示有未记账凭证，如图 3-46 所示。单击“是”按钮，生成的转账凭证如图 3-47 所示。

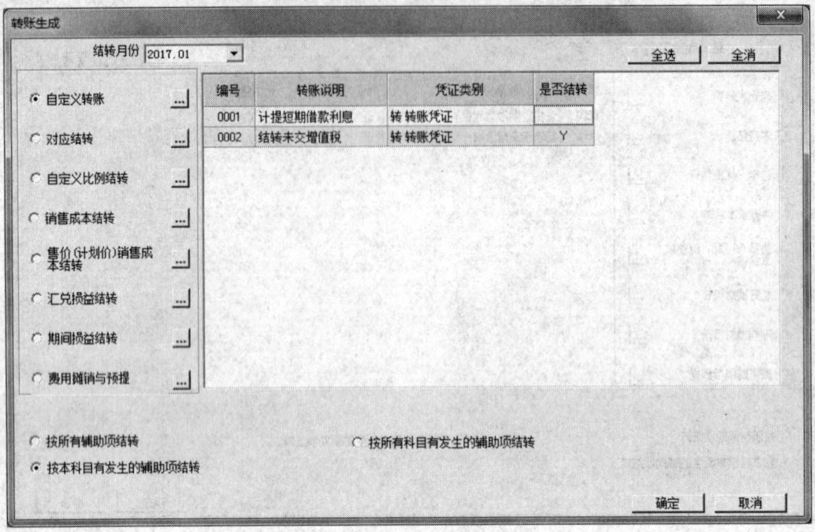

图 3-45　自定义结转第二张凭证

图 3-46　未记账凭证提示

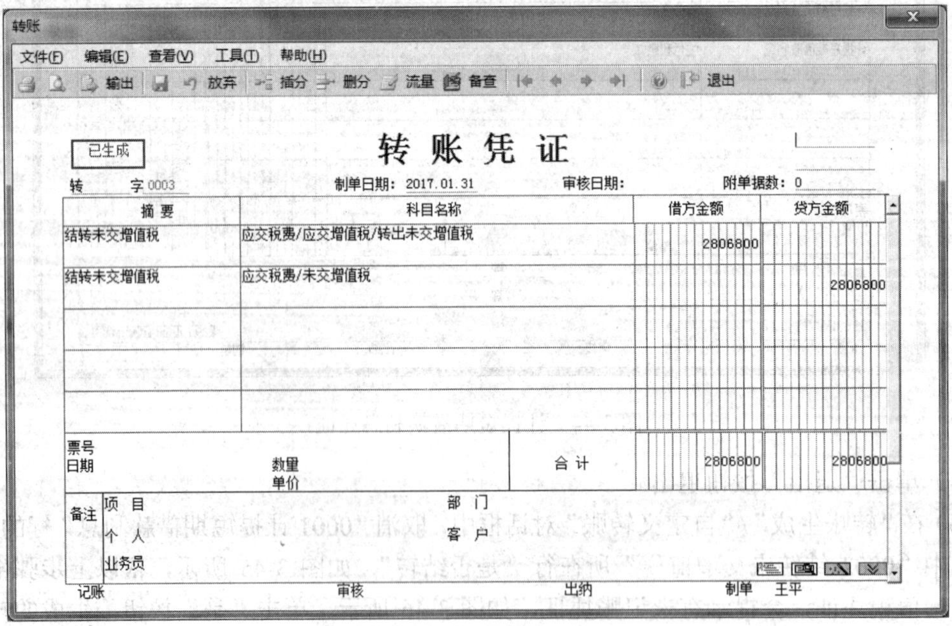

图 3-47　结转未交增值税凭证

（7）由“001 周伟”对这两张凭证进行审核、记账。

业务四　生成期间损益结转凭证

业务描述

2017 年 1 月 31 日，请总账会计“002 王平”根据业务二中期间损益凭证的设置，生成期间损益凭证。由“001 周伟”完成凭证审核、记账。

操作步骤

（1）仍然由“002 王平”生成期间损益结转凭证。单击“期末”/“转账生成”命令，进入“转账生成”对话框。

（2）单击“期间损益结转”单选按钮。单击“全选”按钮，如图 3-48 所示。单击“确定”按钮，生成“期间损益结转”凭证，单击“保存”按钮，凭证上出现“已生成”的标志，如图 3-49 所示。

图 3-48　期间损益结转凭证生成设置

（3）单击“退出”“取消”按钮退出。

（4）由“001 周伟”对生成的期间损益结转凭证进行审核、记账。

提示

1. 生成凭证的时候生成一次即可，不可反复单击“生成”按钮，否则会生成很多凭证。

2. 一定将所有凭证记账后才能进行结转损益，同时要注意转账的先后次序，最后转账的是期间损益结转。

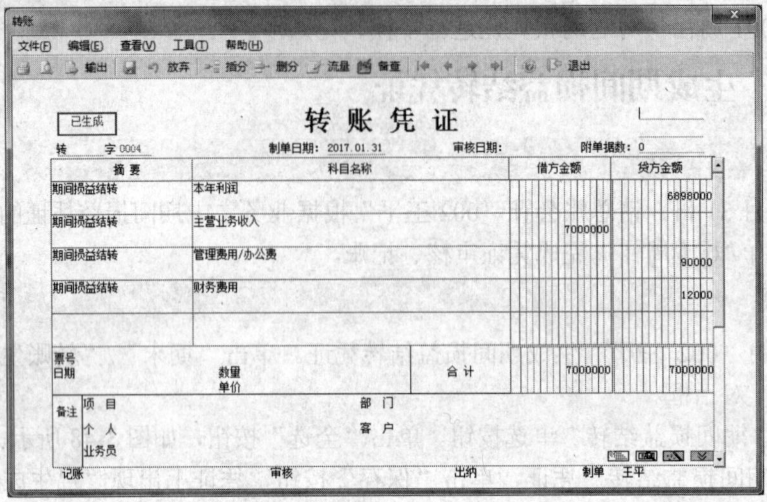

图 3-49 期间损益结转凭证

业务五 期末对账与结账

业务描述

2017 年 1 月 31 日，由“001 周伟”完成总账期末对账与结账工作。

操作步骤

1. 对账

（1）单击“期末”/“对账”命令，打开“对账”对话框。

（2）单击“试算”按钮，出现“2017.01 试算平衡表”。

（3）单击“确定”按钮，然后单击“选择”按钮，在“是否对账”栏出现“Y”标志，选中要对账的月份。再单击“对账”按钮，系统开始对账，并显示对账结果，如图 3-50 所示。

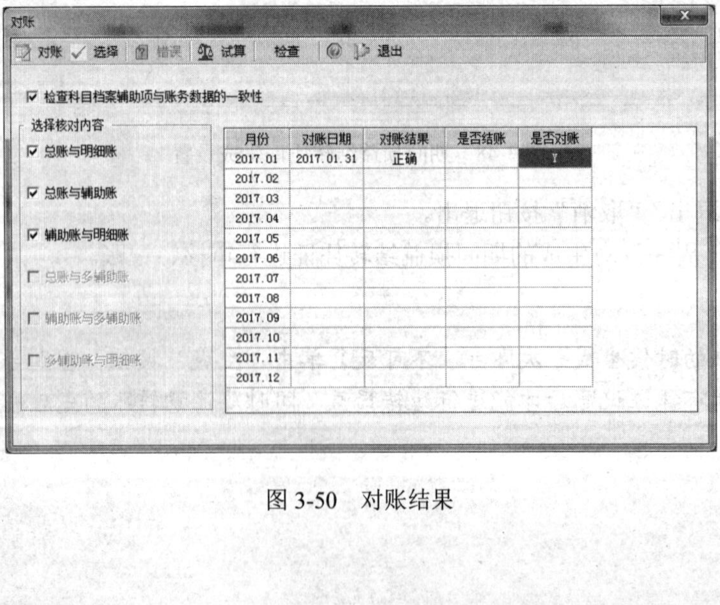

图 3-50 对账结果

（4）单击“退出”按钮退出。

2. 结账

（1）单击“期末”/“结账”命令，打开“结账”对话框。

（2）单击“下一步”按钮，打开“结账——核对账簿”对话框。

（3）单击“对账”按钮，系统进行对账。对账完毕后，单击“下一步”按钮，打开“结账——月度工作报告”对话框，如图 3-51 所示。

图 3-51 结账报告

（4）单击“下一步”按钮，出现“2017 年 0 1 月未通过工作检查，不可以结账！”提示信息，如图 3-52 所示。

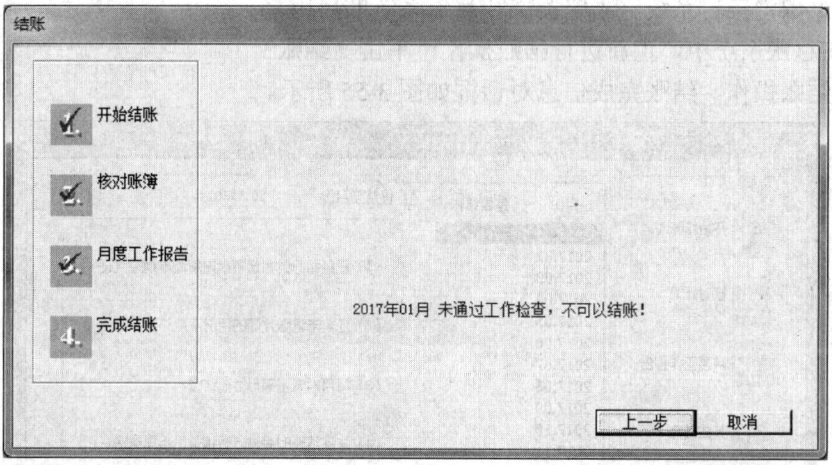

图 3-52 未通过结账

（5）单击“上一步”按钮检查不能结账的原因。在“2017 年 01 月工作报告”中我们看到

“5．其他系统结账状态”，如图 3-53 所示。

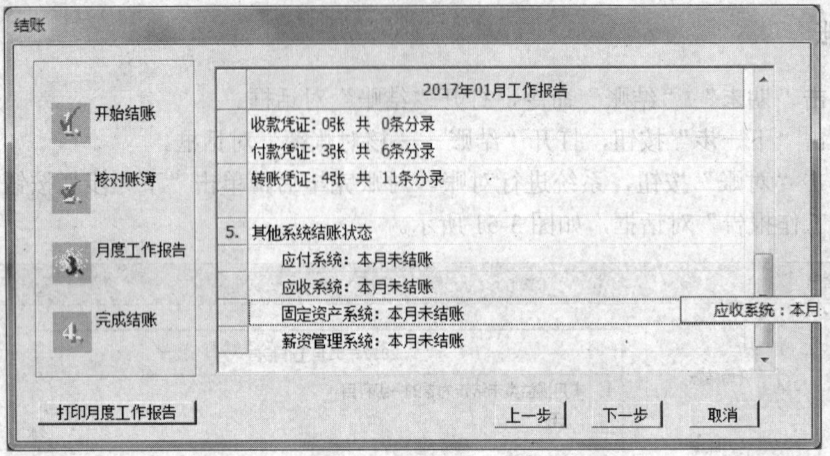

图 3-53　未结账系统

（6）单击“取消”按钮，取消本次的结账操作。

（7）在财务会计下的总账处，右击选择“退出产品”，退出总账系统。

（8）由“001 周伟”在企业应用平台的“基础设置”选项卡中双击“基本信息”/“系统启用”，打开“系统启用”对话框。

（9）单击“应收”前的复选框，系统提示“确实要注销当前系统吗?”，如图 3-54 所示。

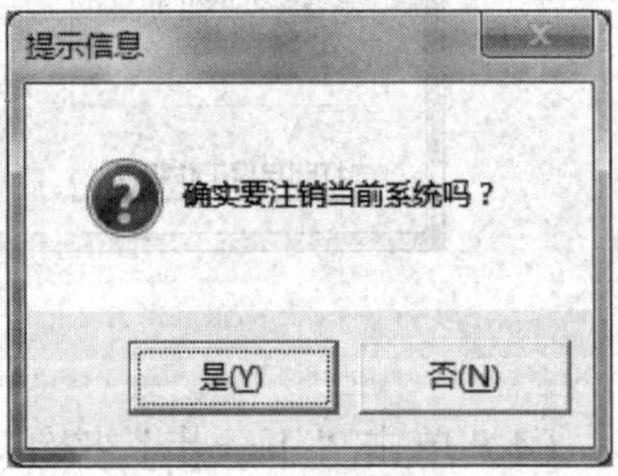

图 3-54　注销启用系统

（10）单击“是”按钮，取消对应收款系统的启用。用同样的方法，取消应付系统、固定资产和薪资系统的启用。

（11）在总账系统中，重新进行结账操作，单击“结账”按钮，完成结账操作，结账完成信息对话框如图 3-55 所示。

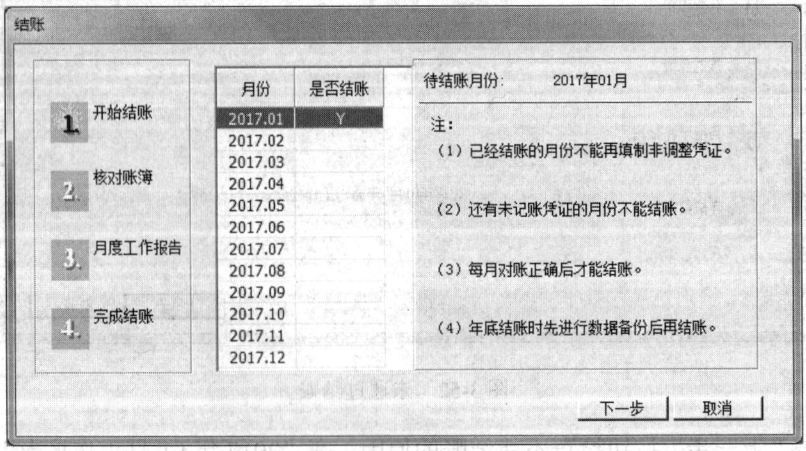

图 3-55　结账完成

提示

1. 结账后除查询外，不得再对本月业务进行任何操作。

2. 如果因某种原因需要取消本月结账，需要账套主管在“结账”界面按 Ctrl+Shift+F6 键激活“取消结账”功能；输入口令 001，即可取消结账标记，如图 3-56 所示。

图 3-56 取消结账输入口令

模拟实训

总账系统

一、实训目的

通过实训掌握总账系统的初始设置的内容及操作方法，掌握总账系统日常业务处理和期末业务的流程及操作方法。掌握出纳日常管理的操作方法。

二、实训资料

（一）初始设置

1. 总账控制参数

（1）凭证选项卡：取消“现金流量科目必录现金流量项目”；勾选“自动填补凭证断号”；取消“制单序时控制”参数。

（2）权限选项卡：取消“允许修改、作废他人填制的凭证”；勾选“出纳凭证必须经由出纳签字”参数。

2. 修改会计科目

修改会计科目的相关内容如表 3-6 所示。

表 3-6 修改会计科目

科目编码	科目名称	辅助核算	受控系统
1121	应收票据	客户往来	应收系统
1122	应收账款	客户往来	应收系统
2201	应付票据	供应商往来	应付系统
2202	应付账款	供应商往来	应付系统

3．增加或修改会计科目

增加或修改会计科目的相关内容如表 3-7 所示。

表 3-7　增加或修改会计科目

科目编码	科目名称	账页格式	单　位	核算账类
100101	人民币户	金额式		日记账
100102	美元户	外币金额式		日记账
100201	人民币户	金额式		日记账、银行账
100202	美元户	外币金额式		日记账、银行账
122101	应收个人款	金额式		个人往来
140301	生产用原材料	金额式		
14030101	钢材	数量金额式	吨	
14030102	塑料制材	数量金额式	吨	
14030103	其他	金额式		
140302	其他原材料	金额式		
140601	电视机	数量金额式	台	
140602	空调机	数量金额式	台	
222101	应交增值税			
22210101	进项税额			
22210102	销项税额			
22210103	进项税额转出			
22210104	转出未交增值税			
222102	未交增值税			
500101	直接材料	金额式		项目核算
500102	直接人工	金额式		项目核算
500103	制造费用	金额式		项目核算
600101	电视机	数量金额式	台	
600102	空调机	数量金额式	台	
660201	工资	金额式		部门核算
660202	福利费	金额式		部门核算
660203	折旧费用	金额式		部门核算
660204	差旅费	金额式		部门核算
660205	办公费	金额式		部门核算
660206	其他	金额式		部门核算
660301	利息费用	金额式		
660302	汇兑损益	金额式		
660303	其他	金额式		

4．凭证类别

凭证类别，如表 3-8 所示。

表 3-8 凭证类别

类别名称	限制类型	限制科目
收款凭证	借方必有	1001，1002
付款凭证	贷方必有	1001，1002
转账凭证	凭证必无	1001，1002

5．结算方式

结算方式，如表 3-9 所示。

表 3-9 结算方式

结算方式编号	结算方式名称	票据管理
1	现金结算	否
2	支票结算	否
201	现金支票	是
202	转账支票	是
3	托收承付	否
4	委托收款	否
5	其他	否

6．外币及汇率设置

币符：USD；币名：美元；2017 年 1 月份固定记账汇率 6.0，1 月末调整汇率 6.1。设置完成后将科目 100102 和 100202 的科目属性选择为“外币核算”，币种为刚才设置的“美元 USD”。

7．项目设置

项目设置的相关内容如表 3-10 所示。

表 3-10 项目设置

项目设置步骤	设置内容
项目大类	生产成本
核算科目	生产成本——直接材料 500101；直接人工 500102；制造费用 500103
项目分类	1．家用电器 2．大型机电设备
项目目录	101 电视机（家用电器） 102 空调机（家用电器） 201 X 型数控设备（大型机电设备）

8. 指定现金科目

现金总账科目：1001　库存现金。
银行总账科目：1002　银行存款。

9. 录入期初余额（资产）

录入期初余额（资产），如表 3-11 所示。

表 3-11　录入期初余额（资产）

单位：元

科目编码	科目名称	余额方向	数量、外币	期初余额
100101	人民币户	借		6 200
100102	美元户	借	100	600
100201	人民币户	借		500 000
100202	美元户	借	5 000	30 000
1122	应收账款	借		900 000
122101	应收个人款	借		5 000
1231	坏账准备	贷		3 000
1601	固定资产	借		1 200 000
1602	累计折旧	贷		152 982
1604	在建工程	借		1 345 000
1701	无形资产	借		150 000

录入期初余额（负债及其他），如表 3-12 所示。

表 3-12　录入期初余额（负债及其他）

单位：元

科目编码	科目名称	余额方向	数量、外币	期初余额
2001	短期借款	贷		600 000
2501	长期借款	贷		1 500 000
4001	实收资本	贷		1 300 818
2202	应付账款	贷		580 000

辅助账期初的录入，如表 3-13、表 3-14、表 3-15 所示。

表 3-13　辅助账期初的录入（一）

会计科目：1122　应收账款　　　　余额：借 900 000 元　　　　单位：元

日期	凭证号	客户	摘要	方向	金额
2016-10-20	转 60	湖南华信	欠货款	借	900 000

表 3-14　辅助账期初的录入（二）

会计科目：123101　应收个人款　　余额：借 5 000 元　　单位：元

日　期	凭 证 号	部　门	个　人	摘　要	方　向	金　额
2016-10-18	付 56	销售一部	周力	出差借款	借	5 000

表 3-15　辅助账期初的录入(三)

会计科目：2202　应付账款　　余额：贷 580 000 元　　单位：元

日　期	凭 证 号	供 应 商	摘　要	方　向	金　额
2016-06-15	转 41	山东德成	购设备款	贷	580 000

10. 实训要求

- 设置会计科目、指定会计科目；
- 设置凭证类别、设置选项；
- 录入期初余额；
- 设置结算方式、设置项目目录。

（二）日常业务处理

（1）1 月 1 日，从银行提取现金 1 000 元备用，结算方式：现金支票，支票号 0425。

（2）1 月 7 日，销售一部周力报销差旅费 4 500 元，交回多余现金 500 元，单据张数 1 张。

（3）1 月 20 日，接受外币投资 100 万美元，合同无约定汇率，当日汇率为 6.3，结算方式：转账支票，支票号 0275，单据张数 2 张。（提示：应按 6.3 进行折算，不确认汇兑损益。）

（4）1 月 25 日，销售给湖南华信电视机 50 台，销售单价 4 000 元；空调机 50 台，销售单价 3 500 元，增值税税率 17%，货款尚未收到，单据张数 2 张。

注意：上述 1 月份的业务生成的相关凭证，由操作员王贝进行出纳签字，账套主管学生本人进行审核及记账操作。

（5）实训要求

- 设置账套参数；
- 填制、审核凭证，出纳签字、记账。

（三）期末处理

1. 自定义转账

（1）按短期借款余额的 0.1%计提利息。

（2）结转未交增值税。

2. 汇兑损益结转定义

汇兑损益入账科目：660302　财务费用——汇兑损益。

对于现金美元户和银行存款美元户都计算汇兑损益。

3．期间损益结转定义

本年利润科目：4103　本年利润。

4．转账生成凭证

（1）自定义转账生成。

（2）汇兑损益结转生成。

（3）期间损益结转生成（提示：应先将前 3 张转账生成的分录进行审核、记账后，再做此张凭证）。

5．对账

略。

6．结账

略。

7．实训要求

（1）期末定义转账并生成凭证。

（2）对账并结账。

项目4

报表系统

能力目标

通过学习生成报表的方法，掌握报表生成时所用的各种常用函数的含义、公式设置的方法，掌握利用报表模板生成报表和生成自定义报表的方法。要求能够结合企业实际情况生成实际工作中所需要的各种报表。

任务一　利用报表模板生成报表

业务一　生成资产负债表

业务描述

2017 年 1 月 31 日，请账套主管“001 周伟”利用报表模板生成本月资产负债表，保存到“我的文档”文件夹中，名称为“1 月资产负债表”。

操作步骤

1. 新建资产负债表

（1）在企业应用平台，单击“财务会计”/“UFO 报表”命令，系统提示“日积月累”，单击“关闭”按钮。单击“文件”/“新建”命令，进入报表的“格式”状态窗口。

（2）单击“格式”/“报表模板”命令，打开“报表模板”对话框。

（3）单击“您所在的行业”栏的下三角按钮，选择“2007 年新会计制度科目”，再单击“财务报表”栏的下三角按钮，选择“资产负债表”，选择的结果如图 4-1 所示。

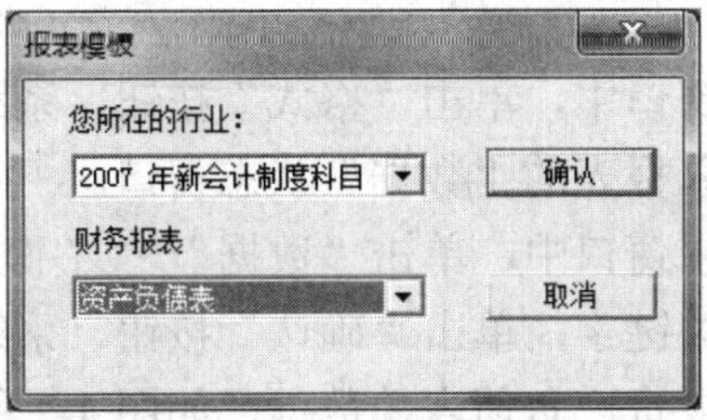

图 4-1　选择报表模板

（4）单击“确认”按钮，系统弹出“模板格式将覆盖本表格式！是否继续?”信息提示框。

（5）单击“确定”按钮，打开按“2007 年新会计制度科目”设置的“资产负债表”模板，如图 4-2 所示。

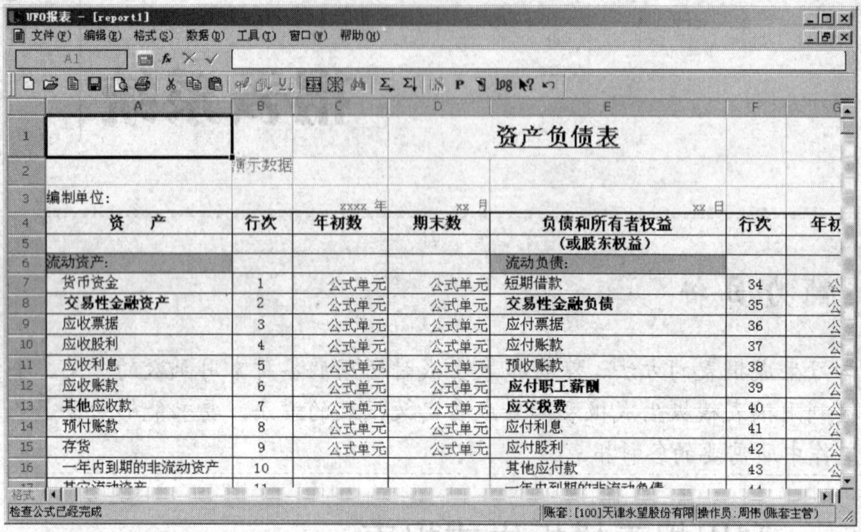

图 4-2 “资产负债表”模板

提示

如果被调用的报表模板与实际需要的报表格式或公式不完全一致，可以在此基础上进行修改。

2. 设置关键字

（1）在报表“格式”状态窗口中，单击选中 A3 单元，将“编制单位”删除。

（2）仍选中 A3 单元，单击“数据”/“关键字”/“设置”命令，打开“设置关键字”对话框。

（3）设置关键字“单位名称”，单击“确定”按钮。

提示

通过设置关键字可以在每次生成报表数据时以录入关键字的形式录入单位名称等信息。

3. 录入关键字并计算报表数据

（1）在报表“格式”状态窗口中，单击“格式”按钮，系统提示“是否确定全表重算”。

（2）单击“否”按钮，进入报表的“数据”状态窗口。

（3）在报表的“数据”状态窗口中，单击“数据”/“关键字”/“录入”命令，打开“录入关键字”对话框。录入各项关键字，单击“确认”按钮，系统提示“是否重算第 1 页?”。

（4）单击“是”按钮，生成资产负债表的数据，如图 4-3 所示。

图 4-3 生成资产负债表的数据

提示

在格式状态设置关键字，在数据状态录入关键字。录入关键字后系统会提示“是否重算第 1 页?”，可以单击“是”按钮直接计算，也可以单击“否”按钮暂不计算。

4. 保存资产负债表

单击“文件”/“保存”命令，在“我的文档”中将文件保存为“1 月资产负债表”。

任务二 自定义报表

业务一 生成利润表

业务描述

2017 年 1 月 31 日，请账套主管“001 周伟”按表 4-1 所示的利润表的样子，自定义一张格式相同的利润表，并设计公式、生成数据，保存到“我的文档”文件夹中，名称为“1 月利润表”。

表 4-1 利润表

单位名称： 年 月

项 目	行 数	本 月 数	本年累计数
一、主营业务收入	1		
减：主营业务成本	2		
营业税金及附加	3		
销售费用	4		

续表

项　　目	行　数	本 月 数	本年累计数
管理费用	5		
财务费用（收益以“-”号填列）	6		
资产减值损失	7		
加：公允价值变动净收益（净损失以“-”号填列）	8		
投资净收益（净损失以“-”号填列）	9		
其中对联营企业与合营企业的投资收益	10		
二、营业利润（亏损以“-”号填列）	11		
加：营业外收入	12		
减：营业外支出	13		
其中：非流动资产处置净损失（净收益以“-”号填列）	14		
三、利润总额（亏损总额以“-”号填列）	15		
减：所得税	16		
四、净利润（净亏损以“-”号填列）	17		
五、每股收益	18		
基本每股收益	19		
稀释每股收益	20		

操作步骤

1. 设置表尺寸

（1）在企业应用平台“业务工作”选项卡中，单击“财务会计”/“UFO 报表”命令，进入 UFO 报表系统。

（2）单击“文件”/“新建”命令，系统自动生成一张空白表，进入报表“格式”状态窗口。

（3）单击“格式”/“表尺寸”命令，打开“表尺寸”对话框。

（4）录入行数“24”，列数“4”，如图 4-4 所示，报表行数应包括报表表头、表体和表尾。

（5）单击“确认”按钮，出现 24 行 4 列的表格。

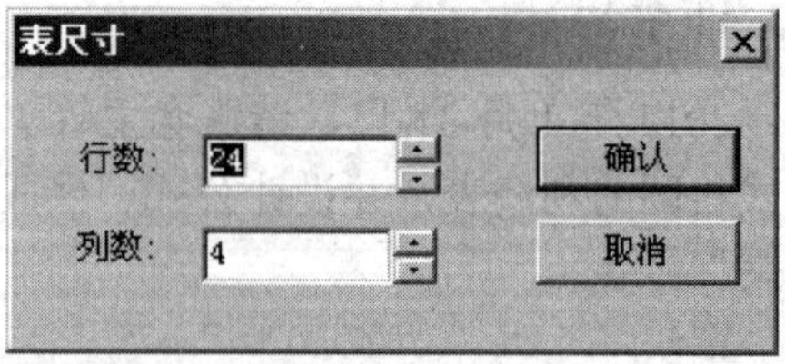

图 4-4　表尺寸

提示

本表的表头部分占三行。

2. 定义行高和列宽

（1）单击选中 A1 单元，单击“格式”/“行高”命令，打开“行高”对话框。

（2）录入 A1 单元所在行的行高“12”，如图 4-5 所示。

（3）单击“确认”按钮。

（4）单击选中 A4 单元后拖动鼠标到 D24 单元，单击“格式”/“行高”命令，打开“行高”对话框。

（5）录入 A4：D24 区域的行高为“6”。

（6）单击“确认”按钮。

（7）单击选中 A1 单元，单击“格式”/“列宽”命令，打开“列宽”对话框。

（8）录入 A1 单元所在列的列宽为“100”，如图 4-6 所示。

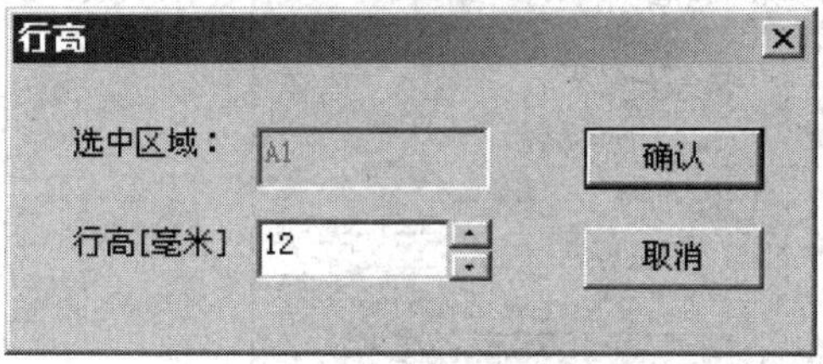

图 4-5　设置行高

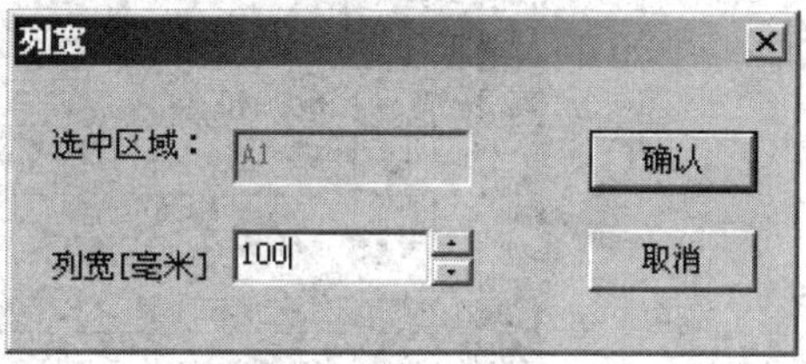

图 4-6　设置列宽

（9）用同样的方法，设置 B1 单元所在列的列宽为“10”；设置 C 列和 D 列的列宽为“32”。单击“确认”按钮。

提示

1. 在设置了行高及列宽后，如果觉得不合适，可以直接用鼠标拖动行线及列线改变行高及列宽。

2. 设置列宽应以能够放下本栏最宽数据为原则，否则生成报表时会产生数据溢出的错误。

3. 画表格线

（1）单击选中 A4 单元后拖动鼠标到 D24 单元，单击“格式”/“区域画线”命令，打升“区域画线”窗口，如图 4-7 所示。

（2）单击“确认”按钮。

提示

1. 报表的尺寸设置完之后是没有任何表格线的，为了满足打印的需要，应画出表格线。

2. 画表格线时可以根据需要选择不同的画线类型及样式。

4. 定义组合单元

（1）单击选中 A1 单元后拖动鼠标到 D1 单元，单击“格式”/“组合单元”命令，打开“组合单元”对话框，如图 4-8 所示。

（2）单击“按行组合”按钮，将第 1 行组合为一个单元。

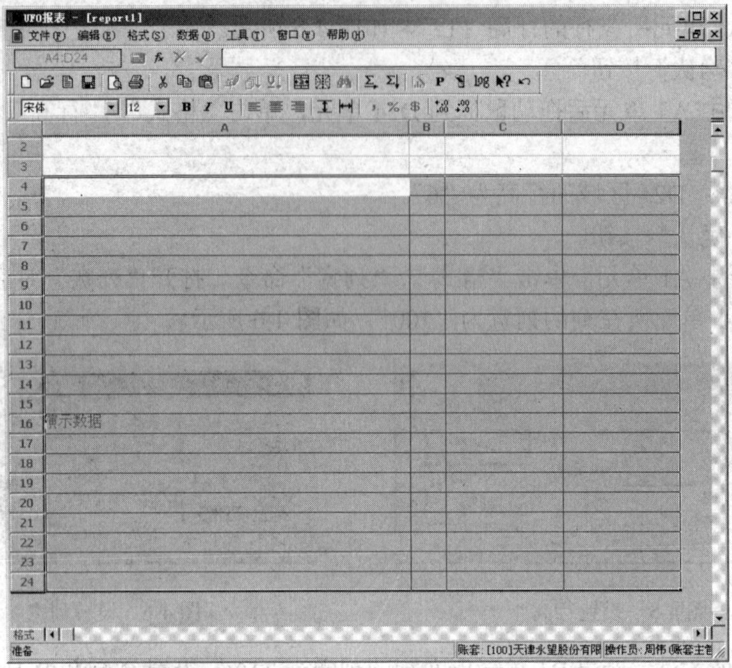

图 4-7 区域画线

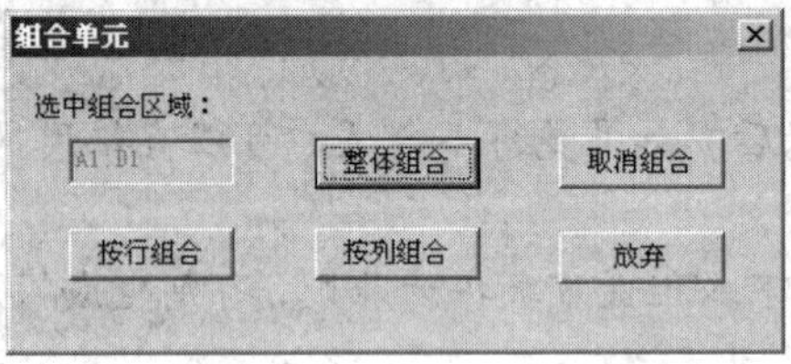

图 4-8 组合单元

提示

组合单元时既可以选择“按行组合”，也可以选择“整体组合”，即将选中的单元合并为一个整体。

5. 输入项目内容

根据所给资料直接在对应单元中输入所有项目内容，如图 4-9 所示。

提示

单位名称和日期不需要手工录入，UFO 报表一般将其设置为关键字。后面会讲到用设置关键字的方法进行设置。

6. 设置单元属性

（1）单击选中 A1 单元，单击“格式”/“单元属性”命令，打开“单元格属性”对话框。

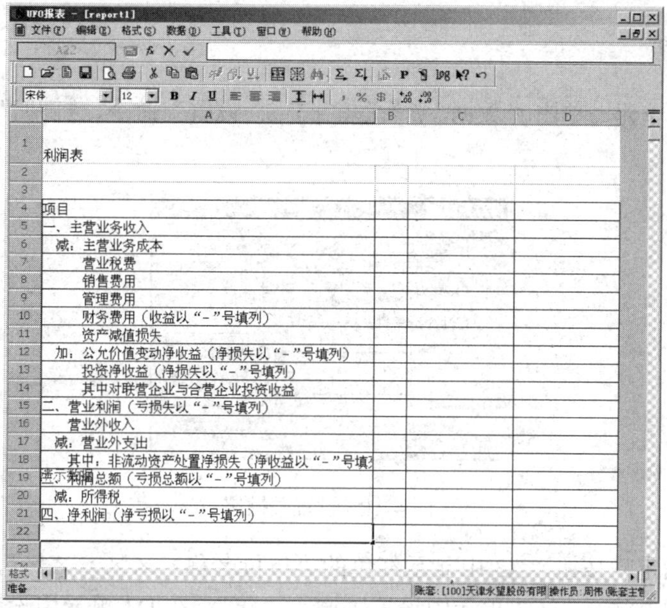

图 4-9　输入项目内容

（2）单击“字体图案”选项卡，单击字体栏的下三角按钮，选择“楷体”，单击字号栏的下三角按钮，选择“28”。

（3）单击“对齐”选项卡，选择水平方向“居中”及垂直方向“居中”，单击“确定”按钮。

（4）单击选中 A4 单元后拖动鼠标到 D4 单元，用同样的方法将该区域设置为“黑体”“14”号字。选择水平方向“居中”及垂直方向“居中”。

（5）以此方法再设置 A5：D24 区域的字体为“宋体”，字号为“14”，单击“确定”按钮。设置单元属性如图 4-10 所示。

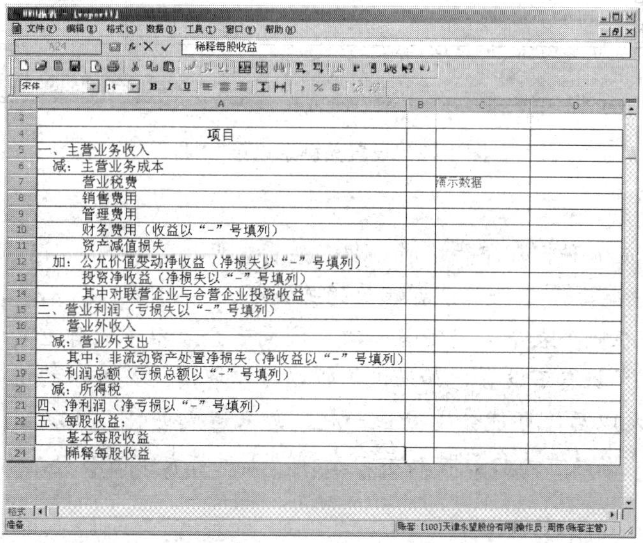

图 4-10　设置单元属性

7. 定义关键字

（1）单击 A3 单元，单击“数据”/“关键字”/“设置”命令，打开“设置关键字”对话框，如图 4-11 所示。

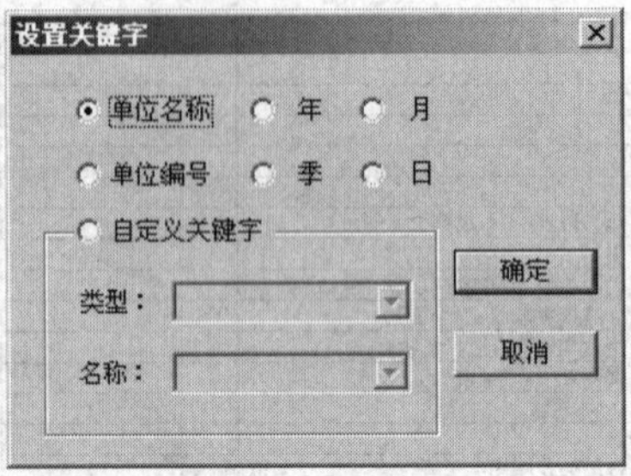

图 4-11　设置关键字

（2）单击“确定”按钮，A3 中显示红色的“单位名称：×××××”，即关键字的意思。

（3）用同样的方法，在 C3 单元中设置关键字“年”；在 D3 单元中设置关键字“月”，如图 4-12 所示。

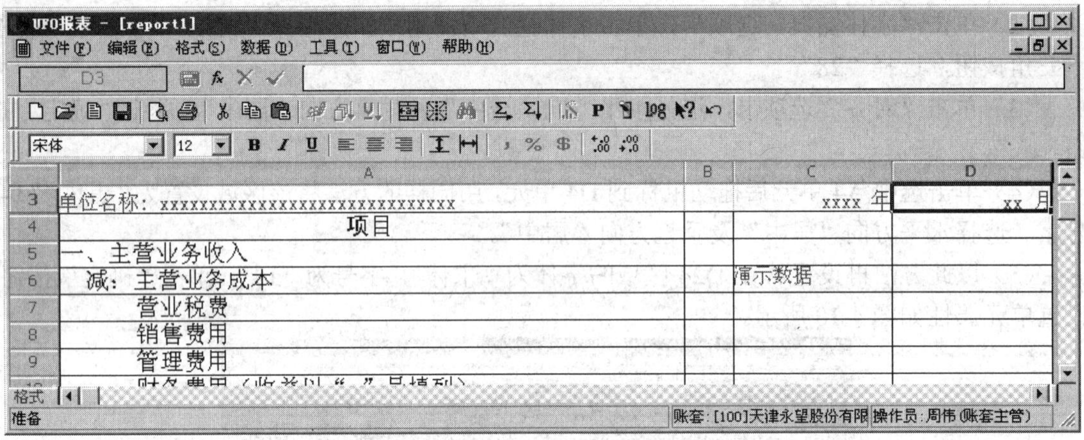

图 4-12　设置关键字“年”“月”

提示

1. 关键字主要有 6 种，即单位名称、单位编号、年、季、月、日，另外还包括一个自定义关键字。可以根据实际需要任意设置相应的关键字。

2. 一个关键字在一个表中只能定义一次，即同一个表中不能有重复的关键字。

3. 关键字在格式状态下设置，如果设置错误可以取消；关键字的值在数据状态下录入同一个单元或组合单元以后，可能会重叠在一起，如果造成重叠，可以在设置关键字时输入关键字的相对偏移量，偏移量为负数时表示向左移，正数时表示向右移。

8. 录入单元公式

（1）单击 C5 单元，再单击“数据”/“编辑公式”/“单元公式”命令，打开“定义公式”对话框。

（2）单击“函数向导”，打开“函数向导”对话框，在“函数分类”列表中选择“用友账务函数”；在“函数名”列表中选择“发生（FS）”，如图 4-13 所示。

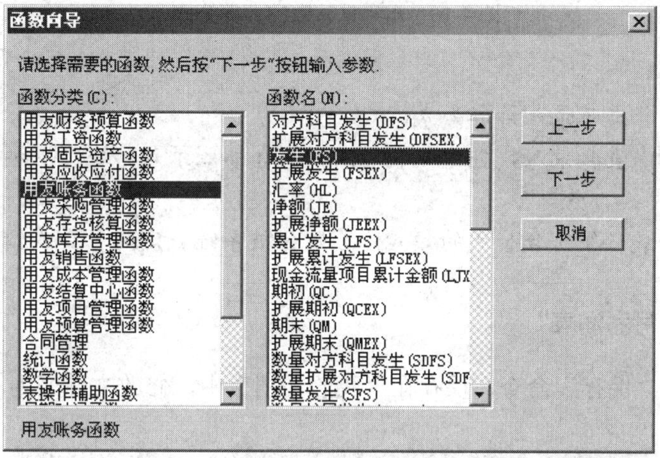

图 4-13　函数向导

（3）单击“下一步”按钮，打开“用友账务函数”对话框。单击参照按钮，打开“账务函数”对话框。

（4）选择科目“6001”，方向“贷”，单击“确认”按钮，定义公式如图 4-14 所示。

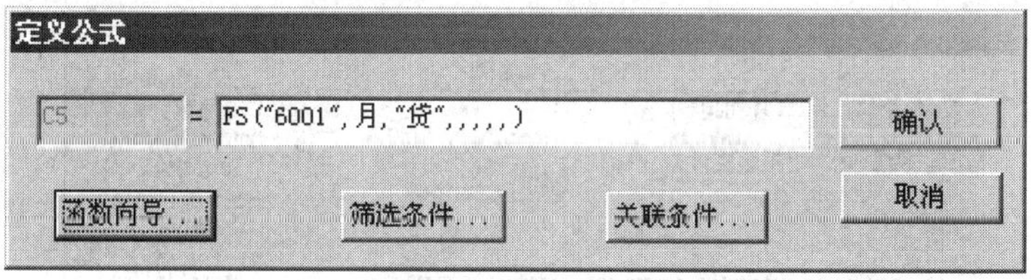

图 4-14　定义公式

（5）用同样的方法，继续录入其他单元的计算公式，如图 4-15 所示。

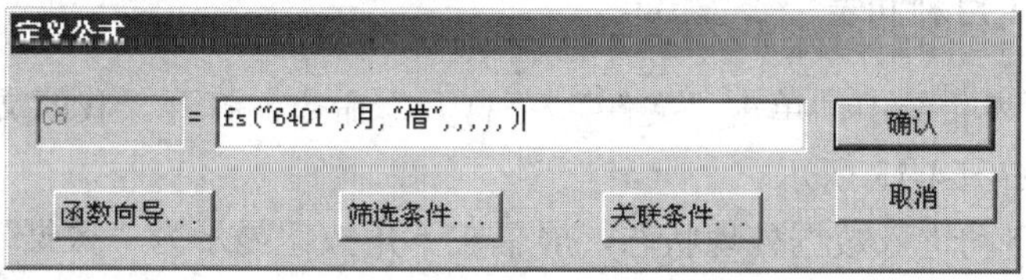

图 4-15　录入其他单元的计算公式

（6）单击“数据”/“编辑公式”/“单元公式”命令，其中 C15 录入“=C5-C6-C7-C8-C9-C10-C11+C12+C13”，C19 和 C21 用同样的方法录入即可。

（7）本年累计数公式可以用 LFS 累计发生额函数，如图 4-16 所示。

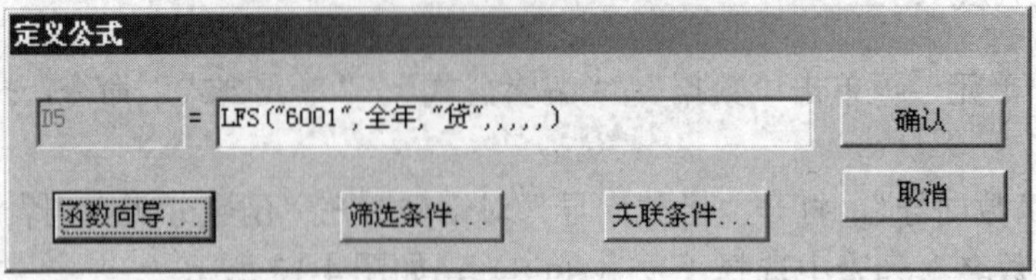

图 4-16　本年累计数的计算公式

提示

1. 必须在英文状态下录入计算公式。

2. 计算公式可以直接录入，也可以利用函数向导参照录入，还可以利用复制粘贴修改科目的方法录入。

3. 所录入的公式必须符合公式的模式，否则会被系统判定为“公式错误”。

9. 保存为“1 月利润表”

单击“文件”/“保存”命令，保存在“我的文档”中，修改文件名为“1 月利润表”，如图 4-17 所示。

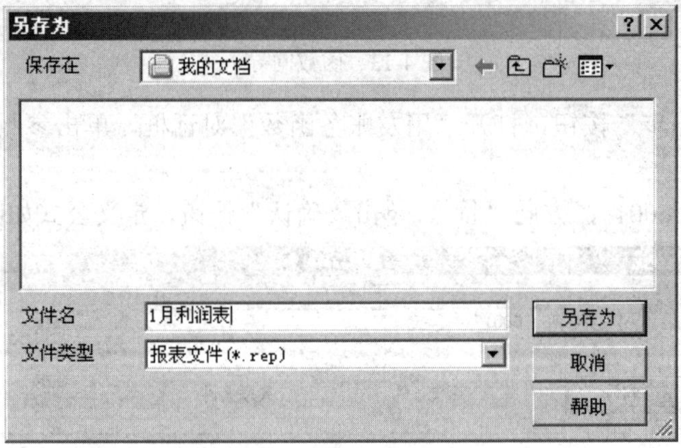

图 4-17　保存“1 月利润表”

10. 打开自制 1 月利润表

（1）在 UFO 报表系统中，单击“文件”/“打开”命令，打开“我的文档”中的“1 月利润表”报表文件，如图 4-18 所示。

（2）打开后，自动进入数据处理状态，屏幕左下角按钮显示为“数据”。

11. 录入关键字并计算报表数据

（1）单击左下角“格式”按钮，使之变为数据状态。单击“数据”/“关键字”/“录入”命令，打开“录入关键字”对话框。

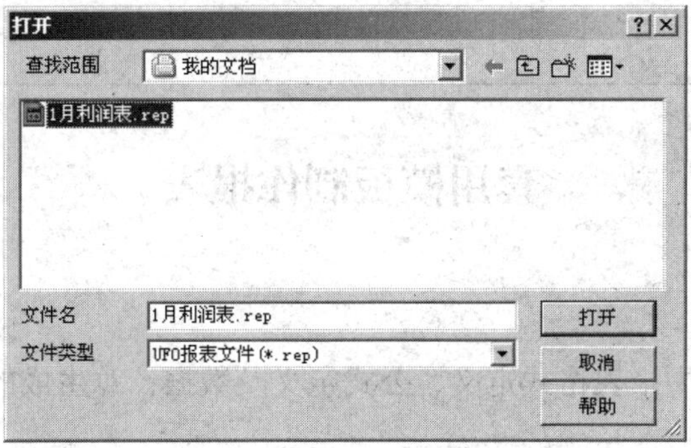

图 4-18　打开“1 月利润表”

（2）录入单位名称“永望公司”，年“2017”，月“1”，如图 4-19 所示。

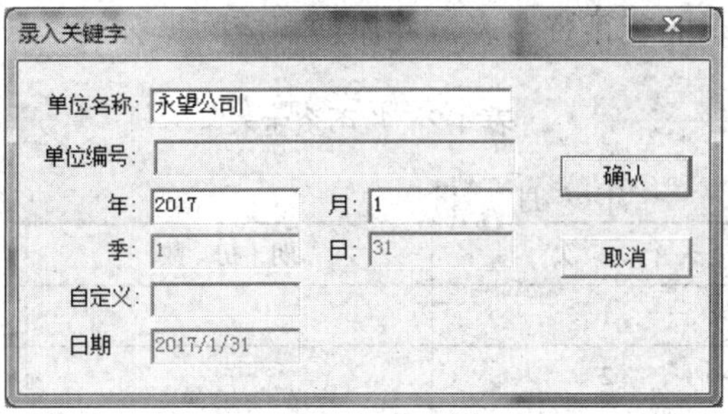

图 4-19　录入关键字

（3）单击“确认”按钮，系统提示“是否重算第 1 页?”，单击“是”按钮，系统自动计算报表数据，显示计算结果，如图 4-20 所示。

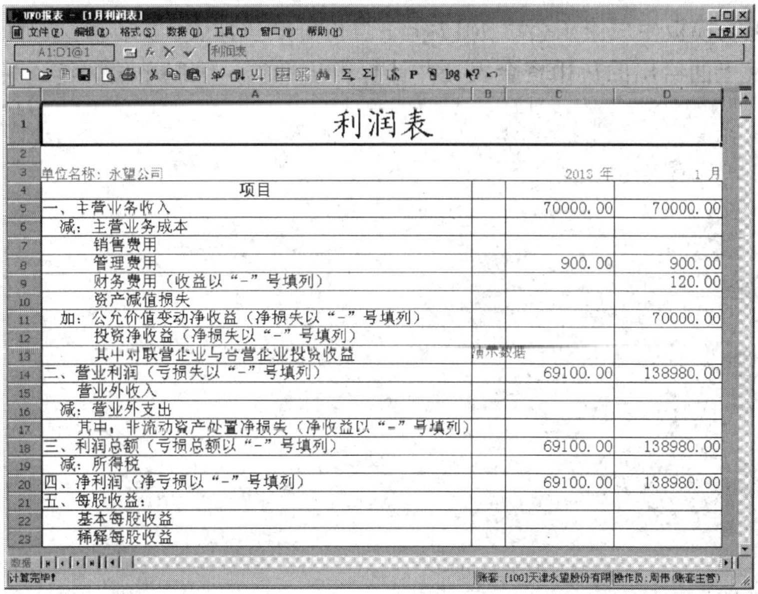

利润表

单位名称：永望公司　2013 年　1 月

项目			
一、主营业务收入		70000.00	70000.00
减：主营业务成本			
销售费用			
管理费用		900.00	900.00
财务费用（收益以“-”号填列）			120.00
资产减值损失			
加：公允价值变动净收益（净损失以“-”号填列）			70000.00
投资净收益（净损失以“-”号填列）			
其中对联营企业与合营企业投资收益			
二、营业利润（亏损以“-”号填列）		69100.00	138980.00
营业外收入			
减：营业外支出			
其中：非流动资产处置净损失（净收益以“-”号填列）			
三、利润总额（亏损总额以“-”号填列）		69100.00	138980.00
减：所得税			
四、净利润（净亏损以“-”号填列）		69100.00	138980.00
五、每股收益：			
基本每股收益			
稀释每股收益			

图 4-20　计算报表数据的结果

模拟实训

套用模板制作报表

一、实训目的

掌握 UFO 报表系统中报表格式定义、公式定义及数据计算生成的操作技能。

二、实训资料

1．设计表格

设计一张如表 4-2 所示的货币资金表，并添加相应数据公式。

表 4-2　货币资金表

编制单位　　　　　　　　年　　月　　日　　　　　　　　单位：元

项　　目	行　　次	期 初 数	期 末 数
现金	1		
银行存款	2		
合计	3		

制表人：

2．实训要求

（1）利用报表模板生成康乐公司 2017 年 1 月份资产负债表。

（2）自定义上面给出的货币资金表，并计算得出数据。编制单位、年、月、日，要求设定为关键字。

项目5

薪资管理系统

能力目标

通过学习薪资管理系统的各项功能及方法，掌握初始化的设置、工资的计算、工资的分摊和生成凭证的方法，熟悉有关账表的查询方法。要求能够结合实际，掌握个人所得税的计算、工资数据的计算、工资条的打印及薪资的相关业务处理的方法。

任务一　薪资系统初始化

业务一　设置薪资管理系统初始参数

业务描述

建立工资账套，设置工资类别为“多个”；工资核算本位币为“人民币”；自动代扣所得税；进行扣零设置且扣零至元。

操作步骤

（1）启用“薪资系统”（如已启用，请略过此步骤）：以 001 注册，单击“基础设置”/“基本信息”/“系统启用”命令，打开如下窗口，如图 5-1 所示，选择“WA 薪资管理”，并将启用日期设置为“2017-1-1”。

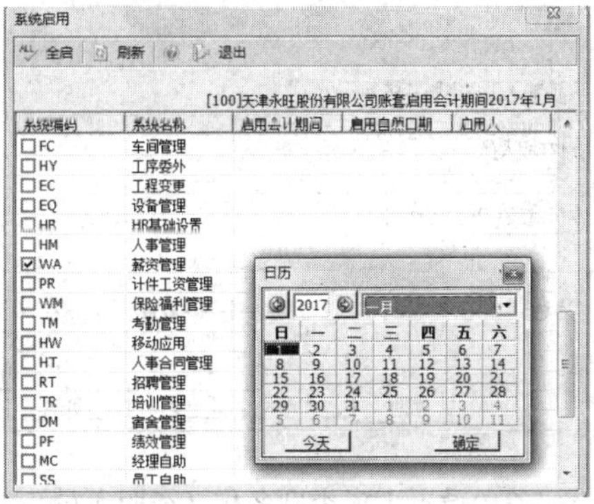

图 5-1　启用薪资管理系统

（2）建立工资套设置：单击“业务工作”/“人力资源”/“薪资管理”命令，弹出如下对话框，如图 5-2 所示，进行如下设置。

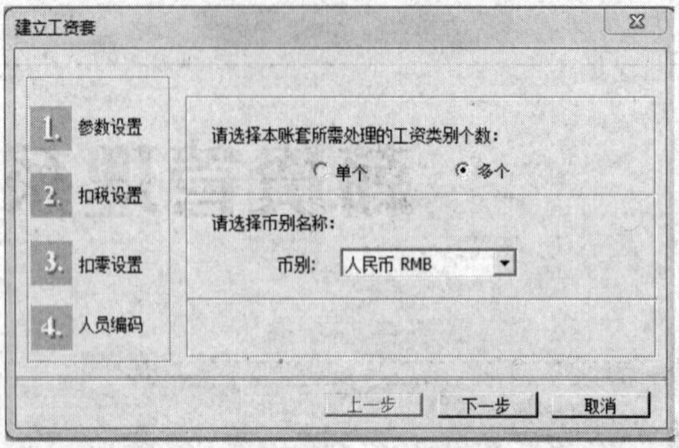

图 5-2　工资套设置

① 参数设置：“工资类别个数”选择“多个”，“币别”选择“人民币 RMB”。

② 扣税设置：选中“是否从工资中代扣个人所得税”选项，也就是自动代扣税。

③ 扣零设置：选中“扣零”选项，并选择“扣零至元”选项。

④ 人员编码：无须设置，单击“确定”按钮，完成设置。

业务二　设置工资类别

业务描述

建立两个工资类别，分别为“在职人员”和“临时人员”，“在职人员”分布在所有部门中，“临时人员”只分布在人事部。

操作步骤

（1）建立“在职人员”工资类别。

单击“业务工作”/“人力资源”/“薪资管理”/“工资类别”命令，打开“新建工资类别”对话框，输入工资类别名称“在职人员”，其他采用默认选项，如图 5-3 所示。

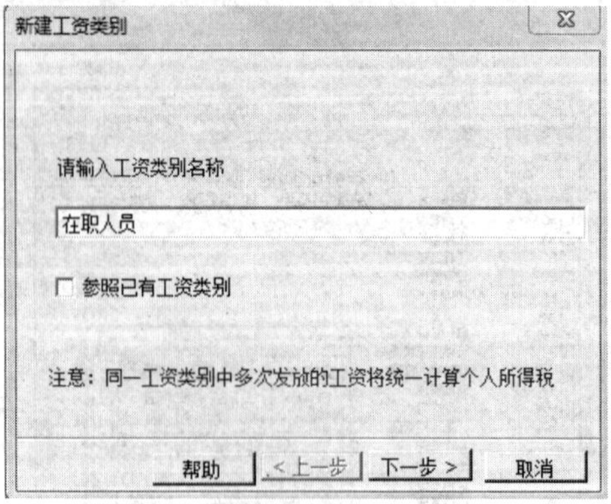

图 5-3　设置工资类别名称（在职人员）

单击“下一步”按钮，再单击“选定全部部门”按钮，选定全部部门，如图5-4所示。

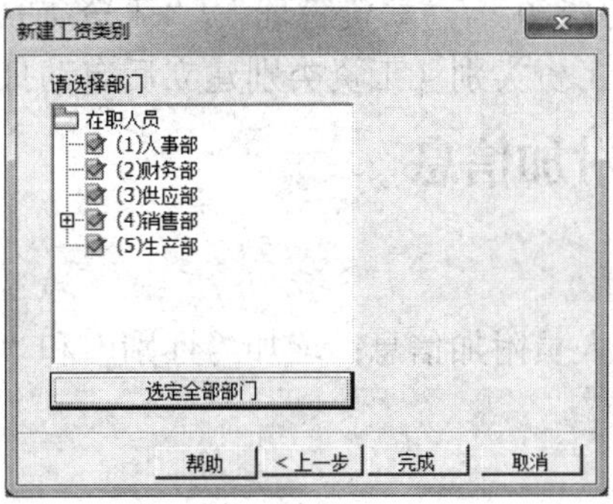

图5-4　设置工资类别部门（在职人员）

单击“完成”按钮，在弹出的对话框中再次确认启用日期为“2017-1-1”，单击“是”按钮。

（2）建立“临时人员”工资类别。

单击“业务工作”/“人力资源”/“薪资管理”/“工资类别”/“关闭工资类别”命令，关闭刚才建立的“在职人员”工资类别（工资类别建立后自动打开）。

单击“业务工作”/“人力资源”/“薪资管理”/“工资类别”命令，打开“新建工资类别”对话框，输入工资类别名称“临时人员”，其他采用默认选项，如图5-5所示。

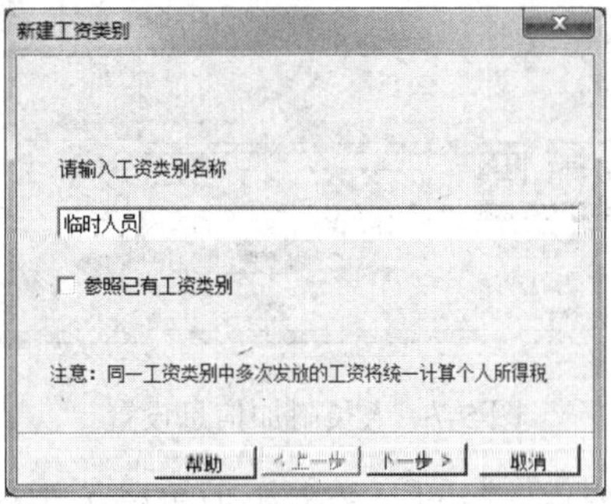

图5-5　工资类别名称设置（临时人员）

单击“下一步”按钮，在部门列表中选定“（1）人事部”，如图5-6所示。

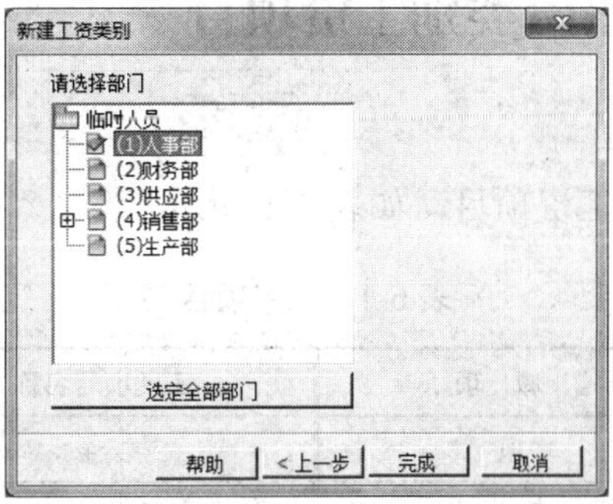

图5-6　工资类别部门设置（临时人员）

单击“完成”按钮，在弹出的对话框中单击“是”按钮，完成工资类别设置。

单击“业务工作”/“人力资源”/“薪资管理”/“工资类别”/“关闭工资类别”命令，关闭刚才建立的“临时人员”工资类别（工资类别建立后自动打开）。

业务三 设置人员附加信息

业务描述

统一设置所有工资类别的人员附加信息：增加“性别”和“年龄”两个人员附加信息。

操作步骤

确保打开的工资类别关闭。

（1）单击“业务工作”/“人力资源”/“薪资管理”/“设置”命令，打开“人员附加信息设置”对话框，如图5-7所示。

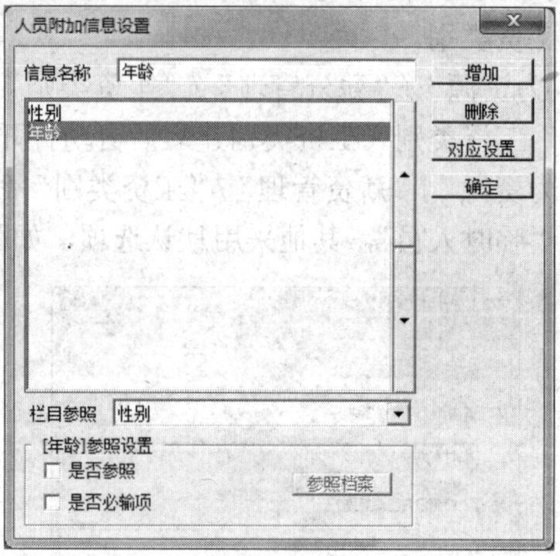

图5-7 人员附加信息设置

（2）单击“增加”按钮，然后在信息名称编辑框里输入“性别”两个字，按Enter键。

（3）再单击“增加”按钮，然后在信息名称编辑框里输入“年龄”两个字，按Enter键。单击“完成”按钮，完成附加信息设置。

业务四 设置所有工资类别工资项目

业务描述

统一设置所有工资类别的工资项目，如表5-1所示。

表5-1 工资项目

工资项目名称	增 减 项	工资项目名称	增 减 项
基本工资	增项	奖金	增项
职务补贴	增项	缺勤扣款	减项

续表

工资项目名称	增 减 项	工资项目名称	增 减 项
福利补贴	增项	住房公积金	增项
交通补贴	增项	缺勤天数	其他

操作步骤

确保没有打开任何工资类别。

（1）单击“业务工作”/“人力资源”/“薪资管理”/“设置”命令，打开“工资项目设置”对话框，如图 5-8 所示。

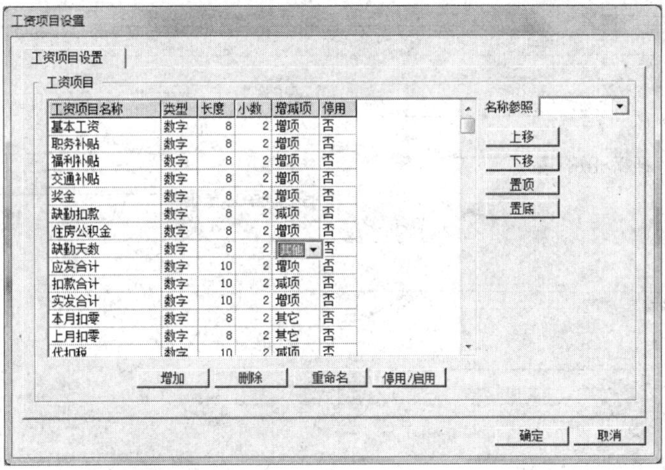

图 5-8 工资项目设置

注意：列表框中现有的工资项目为系统项目，无须再添加同样名称的工资项目，系统项目不要删除和更改。

（2）单击“增加”按钮，添加一个空项目，输入“基本工资”，然后设置增减项为“增项”，其他采用默认选项。

（3）再单击“增加”按钮，添加一个空项目，输入“职务补贴”，然后设置增减项为“增项”，其他采用默认选项。

（4）按照上述步骤添加表 5-1 中的所有项目。

（5）单击“确定”按钮，完成工资项目设置。

系统弹出“工资项目已经改变，请确认各工资类别的公式是否正确。否则计算结果可能不正确”信息提示框，如图 5-9 所示。

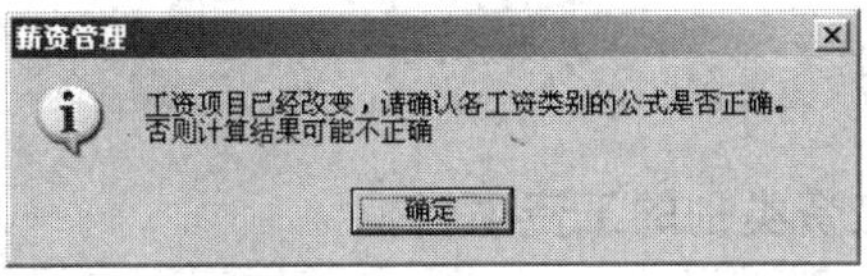

图 5-9 工资项目提示

单击“确定”按钮。

业务五　设置银行档案

业务描述

银行名称为“中国农业银行”。账号长度为11位，录入时自动带出的账号长度为8位。

操作步骤

（1）单击“基础设置”/“基础档案”/“收付结算”命令，打开“修改银行档案”对话框。

（2）选择“中国农业银行”，单击工具栏上的“修改”按钮，按要求设置，如图5-10所示。

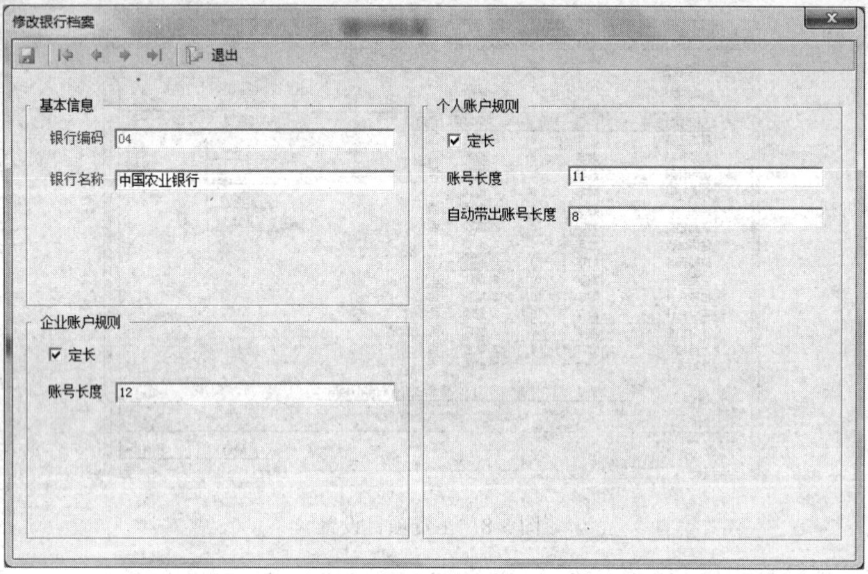

图5-10　修改银行档案

（3）单击“保存”按钮。

（4）单击“退出”按钮，关闭对话框，出现信息提示框，单击“否”按钮。

业务六　设置不同“工资类别”的工资项目

业务描述

设置“在职人员”类别的工资项目为前面输入的所有工资项目。

设置“临时人员”类别的工资项目为前面输入的所有工资项目中的“基本工资”和“住房公积金”两个工资项目。

操作步骤

1．设置“在职人员”工资类别的工资项目

（1）首先打开工资类别：单击“业务工作”/“人力资源”/“薪资管理”/“工资类别”命

令，打开“打开工资类别”对话框，如图 5-11 所示。选择“在职人员”行，单击“确定”按钮。

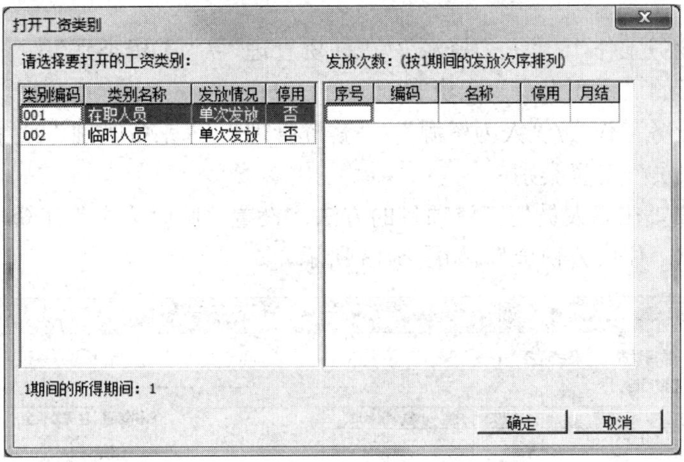

图 5-11 打开工资类别

（2）单击“业务工作”/“人力资源”/“薪资管理”/“设置”命令，打开“工资项目设置”对话框，如图 5-12 所示。

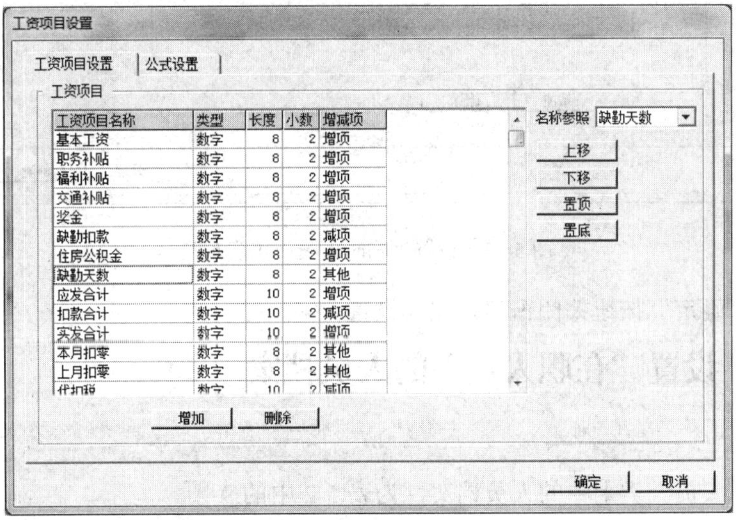

图 5-12 设置“在职人员”工资项目

（3）选择“应发合计”行，单击“增加”按钮，添加一个空行。

（4）在“名称参照”下拉列表框中选择“基本工资”。

（5）选中“基本工资”行，单击“上移”按钮，将其移动到第一行。

（6）再单击“增加”按钮，添加一个空行。

（7）在“名称参照”下拉列表框中选择“职务补贴”。

（8）重复（6）（7）两步，将所有的工资项目都设置好。

（9）单击“确定”按钮，关闭对话框。

2．设置“临时人员”工资类别的工资项目

（1）单击“业务工作”/“人力资源”/“薪资管理”/“工资类别”/“关闭工资类别”命令，关闭当前打开的“在职人员”工资类别。

（2）单击“业务工作”/“人力资源”/“薪资管理”/“工资类别”/“打开工资类别”命令，打开“临时人员”工资类别。

（3）按照设置“在职人员”工资项目的方法，设置“临时人员”工资类别的两个工资项目“基本工资”和“住房公积金”，如图5-13所示。

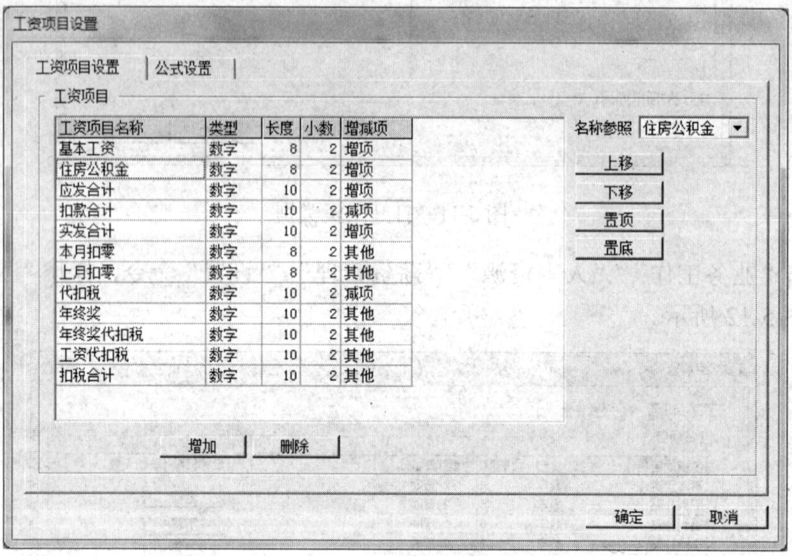

图5-13　设置“临时人员”工资项目

（4）单击“确定”按钮关闭窗口，完成设置。

业务七　设置“在职人员”的人员档案

业务描述

设置“在职人员”类别中的人员档案，为表5-2中的9人。

表5-2　在职人员档案

人员编码	人员姓名	性别	年龄	人员类别	行政部门	银行代发账号
001	杨东	男	25	企业管理人员	人事部	11022033001
002	周伟	男	30	企业管理人员	财务部	11022033002
003	王平	男	26	企业管理人员	财务部	11022033003
004	张一	女	35	企业管理人员	财务部	11022033004
005	杨宝	男	30	经营人员	供应部	11022033005
006	刘英	女	25	经营人员	销售一科	11022033006

续表

人员编码	人员姓名	性别	年龄	人员类别	行政部门	银行代发账号
007	韩杰文	男	28	经营人员	销售二科	11022033007
008	刘伟	男	40	车间管理人员	生产部	11022033008
009	胡青宁	男	40	生产工人	生产部	11022033009

操作步骤

（1）打开“在职人员”工资类别。

（2）单击“业务工作”/“人力资源”/“薪资管理”/“设置”命令，打开“人员档案”对话框。

（3）单击“增加”按钮，打开“人员档案明细”对话框，如图5-14所示。

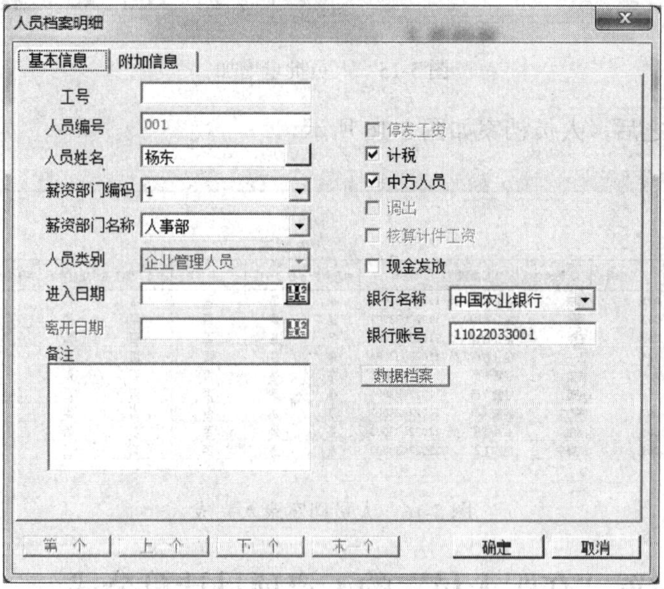

图5-14　人员档案明细

（4）在“基本信息”选项卡中，单击“人员姓名”栏后的参照按钮，选择“杨东”，带出其他相关信息，在“银行名称”栏中选择“中国农业银行”，在“银行账号”栏中录入“11022033001”。

（5）单击“附加信息”选项卡，在“性别”栏中录入“男”，在“年龄”栏中录入“25”。

（6）单击“确定”按钮保存。

（7）依照上述方法，依次添加其他员工档案信息。

注意：除了逐个增加人员档案，我们也可以在“人员档案”对话框中单击“批增”按钮，打开“人员批量增加”对话框，如图5-15所示，然后选择所有部门，再单击“查询”按钮，查出所有人员，再单击“全选”按钮和“确定”按钮，从而一次添加所有人员档案。

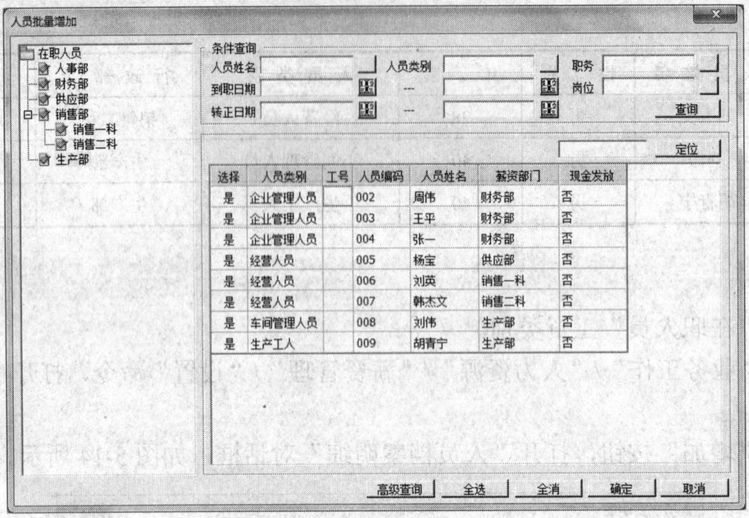

图 5-15　人员批量增加

（8）录入完成之后，人员档案如图 5-16 所示。

人员档案

选择	薪资部门名称	工号	人员编号	人员姓名	人员类别	账号	中方人员	是否计税	工资停发	核算计件工资	现金发放	进入日期	离开日期	性别	年龄
	人事部		001	杨东	企业管理人员	11022033001	是	是	否	否	否			男	25
	财务部		002	周伟	企业管理人员	11022033002	是	是	否	否	否			男	30
	财务部		003	王平	企业管理人员	11022033003	是	是	否	否	否			男	26
	财务部		004	张一	企业管理人员	11022033004	是	是	否	否	否			女	35
	供应部		005	杨宝	经营人员	11022033005	是	是	否	否	否			男	30
	销售一科		006	刘英	经营人员	11022033006	是	是	否	否	否			女	25
	销售二科		007	韩杰文	经营人员	11022033007	是	是	否	否	否			男	28
	生产部		008	刘伟	车间管理人员	11022033008	是	是	否	否	否			男	40
	生产部		009	胡青宁	生产工人	11022033009	是	是	否	否	否			男	40

图 5-16　人员档案录入完成

业务八　设置“在职人员”的工资项目计算公式

业务描述

设置“在职人员”类别中相关工资项目的计算公式，要求如下。

（1）缺勤扣款=基本工资/22×缺勤天数。

（2）企业管理人员和经营人员的交通补助为 100 元，其他人员的交通补助为 50 元。

（3）住房公积金=（基本工资+职务补贴+福利补贴+交通补贴+奖金）×0.08

操作步骤

确保“在职人员”工资类别打开。

1. 设置“缺勤扣款”和“住房公积金”的公式

（1）单击“业务工作”/“人力资源”/“薪资管理”/“设置”命令，打开“工资项目设置”

对话框，选择“公式设置”选项卡，如图 5-17 所示。

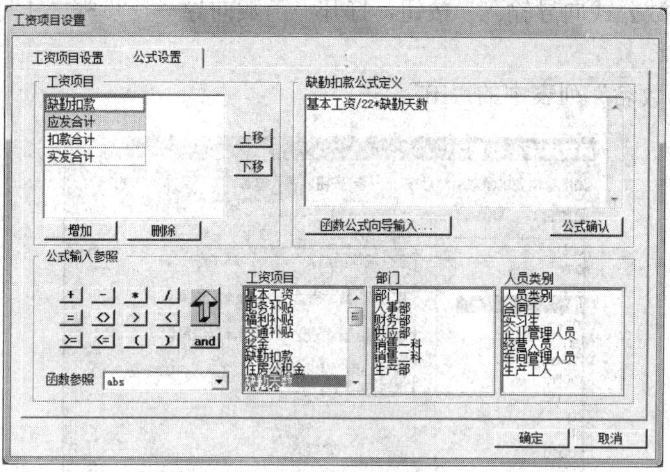

图 5-17 “缺勤扣款”公式设置

（2）单击“增加”按钮，从下拉列表中选择“缺勤扣款”工资项目。

（3）单击“缺勤扣款公式定义”区域，在下方的工资项目列表中选中“基本工资”，选中“运算符”区域中的“/”，在“缺勤扣款公式定义”区域中继续录入“22”，选中“运算符”区域中的“*”，再选中“工资项目”列表中的“缺勤天数”。

（4）单击“公式确认”按钮，完成“缺勤扣款”工资项目的公式设置。

（5）以此方法，设置“住房公积金”的公式，如图 5-18 所示。

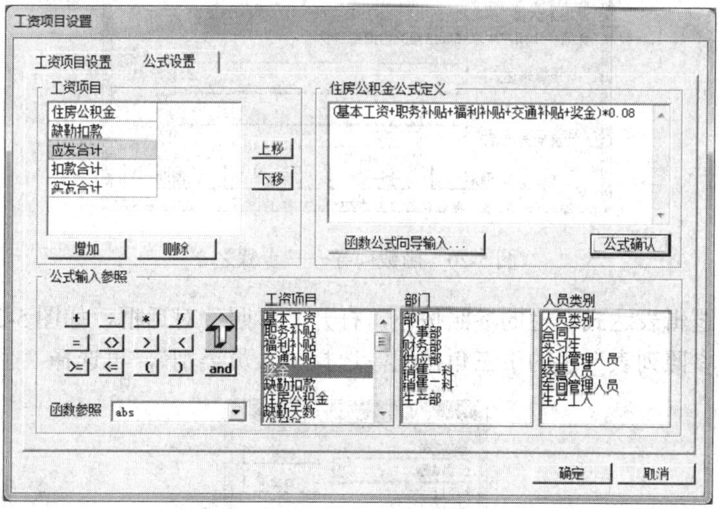

图 5-18 “住房公积金”公式设置

2. 设置“交通补贴”的计算公式

（1）在“工资项目设置——公式设置”界面（见图 5-17）中，单击“增加”按钮，从下拉列表框中选择“交通补贴”。

（2）单击“函数公式向导输入”按钮，打开“函数向导——步骤之1”对话框，如图5-19所示。

（3）选中“函数名”列表中的“iff”。

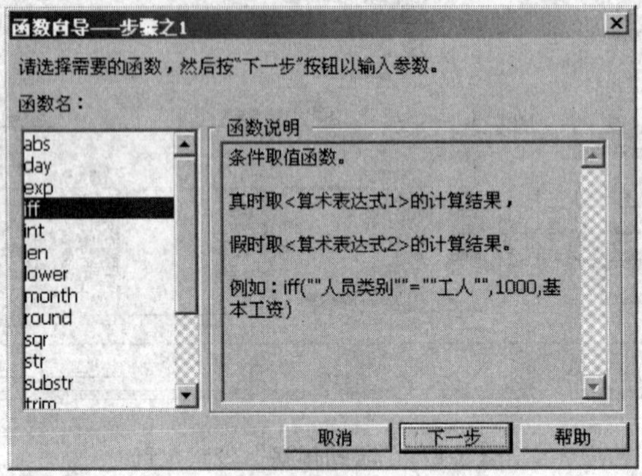

图5-19　函数向导——步骤之1

（4）单击“下一步”按钮，打开“函数向导——步骤之2”对话框，如图5-20所示。

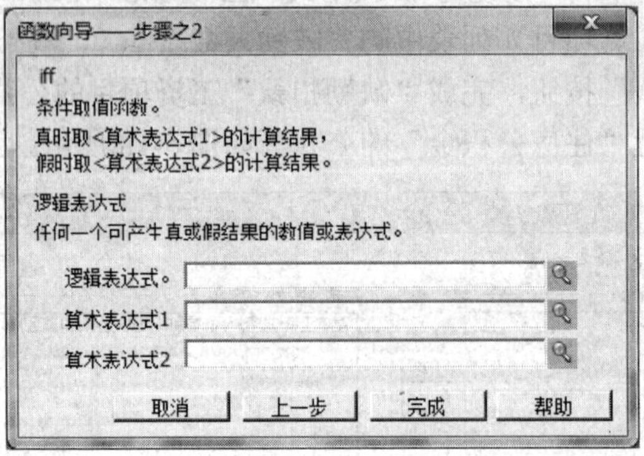

图5-20　函数向导——步骤之2

（5）单击“逻辑表达式”栏的参照按钮，打开“参照”对话框，如图5-21所示。

（6）单击“参照列表”栏的下三角按钮，选择“人员类别”，再选择“企业管理人员”。

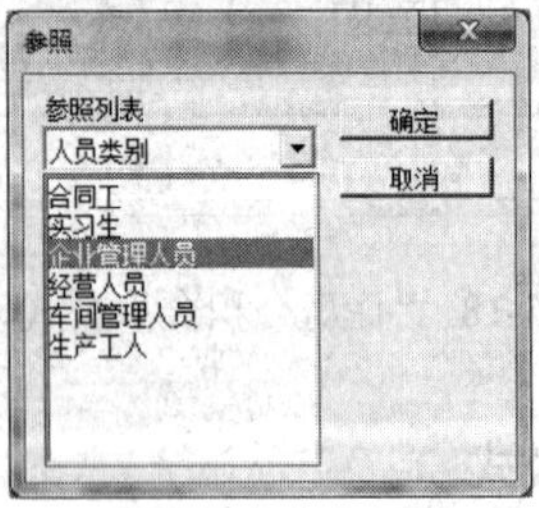

图5-21　参照

（7）单击“确定”按钮，返回“函数向导——步骤之 2”对话框。

（8）在“算术表达式 1”文本框中录入“100”，如图 5-22 所示。

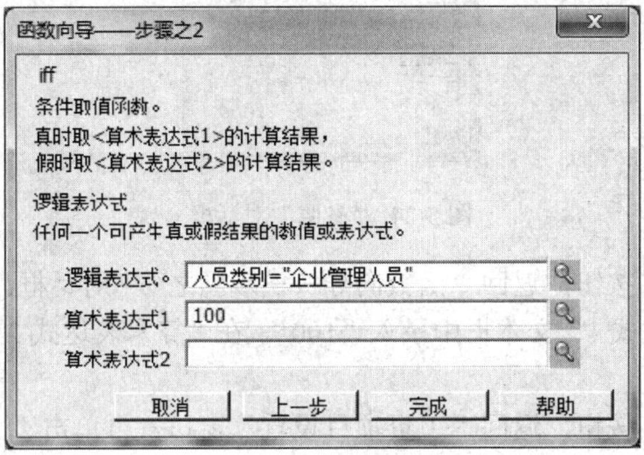

图 5-22　设置函数

（9）单击“完成”按钮，返回“工资项目设置”对话框，然后把光标放在后半个括号的前面，如图 5-23 中箭头所指位置。

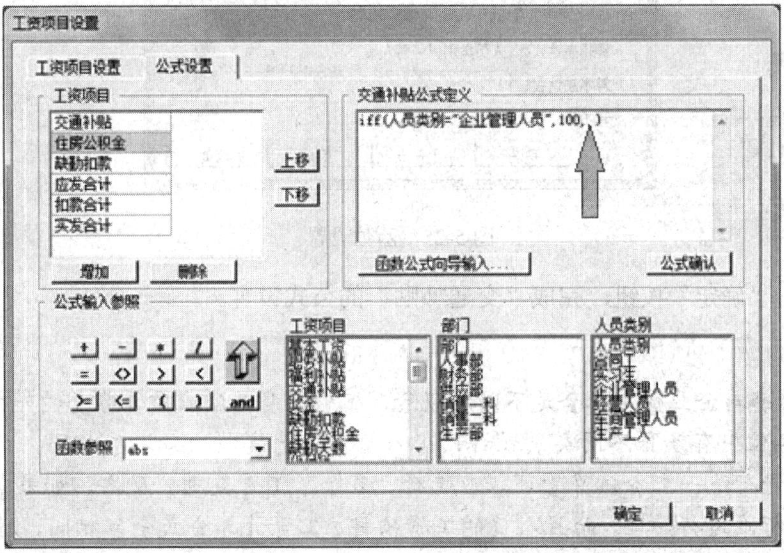

图 5-23　光标所在位置

（10）单击“函数公式向导输入”按钮，打开“函数向导——步骤之 1”对话框。

（11）选中“函数名”列表中的“iff”。

（12）单击“下一步”按钮，打开“函数向导——步骤之 2”对话框。

（13）单击“逻辑表达式”栏的参照按钮，打开“参照”对话框。

（14）单击“参照列表”栏的下三角按钮，选择“人员类别”，再选择“经营人员”，如图 5-24 所示。

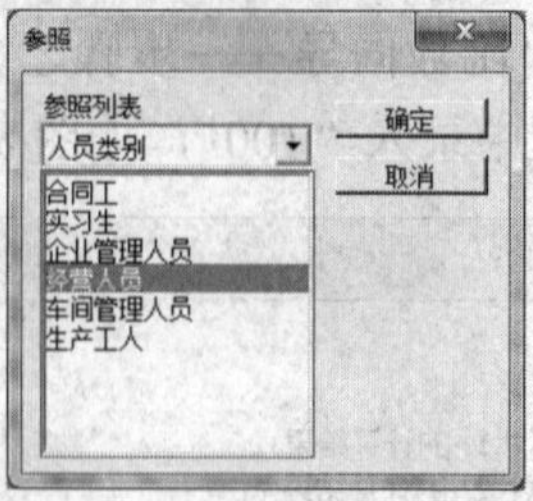

图 5-24 “参照”对话框

（15）单击“确定”按钮，返回“函数向导——步骤之 2”对话框。

（16）在“算术表达式 1”文本框中录入“100”，在“算术表达式 2”文本框中录入“50”，如图 5-25 所示。

（17）单击“完成”按钮，返回“工资项目设置”窗口，再单击“公式确认”按钮。

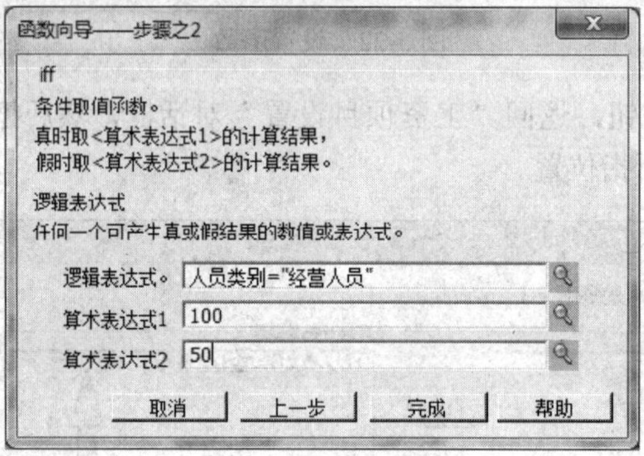

图 5-25 函数设置

（18）单击“确定”按钮，完成“交通补贴”的公式设置。

提示

1. 工资账套与企业核算账套是不同的概念，工资账套是企业核算账套的一个组成部分。

2. 如果单位中有多种不同类别（部门）人员，工资发放项目不尽相同，计算公式也不相同，但需要进行统一工资核算管理，应选择“多个”工资类别；反之，如果单位中所有人员工资按统一标准进行管理，而且人员的工资项目、工资计算公式全部相同，则选择“单个”工资类别。

3. 选择代扣个人所得税后，系统将自动生成工资项目“代扣税”，并自动进行代扣税金的计算。

4. 扣零处理是指每次发放工资时将零头扣下，积累取整，在下次发放工资时补上。系统在计算工资时将依据扣零类型（扣零至元、扣零至角、扣零至分）进行扣零计算。

5. 建账完成后，部分建账参数可以在“选项”中进行修改。

任务二　薪资日常业务处理

业务一　更改个人所得税税率

业务描述

将个人收入所得税设置为：计税项目为“实发合计”，扣除基数为 3 500 元，税率表为 7 级超额累进税率，如表 5-3 所示。

表 5-3　个人所得税税率表

级　次	应纳税所得额下限（元）	应纳税所得额上限（元）	税　率（%）	速算扣除数（元）
1	0	1 500	3	0
2	1 500	4 500	10	105
3	4 500	9 000	20	555
4	9 000	35 000	25	1 005
5	35 000	55 000	30	2 755
6	55 000	80 000	35	5 505
7	80 000		45	13 505

操作步骤

（1）打开“在职人员”工资类别。

（2）双击“业务工作”/“人力资源”/“薪资管理”/“设置”/“选择”命令，打开“选项”对话框，如图 5-26 所示，选择“扣税设置”选项卡，单击“编辑”按钮，选择“实发合计”。

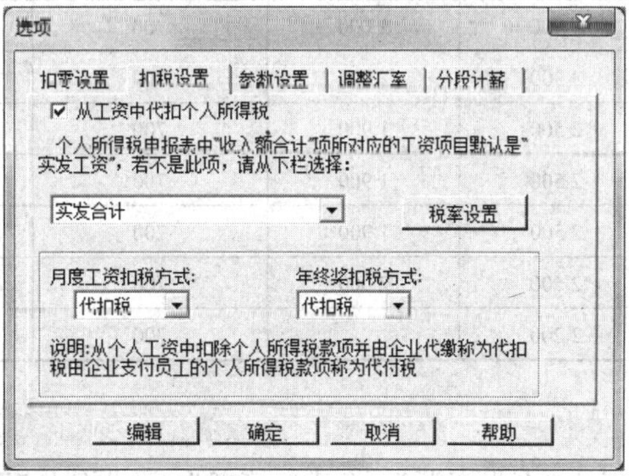

图 5-26　选项——扣税设置

（3）单击“税率设置”按钮，打开“个人所得税申报表——税率表”，如图 5-27 所示，设置“基数”为“3 500”，“附加费用”采用默认数值。

图 5-27　个人所得税申报表——税率表

（4）选择最后一行，单击“删除”按钮删除，直到剩下 7 行。

（5）按照表 5-3 设置税率，结果如图 5-27 所示。

（6）单击“确定”按钮，完成税率设置。

业务二　录入工资数据

业务描述

2017 年 1 月有关的工资数据如表 5-4 所示。之后，将本月生产工人奖金增加 500 元。

表 5-4　2017 年 1 月工资数据

人员编码	人员姓名	基本工资（元）	职务补贴（元）	福利补贴（元）	奖金（元）	缺勤天数
001	杨东	4 000	3 000	700	1 300	
002	周伟	3 300	2 500	700	1 300	
003	王平	2 800	2 000	700	1 300	3
004	张一	3 300	2 000	700	1 300	
005	杨宝	2 500	1 900	700	1 500	
006	刘英	2 500	1 900	700	1 700	
007	韩杰文	2 500	1 900	700	1 700	
008	刘伟	2 500	2 000	700	1 600	
009	胡青宁	2 200		700	1 500	2

操作步骤

（1）单击“业务工作”/“人力资源”/“薪资管理”/“业务处理”/“工资变动”命令，进入“工资变动”窗口。

（2）按照表 5-4 输入“基本工资”“职务补贴”“奖金”“缺勤天数”的数据，如图 5-28 所示。

工资变动

过滤器 所有项目 □ 定位器

选择	工号	人员编号	姓名	部门	人员类别	基本工资	职务补贴	福利补贴	交通补贴	奖金	缺勤扣款	住房公积金	缺勤天数	应
		001	杨东	人事部	企业管理人员	4,000.00	3,000.00			1,300.00				
		002	周伟	财务部	企业管理人员	3,300.00	2,500.00			1,300.00				
		003	王平	财务部	企业管理人员	2,800.00	2,000.00			1,300.00			3.00	
		004	张一	财务部	企业管理人员	3,300.00	2,000.00			1,300.00				
		005	杨宝	供应部	经营人员	2,500.00	1,900.00			1,500.00				
		006	刘英	销售一科	经营人员	2,500.00	1,900.00			1,700.00				
		007	韩杰文	销售二科	经营人员	2,500.00	1,900.00			1,700.00				
		008	刘伟	生产部	车间管理人员	2,500.00	2,000.00			1,600.00				
		009	胡青宁	生产部	生产工人	2,200.00				1,500.00			2.00	
合计						25,600.00	17,200.00	0.00	0.00	13,200.00	0.00	0.00	5.00	

图 5-28 录入工资数据

（3）由于“福利补贴”数值一样，我们可以利用替换功能来快速录入数据。

① 单击“全选”按钮，使所有工资数据行的“选择”栏中都显示“Y”，如图 5-29 所示。

工资变动

过滤器 所有项目 □ 定位器

选择	工号	人员编号	姓名	部门	人员类别	基本工资	职务补贴	福利补贴	交通补贴	奖金	缺勤扣款	住房公积金	缺勤天数	应
Y		001	杨东	人事部	企业管理人员	4,000.00	3,000.00			1,300.00				
Y		002	周伟	财务部	企业管理人员	3,300.00	2,500.00			1,300.00				
Y		003	王平	财务部	企业管理人员	2,800.00	2,000.00			1,300.00			3.00	
Y		004	张一	财务部	企业管理人员	3,300.00	2,000.00			1,300.00				
Y		005	杨宝	供应部	经营人员	2,500.00	1,900.00			1,500.00				
Y		006	刘英	销售一科	经营人员	2,500.00	1,900.00			1,700.00				
Y		007	韩杰文	销售二科	经营人员	2,500.00	1,900.00			1,700.00				
Y		008	刘伟	生产部	车间管理人员	2,500.00	2,000.00			1,600.00				
Y		009	胡青宁	生产部	生产工人	2,200.00				1,500.00			2.00	
合计						25,600.00	17,200.00	0.00	0.00	13,200.00	0.00	0.00	5.00	

图 5-29 选中所有工资数据行

② 单击“替换”按钮，打开“工资项数据替换”对话框，选择将工资项目“福利补贴”替换成“700”，如图 5-30 所示。

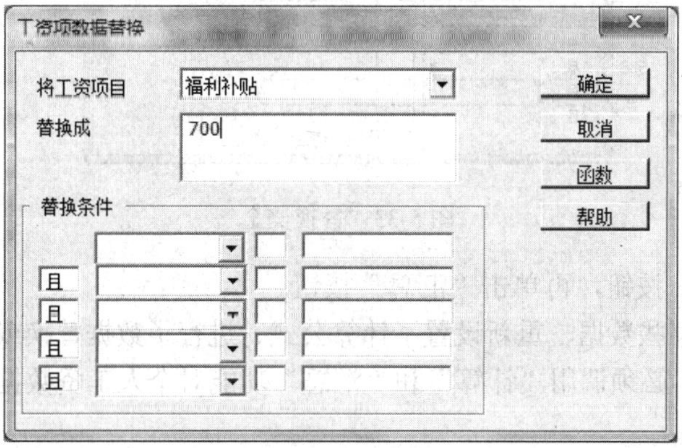

图 5-30 替换“福利补贴”

③ 单击“确定”按钮，系统弹出“数据替换后将不可恢复，是否继续？”提示信息，单击“是”按钮，系统继续提示“9 条记录被替换，是否重新计算？”，如图 5-31 所示，单击“是”按钮返回。

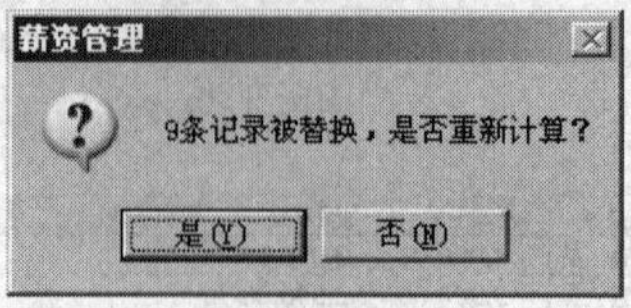

图 5-31　替换提示

（4）单击“计算”按钮，再单击“汇总”按钮，系统会按照前面设置的公式自动计算出“缺勤扣款”“住房公积金”“应发合计”等项目的金额，如图 5-32 所示。

人员编号	姓名	部门	人员类别	基本工资	职务补贴	福利补贴	交通补贴	奖金	缺勤扣款	住房公积金	缺勤天数	应发合计	扣款合计	实发合计	本月扣零
001	杨东	人事部	企业管理人员	4,000.00	3,000.00	700.00	100.00	1,300.00		728.00		9,828.00	710.60	9,110.00	7.40
002	周伟	财务部	企业管理人员	3,300.00	2,500.00	700.00	100.00	1,300.00		632.00		8,532.00	451.40	8,080.00	0.60
003	王平	财务部	企业管理人员	2,800.00	2,000.00	700.00	100.00	1,300.00	381.82	552.00	3.00	7,452.00	633.84	6,810.00	8.16
004	张一	财务部	企业管理人员	3,300.00	2,000.00	700.00	100.00	1,300.00		592.00		7,992.00	344.20	7,640.00	7.80
005	杨宝	供应部	经营人员	2,500.00	1,900.00	700.00	100.00	1,500.00		536.00		7,236.00	268.60	6,960.00	7.40
006	刘英	销售一科	经营人员	2,500.00	1,900.00	700.00	100.00	1,700.00		552.00		7,452.00	290.20	7,160.00	1.80
007	韩杰文	销售二科	经营人员	2,500.00	1,900.00	700.00	100.00	1,700.00		552.00		7,452.00	290.20	7,160.00	1.80
008	刘伟	生产部	车间管理人员	2,500.00	2,000.00	700.00	50.00	1,600.00		548.00		7,398.00	284.80	7,110.00	3.20
009	胡青宁	生产部	生产工人	2,200.00		700.00	50.00	1,500.00	200.00	356.00	2.00	4,806.00	233.18	4,570.00	2.82
				25,600.00	17,200.00	6,300.00	800.00	13,200.00	581.82	5,048.00	5.00	68,148.00	3,507.02	64,600.00	40.98

图 5-32　全部工资项目

（5）将本月生产工人的奖金增加 500 元，可以手动更改，但是如果生产工人很多，那么手工操作不太现实。可以全选后使用“替换”功能，要注意填写“替换成”条件，如图 5-33 所示。替换后，“胡青宁”的奖金数为 2 000 元。

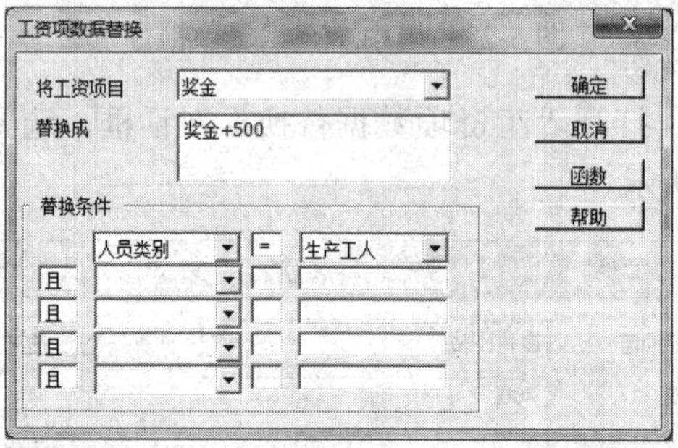

图 5-33　替换奖金

（6）单击“计算”按钮，再单击“汇总”按钮。

注意：在修改了某些数据、重新设置了计算公式、进行了数据替换或在个人所得税中单击了自动扣税等操作后，必须调用“计算”和“汇总”功能对个人工资数据进行重新计算，以保证数据正确。

业务三　查看扣缴所得税和银行代发一览表

业务描述

工资数据录入完成后，系统会自动进行个人所得税的扣缴，我们可以查询所得税的扣缴情况；系统也会自动生成银行代发工资一览表，供用户查看。

操作步骤

1．查看扣缴所得税

（1）单击“业务工作”/“人力资源”/“薪资管理”/“业务处理”/“扣缴所得税”命令，打开“个人所得税申报模板”对话框。

（2）选择“个人所得税年度申报表”，单击“打开”按钮，进入“所得税申报”窗口，如图 5-34 所示。

系统扣缴个人所得税年度申报表

2017年1月 — 2017年12月

姓名	证件号码	所得项目	所属期间...	所属期间...	收入额	减费用额	应纳税所...	税率	速算扣除数	应纳税额	已扣缴税款
杨东		工资	20170101	20171231			6328.00	20	555.00	710.60	710.60
周伟		工资	20170101	20171231			5032.00	20	555.00	451.40	451.40
王平		工资	20170101	20171231			3570.18	10	105.00	252.02	252.02
张一		工资	20170101	20171231			4492.00	10	105.00	344.20	344.20
杨宝		工资	20170101	20171231			3736.00	10	105.00	268.60	268.60
刘英		工资	20170101	20171231			3952.00	10	105.00	290.20	290.20
韩杰文		工资	20170101	20171231			3952.00	10	105.00	290.20	290.20
刘伟		工资	20170101	20171231			3898.00	10	105.00	284.80	284.80
胡青宁		工资	20170101	20171231			1646.00	10	105.00	59.60	59.60
合计							36606.18		1845.00	2951.62	2951.62

图 5-34　个人所得税年度申报表图

2．查看银行代发一览表

（1）单击“业务工作”/“人力资源”/“薪资管理”/“业务处理”/“银行代发”命令，打开“请选择部门范围”对话框，如图 5-35 所示，选择所有部门，单击“确定”按钮。

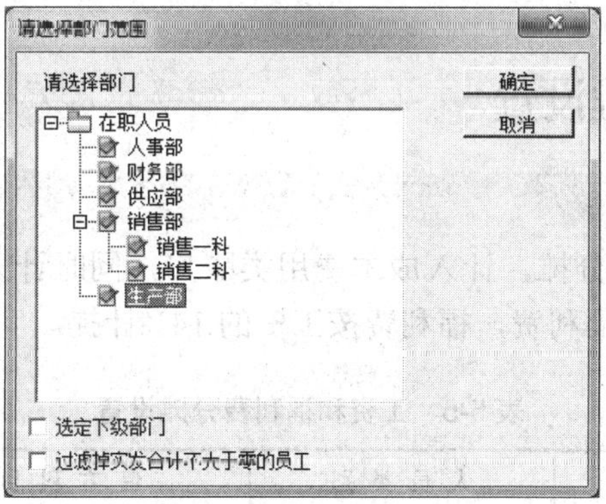

图 5-35　请选择部门范围

（2）在弹出的“银行文件格式设置”的对话框中（见图 5-36），选择“中国农业银行”，再单击“确定”按钮，在出现的确认窗口中单击“是”按钮。

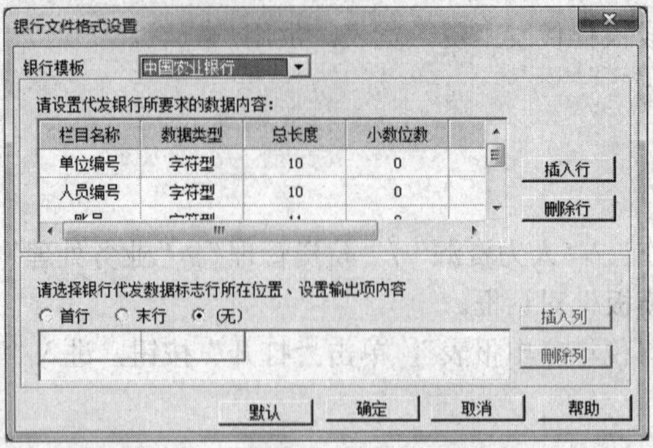

图 5-36　银行文件格式设置

（3）生成如图 5-37 所示的银行代发一览表。

银行代发一览表

名称：中国农业银行　　人数：9

单位编号	人员编号	账号	金额	录入日期
1234934325	001	11022033001	9110.00	20170807
1234934325	002	11022033002	8080.00	20170807
1234934325	003	11022033003	6810.00	20170807
1234934325	004	11022033004	7640.00	20170807
1234934325	005	11022033005	6960.00	20170807
1234934325	006	11022033006	7160.00	20170807
1234934325	007	11022033007	7160.00	20170807
1234934325	008	11022033008	7110.00	20170807
1234934325	009	11022033009	5080.00	20170807
合计			65,110.00	

图 5-37　银行代发一览表图

注意：如果银行名称选择错误，将不能生成数据。可以单击“格式”按钮，重新选择银行名称。

业务四　工资分摊设置

业务描述

月末要将工资数据进行分摊，计入成本费用类账户，同时计入应付职工薪酬账户。本书要求按表 5-5 来分摊工资和福利费，福利费按工资的 14%计提。

表 5-5　工资和福利费分摊设置

计提类型	部门	人员类别	借方科目	贷方科目
应付工资	人事部、财务部	企业管理人员	管理费用——工资	应付职工薪酬——工资
	供应部、销售部	经营人员	销售费用	
	生产部	车间管理人员	制造费用	
	生产部	生产工人	生产成本	

续表

计提类型	部门	人员类别	借方科目	贷方科目
应付福利费	人事部、财务部	企业管理人员	管理费用——福利费	应付职工薪酬——福利费
	供应部、销售部	经营人员	销售费用	
	生产部	车间管理人员	制造费用	
	生产部	生产工人	生产成本	

操作步骤

确保打开了“在职人员”工资类别。

（1）单击“业务工作”/“人力资源”/“薪资管理”/“业务处理”/“工资分摊”命令，打开“工资分摊”对话框，如图5-38所示。

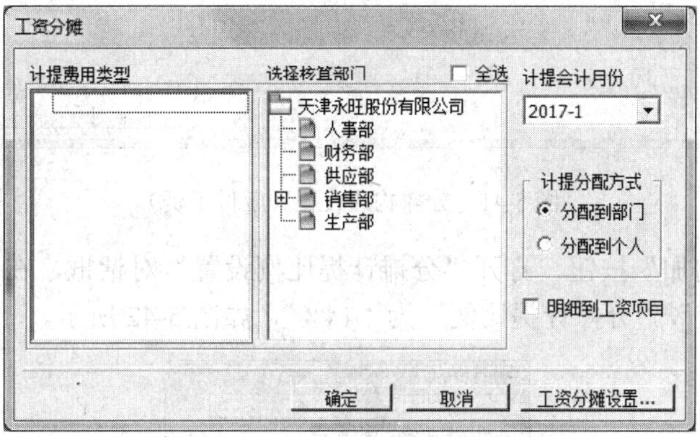

图5-38　工资分摊

（2）单击“工资分摊设置”按钮，打开“分摊类型设置”对话框，如图5-39所示。

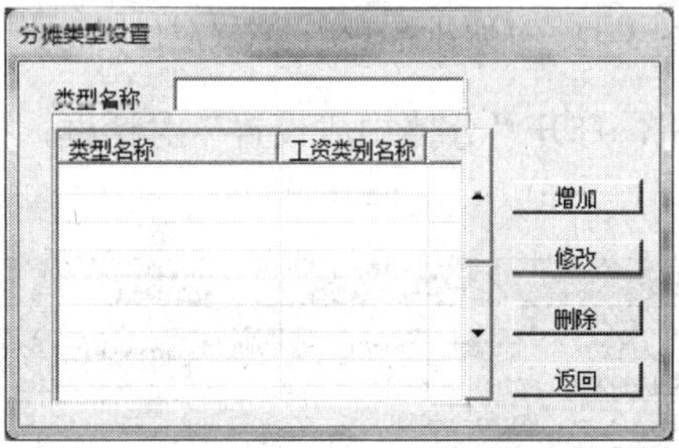

图5-39　分摊类型设置

（3）单击“增加”按钮，打开“分摊计提比例设置”对话框，如图5-40所示。

（4）在“计提类型名称”栏中录入“应付工资”，“分摊计提比例”选择“100%”，单击“下一步”按钮，打开“分摊构成设置”对话框，如图5-41所示。

（5）在“分摊构成设置”对话框中，按照表5-5录入分摊设置内容，单击“完成”按钮，返回“分摊类型设置”对话框，如图5-39所示。

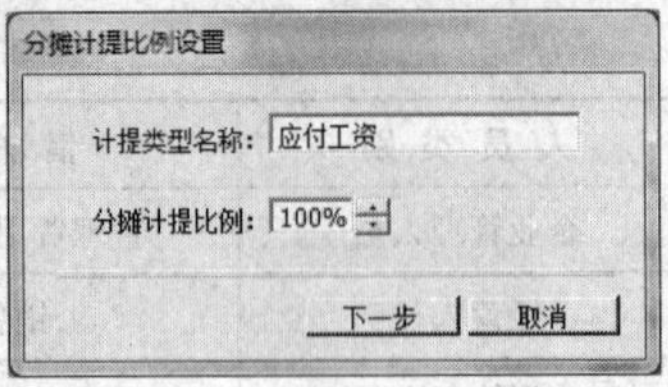

图 5-40　分摊计提比例设置（应付工资）

图 5-41　分摊构成设置（应付工资）

（6）再单击“增加”按钮，打开“分摊计提比例设置”对话框，在“计提类型名称”栏中录入“应付福利费”，“分摊计提比例”为“14%”，如图 5-42 所示。

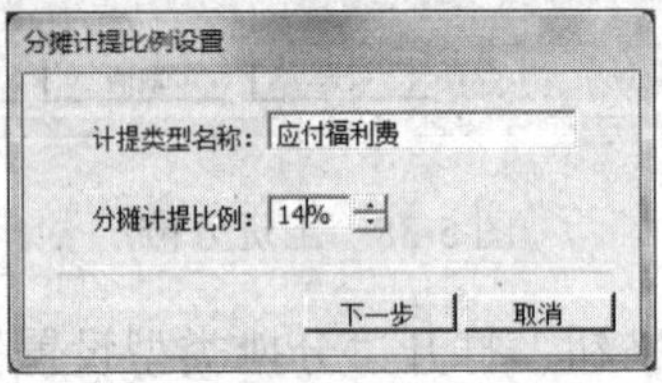

图 5-42　分摊计提比例设置（应付福利费）

（7）单击“下一步”按钮，打开“分摊构成设置”对话框，按照表 5-5 对应付福利费进行设置，如图 5-43 所示。

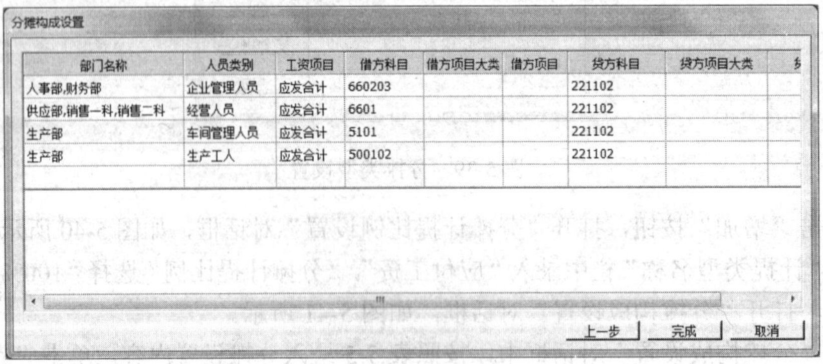

图 5-43　分摊构成设置（应付福利费）

业务五 进行工资分摊并生成记账凭证

业务描述

将本月生产的工资数据依照前面的工资分摊设置进行分摊，计入成本费用和应付工资，并生成记账凭证。

操作步骤

（1）单击“业务工作”/“人力资源”/“薪资管理”/“业务处理”/“工资变动”命令，打开“工资分摊”对话框。

（2）分别选中“应付工资”及“应付福利费”前的复选框，并选中所有部门，选中“明细到工资项目”前的复选框，如图 5-44 所示。

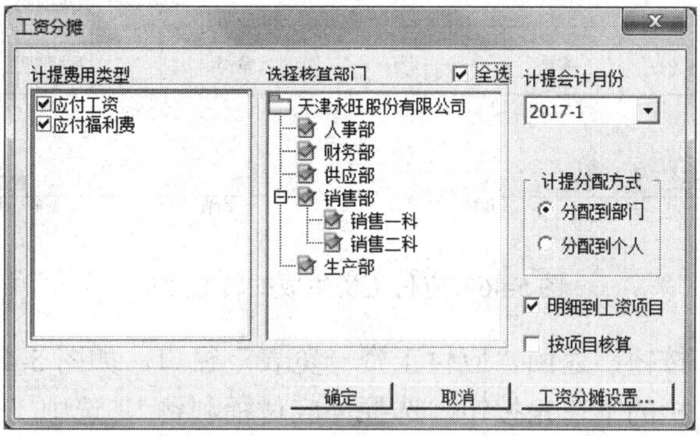

图 5-44　工资分摊

（3）单击“确定”按钮，进入“应付工资一览表”窗口，如图 5-45 所示。

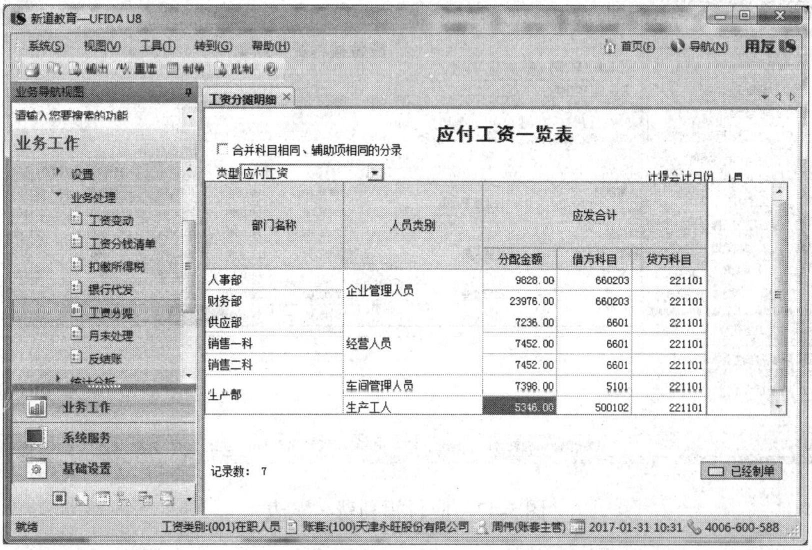

图 5-45　应付工资一览表

（4）选中“合并科目相同、辅助项相同的分录”前的复选框。

（5）单击“制单”按钮，选择凭证类别为“转”字，单击“保存”按钮，应付工资生成的转账凭证如图 5-46 所示。

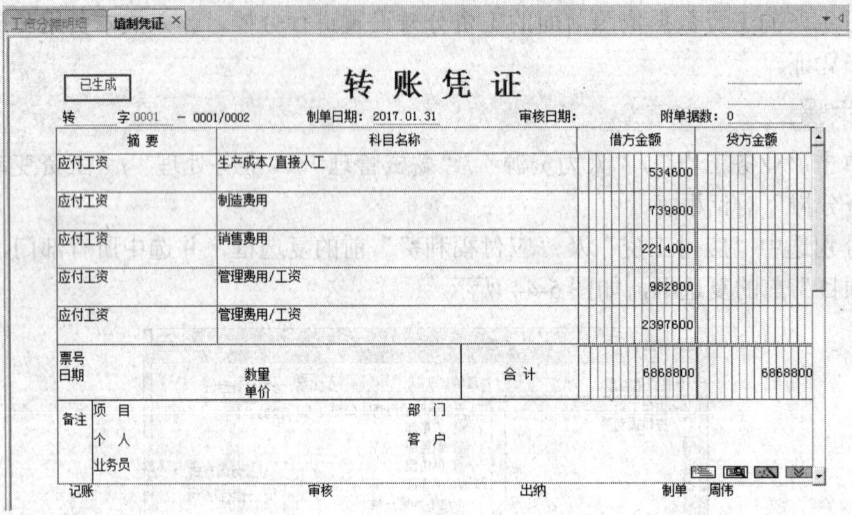

图 5-46　应付工资生成的转账凭证

（6）单击“退出”按钮，返回“应付工资一览表”窗口，如图 5-45 所示。

（7）单击“类型”栏的下三角按钮，选择“应付福利费”，选中“合并科目相同、辅助项相同的分录”前的复选框，如图 5-47 所示。

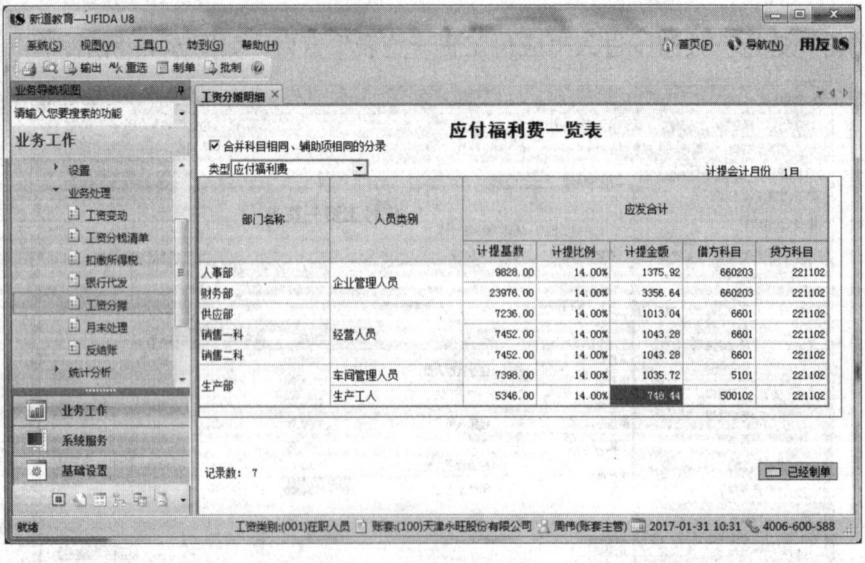

图 5-47　应付福利费一览表

（8）单击“制单”按钮，选择凭证类别为“转”字，单击“保存”按钮，生成应付福利费分摊转账凭证，如图 5-48 所示。

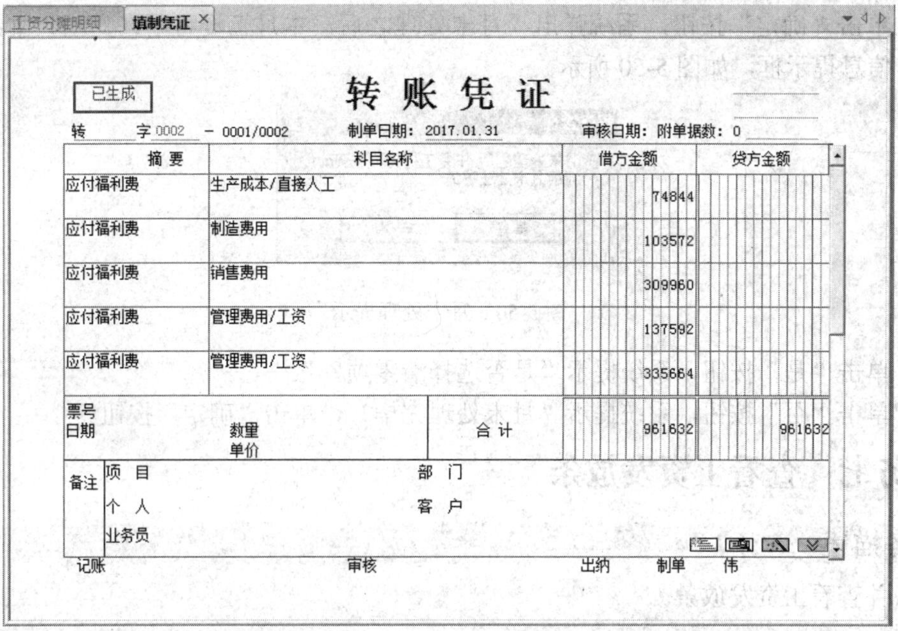

图 5-48　应付福利费分摊转账凭证

提示

1. 工资分摊应按分摊类型依次进行。

2. 进行工资分摊时，如果不选择“合并科目相同、辅助项相同的分录”，则在生成凭证时将每一条分录都对应一个贷方科目；如果单击“批制”按钮，则可以一次将所有参与本次分摊的“分摊类型”所对应的凭证全部生成。

业务六　月末处理

业务描述

进行薪资系统的月末处理，月末处理后本月工资数据将不允许变动。

操作步骤

（1）单击“业务工作”/“人力资源”/“薪资管理”/“业务处理”/“月末处理”命令，打开“月末处理”对话框，如图 5-49 所示。

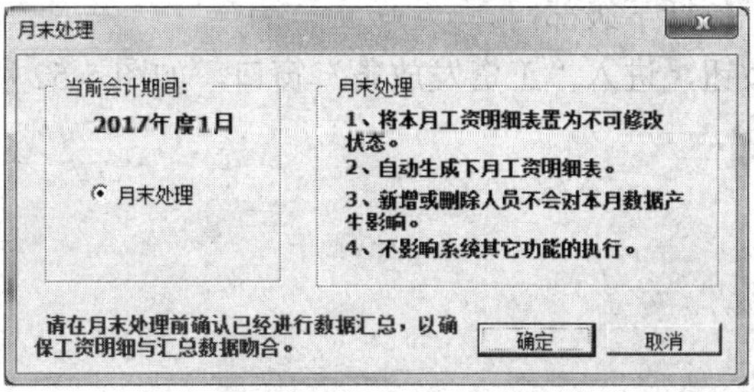

图 5-49　月末处理

（2）单击“确定”按钮，系统弹出“月末处理之后，本月工资将不许变动！继续月末处理吗？”信息提示框，如图5-50所示。

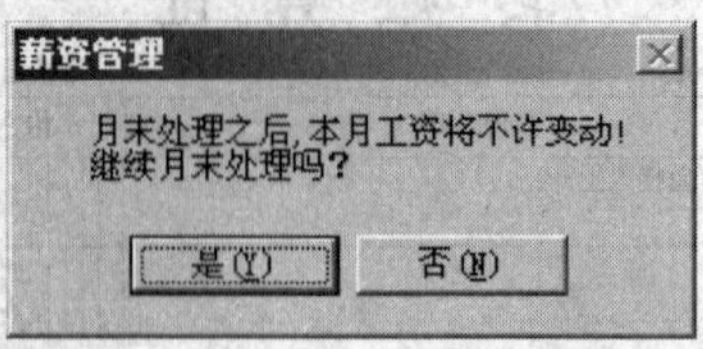

图5-50　月末处理提示

（3）单击“是”按钮，系统提示“是否选择清零项？”。

（4）单击“否”按钮，系统提示“月末处理完毕!”，单击“确定”按钮。

业务七　查看工资发放条

业务描述

生成并查看工资发放条。

操作步骤

（1）单击“业务工作”/“人力资源”/“薪资管理”/“统计分析”/“账表”/“工资表”命令，打开“工资表”对话框，如图5-51所示。

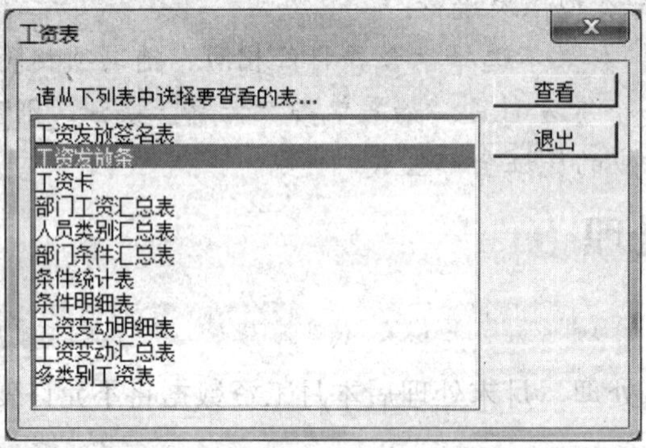

图5-51　工资表

（2）单击“查看”按钮，打开“工资发放条”对话框。

（3）选中所有部门，包括下级部门。

（4）单击“确定”按钮，进入“工资发放条”窗口，如图5-52所示。

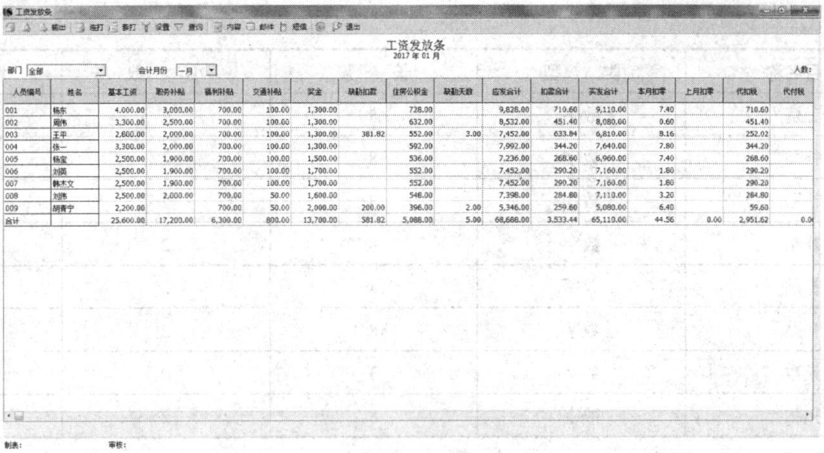

工资发放条

2017 年 01 月

部门 全部　　会计月份 一月　　人数：

人员编号	姓名	基本工资	职务补贴	福利补贴	交通补贴	奖金	缺勤扣款	住房公积金	缺勤天数	应发合计	扣款合计	实发合计	本月扣零	上月扣零	代扣税	代付税
001	杨东	4,000.00	3,000.00	700.00	100.00	1,300.00		728.00		9,828.00	710.60	9,110.00	7.40		710.60	
002	周伟	3,300.00	2,500.00	700.00	100.00	1,300.00		632.00		8,532.00	451.40	8,080.00	0.60		451.40	
003	王平	2,800.00	2,000.00	700.00	100.00	1,300.00	381.82	552.00	3.00	7,452.00	633.84	6,810.00	8.16		252.02	
004	张一	3,300.00	2,000.00	700.00	100.00	1,300.00		592.00		7,992.00	344.20	7,640.00	7.80		344.20	
005	杨宝	2,500.00	1,900.00	700.00	100.00	1,500.00		536.00		7,236.00	268.60	6,960.00	7.40		268.60	
006	刘英	2,500.00	1,900.00	700.00	100.00	1,700.00		552.00		7,452.00	290.20	7,160.00	1.80		290.20	
007	韩木文	2,500.00	1,900.00	700.00	100.00	1,700.00		552.00		7,452.00	290.20	7,160.00	1.80		290.20	
008	刘伟	2,500.00	2,000.00	700.00	50.00	1,600.00		548.00		7,398.00	284.80	7,110.00	3.20		284.80	
009	胡青宁	2,200.00		700.00	50.00	2,000.00	200.00	396.00	2.00	5,346.00	259.60	5,080.00	6.40		59.60	
合计		25,600.00	17,200.00	6,300.00	800.00	13,700.00	581.82	5,088.00	5.00	68,688.00	3,533.44	65,110.00	44.56	0.00	2,951.62	0.0

制表：　　审核：

图 5-52　工资发放条

（5）单击“退出”按钮，完成工资发放条的查看。

模拟实训

薪资管理系统

一、实训目的

通过实训掌握工资管理系统初始设置及日常业务处理的操作方法，掌握工资分摊及月末处理的操作方法。

二、实训资料

1. 系统初始资料

（1）启用薪资系统并进行基础设置。

工资类别个数：两个；核算币别：人民币 RMB；从工资中代扣所得税；工资不扣零；工资类别为“在岗人员”和“退休人员”，并且“在岗人员”分布在各个部门，“退休人员”只属于人事部门。

（2）设置人员附加信息：工龄。

（3）设置工资项目。

除了系统项目，要增加的工资项目如表 5-6 所示。

表 5-6　工资项目

工资项目名称	类　型	长　度	小　数	增 减 项
基本工资	数字	8	2	增项
工龄	数字	3	0	其他

续表

工资项目名称	类　型	长　度	小　数	增 减 项
工龄工资	数字	8	2	增项
交通补贴	数字	8	2	增项
物价补贴	数字	8	2	增项
话费补贴	数字	8	2	增项
目标补贴	数字	8	2	增项
煤气补贴	数字	8	2	增项
事假天数	数字	3	0	其他
事假扣款	数字	8	2	减项

（4）人员档案，如表 5-7 所示。

表 5-7　人员档案表

编　号	姓　名	部　门	人员类别	银行账号	工　龄
01	张乐	董事长办公室	管理人员	3100086101	25
02	学生本人	财务部	管理人员	3100086102	18
03	王贝	财务部	管理人员	3100086103	15
04	李阳	财务部	管理人员	3100086104	5
05	周力	销售一部	经营人员	3100086105	8
06	吴勇	销售二部	经营人员	3100086106	7
07	钱进	采购部	经营人员	3100086107	12
08	陈飞	生产部	生产工人	3100086108	6
09	石方明	人事部	管理人员	3100086109	7

设置银行信息：中国农业银行；账号定长；账号长度 11；录入时自动带入账号长度为 7 位。

（5）公式设置。

① 工龄工资=工龄×10。

② 交通补贴=200（元）。

③ 物价补贴=300（元）。

④ 话费补贴：管理人员=200（元）；经营人员=150（元）；其他人没有。

（6）扣缴所得税设置。

扣税项目：实发合计；计税基数：3 500（元）；个人所得税税率表为 7 级超额累进税率，如表 5-8 所示。

表 5-8　个人所得税税率表

级　次	应纳税所得额下限（元）	应纳税所得额上限（元）	税　率（%）	速算扣除数
1	0	1 500	3	0
2	1 500	4 500	10	105

续表

级 次	应纳税所得额下限（元）	应纳税所得额上限（元）	税 率 （%）	速算扣除数
3	4 500	9 000	20	555
4	9 000	35 000	25	1 005
5	35 000	55 000	30	2 755
6	55 000	80 000	35	5 505
7	80 000		45	13 505

2．2017 年 1 月份工资数据

（1）工资变动数据。

需要录入该公司 2017 年 1 月工资变动数据如表 5-9 所示，工龄工资、交通补贴、物价补贴，以及话费补贴由前面设置的公式自动填充。

表 5-9 工资数据

职 员	部 门	基本工资（元）	工 龄 年 限	目标津贴（元）	煤气补贴（元）	事 假 天 数
张乐	董事长办公室	4 000	25	500	200	
学生本人	财务部	3 800	18	500	200	
王贝	财务部	3 500	15	300	200	
李阳	财务部	3 000	5	200	200	
周力	销售一部	3 500	8	300	200	
吴勇	销售二部	3 000	7	200	200	
钱进	采购部	3 500	12	300	200	2
陈飞	生产部	3 000	6	200	200	
石方明	人事部	3 000	7	200	200	

（2）生成银行代发一览表。

（3）工资分摊设置。

分摊项目：应发合计，工资分摊设置如表 5-10 所示。

表 5-10 工资分摊设置

计 提 类 型	部 门	人 员 类 别	借 方 科 目	贷 方 科 目
应付工资 计提比例 100%	管理部	企业管理人员	管理费用——工资	应付职工薪酬——工资
	采购部、销售部	经营人员	销售费用	
	生产部	生产工人	生产成本	
应付福利费 计提比例 14%	管理部	企业管理人员	管理费用——工资	应付职工薪酬——福利费
	采购部、销售部	经营人员	销售费用	
	生产部	生产工人	生产成本	

（4）进行工资分摊，并生成记账凭证。

（5）进行月末处理。

项目6

固定资产系统

能力目标

通过学习“固定资产系统”中的主要功能和操作方法，掌握输入固定资产卡片的方法，掌握固定资产增加、减少、变动的处理方法，掌握固定资产折旧的处理方法。要求能够熟练地利用固定资产核算系统进行资产管理、折旧计提、统计分析等操作。

任务一　固定资产系统初始化

业务一　启用固定资产系统进行初始参数设置

业务描述

固定资产账套的启用月份为“2017 年 1 月”，固定资产采用“平均年限法（一）”计提折旧，折旧汇总分配周期为一个月；当“月初已计提月份=可使用月份-1”时，将剩余折旧全部提足。固定资产编码方式为“2-1-1-2”；固定资产编码方式采用自动编码方式，编码方式为“类别编号+序号”；序号长度为“5”。要求：固定资产系统与总账进行对账；固定资产对账科目为“1601 固定资产”；累计折旧对账科目为“1602 累计折旧”；对账不平衡的情况下不允许固定资产月末结账。

操作步骤

（1）启用“固定资产”系统（如已启用，请略过此步骤）：以“001 周伟”注册登录，单击“基础设置”/“基本信息”/“系统启用”命令，打开如图 6-1 所示的对话框，选择“FA 固定资产”，并将启用日期设置为“2017-01-01”。

（2）在用友 ERP-U8 企业应用平台中，单击“业务工作”/“财务会计”/“固定资产”命令，系统弹出“这是第一次打开此账套，还未进行过初始化，是否进行初始化？”信息提示对话框，如图 6-2 所示。

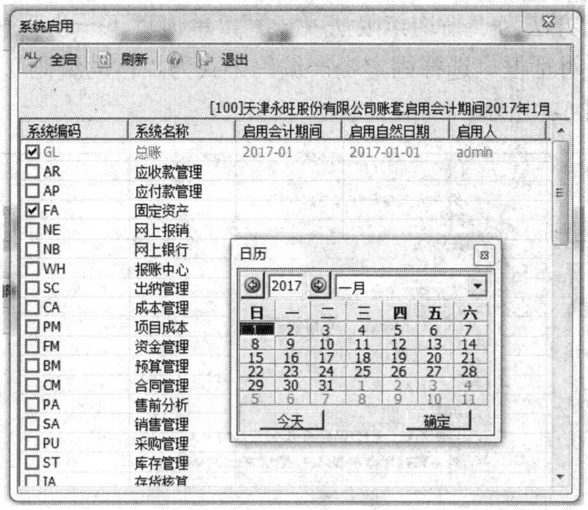

图 6-1　系统启用

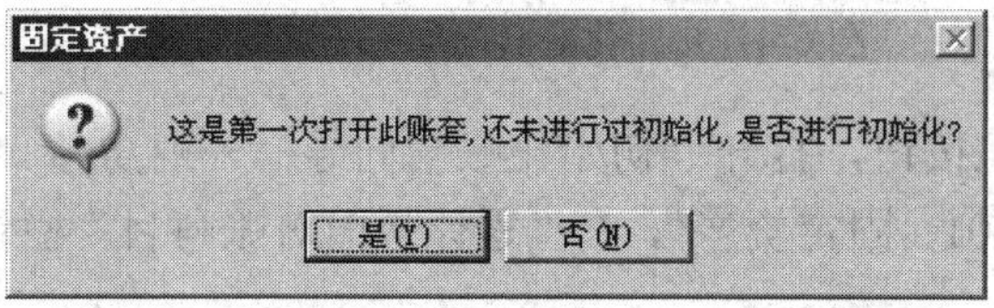

图 6-2　初始化提示

（3）单击“是”按钮，打开“初始化账套向导——约定及说明”对话框。

（4）选中“我同意”单选按钮，单击“下一步”按钮，打开“初始化账套向导——启用月份”对话框。

（5）单击“下一步”按钮，打开“初始化账套向导——折旧信息”对话框，如图 6-3 所示。

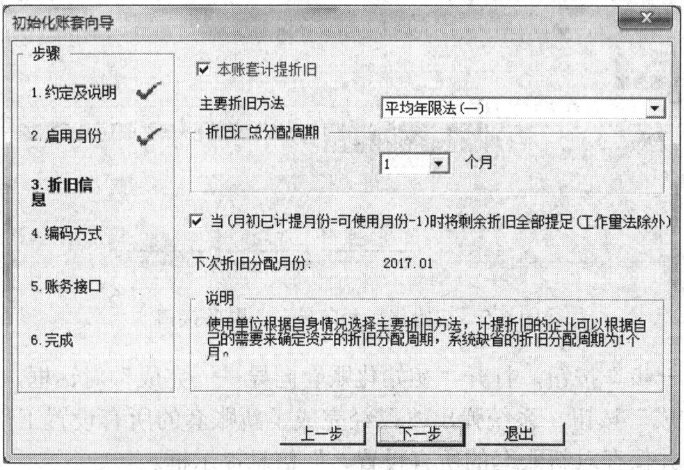

图 6-3　初始化账套向导——折旧信息

（6）选择主要折旧方法为“平均年限法（一）”，单击“下一步”按钮，打开“初始化账套向导——编码方式”对话框。选择固定资产编码方式为“自动编码”和“类别编号+序号”，序号长度为“5”，如图6-4所示。

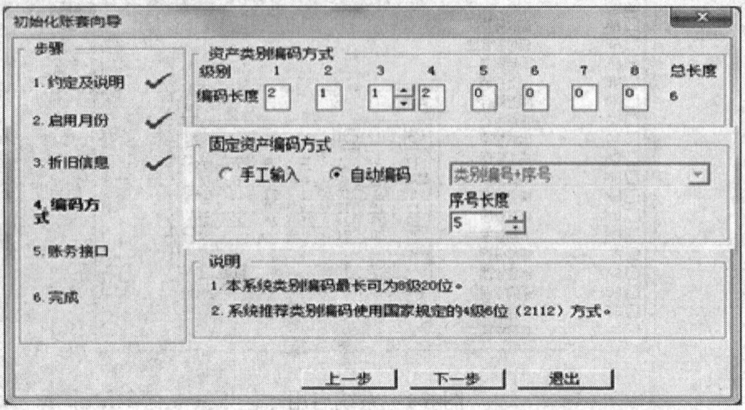

图6-4　初始化账套向导——编码方式

（7）单击“下一步”按钮，打开“初始化账套向导——财务接口”对话框。在“固定资产对账科目”栏录入“1601，固定资产”，在“累计折旧对账科目”栏录入“1602，累计折旧”，如图6-5所示。

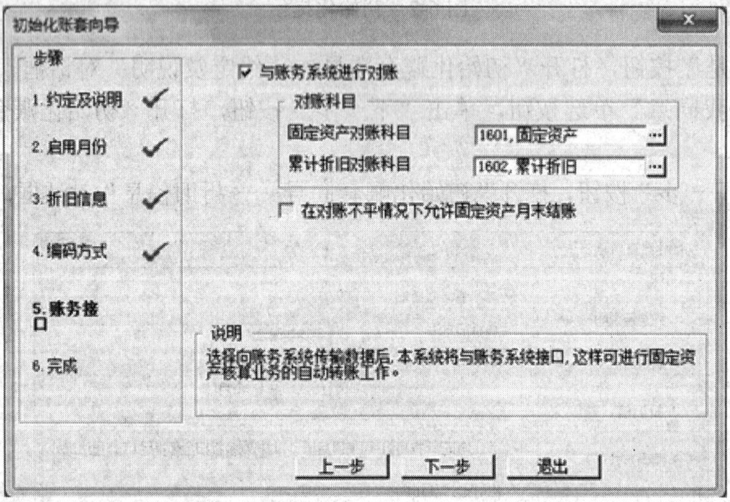

图6-5　初始化账套向导——财务接口

（8）单击“下一步”按钮，打开“初始化账套向导——完成”对话框，如图6-6所示。

（9）单击“完成”按钮，系统弹出“已经完成了新账套的所有设置工作，是否确定所设置的信息完全正确并保存对新账套的所有设置？”信息提示框。

（10）单击“是”按钮，系统提示“已成功初始化本固定资产账套！”。

（11）单击“确定”按钮，固定资产建账完成。

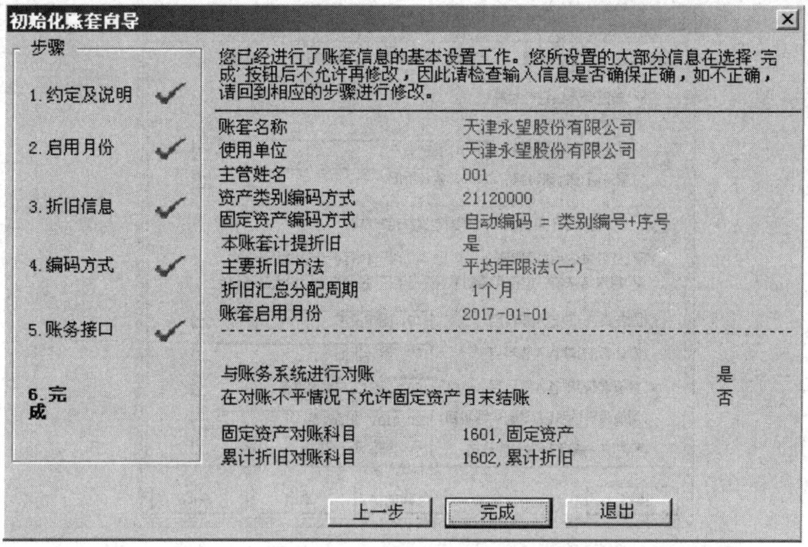

图 6-6　初始化账套向导——完成

业务二　固定资产选项设置

业务描述

设置：

“固定资产”缺省入账科目为“1601”（固定资产）；

“累计折旧”缺省入账科目为“1602”（累计折旧）；

“减值准备”缺省入账科目为“1603”（固定资产减值准备）；

“增值税进项税额”缺省入账科目为“22210101”（进项税额）；

“固定资产清理”缺省入账科目为“1606”（固定资产清理）；业务发生后立即制单。

操作步骤

（1）单击“业务工作”/“财务会计”/“固定资产”/“设置”/“选项”命令，打开“选项”窗口，从此处可以看到我们之前在“业务一”中所设置的那些选项内容，在这里可以再对其进行编辑。

（2）单击“编辑”按钮，单击“与财务系统接口”选项卡，设置“固定资产”缺省入账科目为“1601，固定资产”；“累计折旧”缺省入账科目为“1602，累计折旧”，“减值准备”缺省入账科目为“1603，固定资产减值准备”，设置“增值税进项税额”缺省入账科目为“22210101，进项税额”；设置“固定资产清理”缺省入账科目为“1606，固定资产清理”，如图 6-7 所示。

（3）单击“确定”按钮返回。

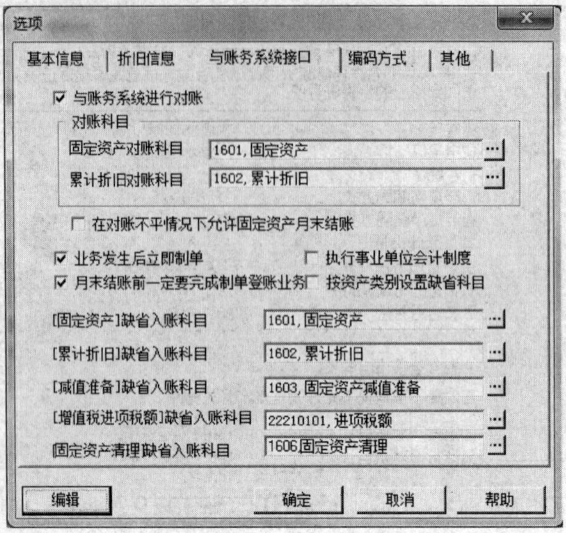

图 6-7　固定资产选项设置

业务三　设置部门对应折旧科目

业务描述

固定资产需要计提折旧，不同部门使用的固定资产所计提的折旧也要计入不同的成本费用科目中，本业务要求按表 6-1 设置对应折旧科目。

表 6-1　对应折旧科目设置

部门名称	贷方科目
人事部	管理费用——折旧费
财务部	管理费用——折旧费
供应部	销售费用
销售部	销售费用
生产部	制造费用

操作步骤

（1）单击“业务工作”/“财务会计”/“固定资产”/“设置”/“部门对应折旧科目”命令，打开“部门对应折旧科目”窗口，如图 6-8 所示。

（2）选择“人事部”所在行，单击“修改”按钮，打开“部门编码表——单张视图”窗口（也可以直接选中部门编码目录中的“人事部”，单击“单张视图”选项卡，再单击“修改”按钮）。

（3）在“折旧科目”栏录入或选择“660204，折旧费”，如图 6-9 所示。

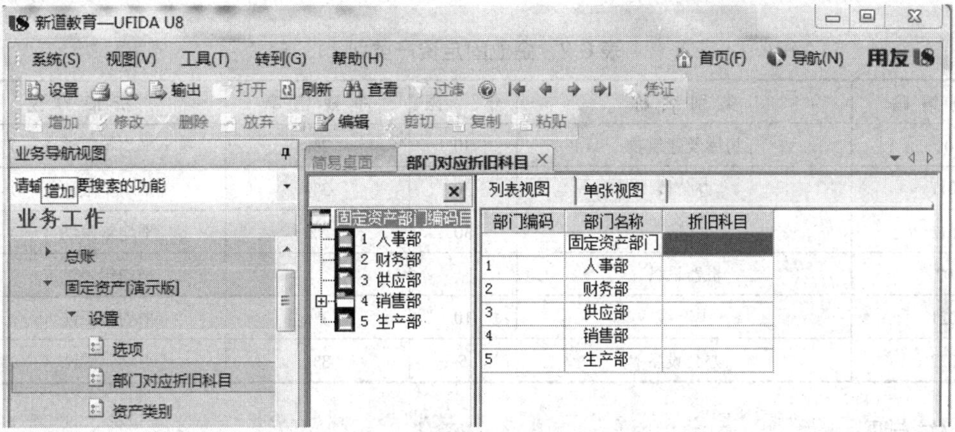

图 6-8　部门对应折旧科目

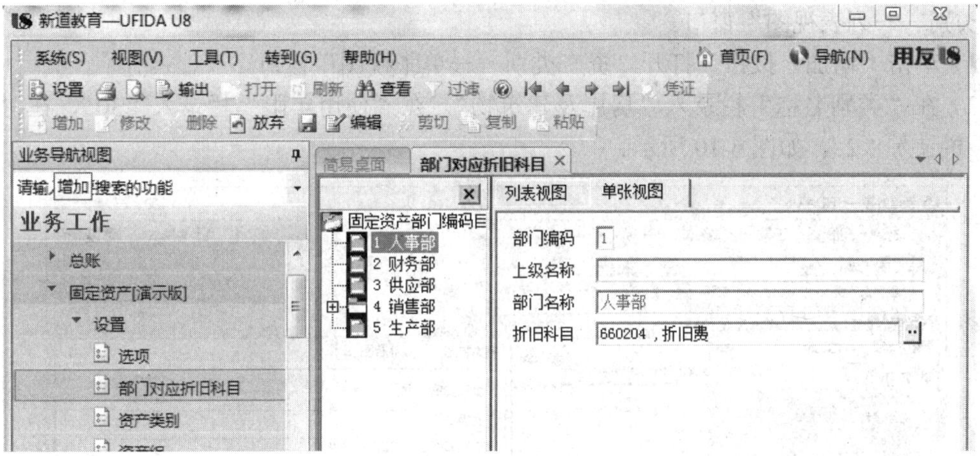

图 6-9　设置人事部对应折旧科目

（4）单击“保存”按钮。以此方法继续录入其他部门对应的折旧科目。销售一科、二科都要分别设置。

提示

当为销售部设置对应的折旧科目为“6601 销售费用”时，系统会提示：是否将销售部的所有下级部门的折旧科目替换为“销售费用”？如果选择“是”，会将销售部的两个下级部门的折旧科目一并设置为“销售费用”。

业务四　固定资产类别设置

业务描述

企业固定资产类别如表 6-2 所示。

表 6-2　企业固定资产类别

类别编码	类别名称	年　限	净残值率	折旧方法
01	房屋及建筑物	30	2%	平均年限法（一）
011	办公楼	30	2%	平均年限法（一）
012	厂房	30	2%	平均年限法（一）
02	机器设备			平均年限法（一）
021	生产线	10	3%	平均年限法（一）
022	办公设备	5	3%	平均年限法（一）

操作步骤

（1）单击“业务工作”/“财务会计”/“固定资产”/“设置”/“资产类别”命令，打开“资产类别——列表视图”窗口。

（2）单击“增加”按钮，打开“资产类别——单张视图”窗口。

（3）在“类别名称”栏录入“房屋及建筑物”，在“使用年限”栏录入“30”，在“净残值率”栏录入“2”，如图 6-10 所示。

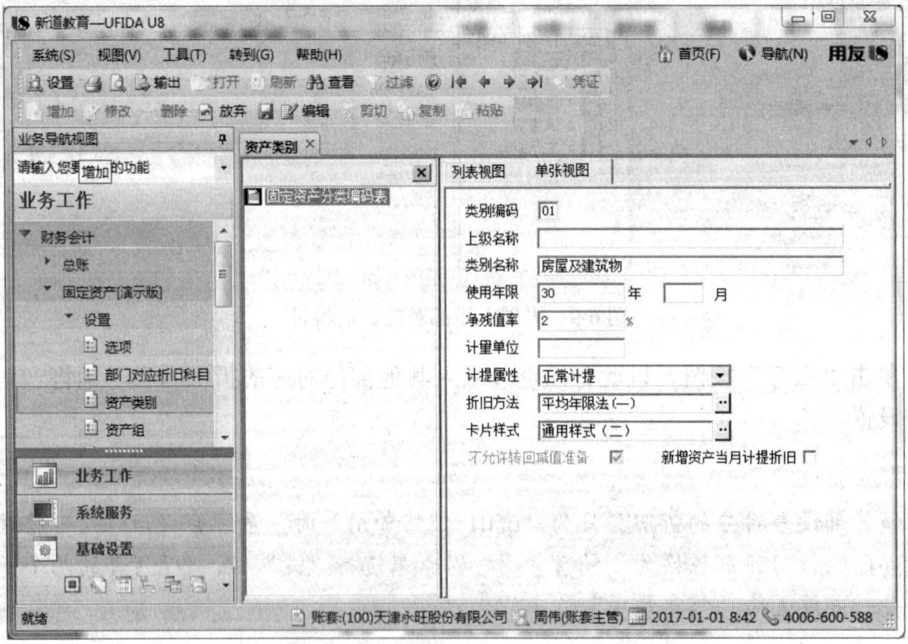

图 6-10　设置资产类别

（4）单击“保存”按钮，继续录入 02 号资产的类别名称“机器设备”，单击“保存”按钮。

（5）单击“放弃”按钮，系统提示“是否取消本次操作”，单击“是”按钮，返回“资产类别——列表视图”窗口。

（6）单击选中“固定资产分类编码表”中的“01 房屋及建筑物”分类，再单击“增加”

按钮，在“类别名称”栏录入“办公楼”，注意类别编码为两级，如图 6-11 所示。

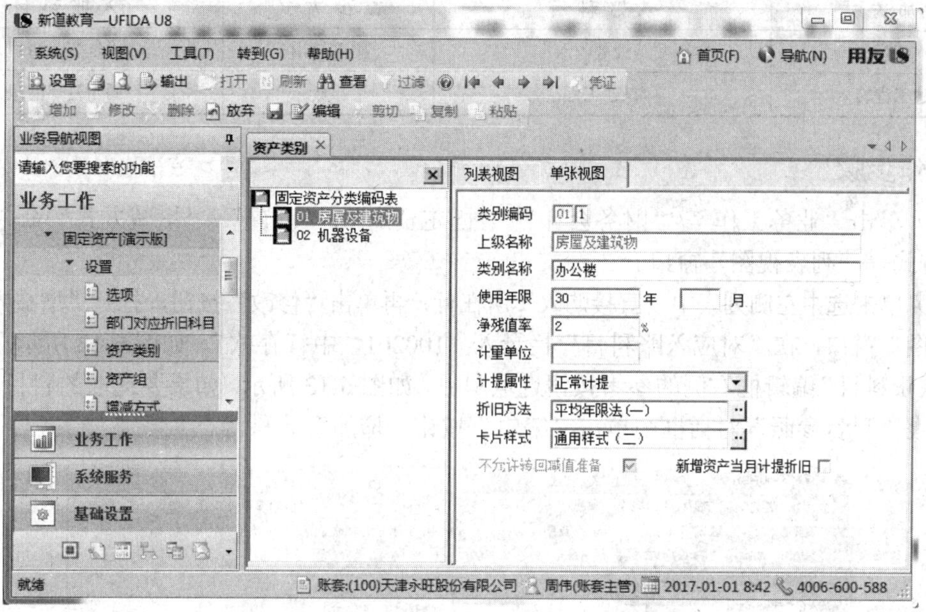

图 6-11　房屋及建筑物下级分类

（7）单击“保存”按钮，完成类别“011-办公楼”的录入，以此方法录入其他类别。

提示

应先建立上级固定资产类别后再建立下级类别。由于在建立上级类别“房屋与建筑物”时就设置了使用年限、净残值率，其下级类别如果与上级类别设置相同，那么自动继承不用修改；如果下级类别与上级类别设置不同，则需要修改。

业务五　设置固定资产增减方式对应入账科目

业务描述

企业增加固定资产可能有直接购入、投资投入及捐赠得到等多种不同的形式，不同的形式会对应不同的入账科目；企业减少固定资产也是一样。我们需要将其设定到固定资产系统中，要求如表 6-3 所示。

表 6-3　固定资产增减方式对应入账科目

增加方式	入账科目	减少方式	入账科目
直接购入	银行存款——中行存款	出售	固定资产清理
盘盈	待处理财产损溢——待处理固定资产损溢	盘亏	待处理财产损溢——待处理固定资产损溢
投资者投入	实收资本	投资转出	长期股权投资——其他股权投资

续表

增加方式	入账科目	减少方式	入账科目
捐赠	营业外收入	捐赠转出	固定资产清理
在建工程转入	在建工程	报废	固定资产清理

操作步骤

（1）单击“业务工作”/“财务会计”/“固定资产”/“设置”/“增减方式”命令，打开“增减方式——列表视图”窗口。

（2）单击选中左侧列表中“直接购入”所在行，再单击“修改”按钮，打开“增减方式——单张视图”窗口，在“对应入账科目”栏录入“100201，中行存款”，如图6-12所示。也可点“对应入账科目”编辑框右侧的参考按钮选取科目，如图6-13所示。如果要选取的科目不存在，则可以在“科目参照”对话框中单击“编辑”按钮，增加会计科目。

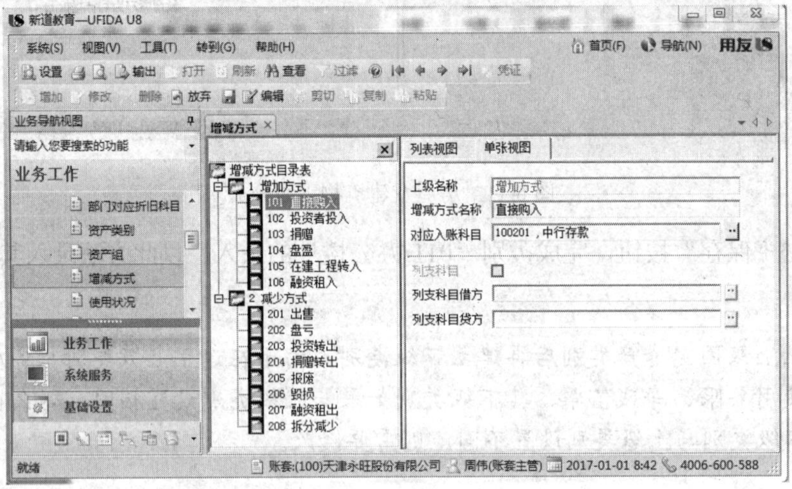

图6-12　设置对应入账科目

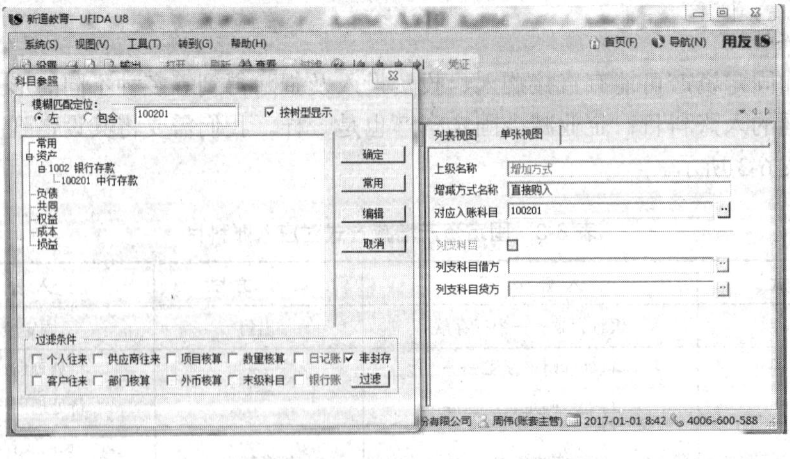

图6-13　参照设置对应入账科目

（3）单击“保存”按钮。以此方法继续设置其他的增减方式对应的入账科目。

业务六　录入固定资产原始卡片

业务描述

需要录入的原始卡片如表6-4所示。

表6-4　原始卡片

卡片编号	00001	00002	00003	00004	00005
固定资产编号	01100001	01200001	02100001	02100002	02200001
固定资产名称	行政楼	生产楼	1号生产线	2号生产线	复印机
类别编号	011	012	021	021	022
类别名称	办公楼	厂房	生产线	生产线	办公设备
部门名称	人事部	生产部	生产部	生产部	财务部
增加方式	在建工程转入	在建工程转入	在建工程转入	在建工程转入	在建工程转入
使用状况	在用	在用	在用	在用	在用
使用年限	30年	30年	10年	10年	5年
折旧方法	平均年限法（一）	平均年限法（一）	平均年限法（一）	平均年限法（一）	平均年限法（一）
开始使用日期	2015-09-08	2015-10-10	2015-08-02	2015-05-08	2014-06-01
原值（元）	412 000	450 000	150 000	180 000	20 000
净残值率	2%	2%	3%	3%	3%
净残值（元）	8 240	9 000	4 500	5 400	600
累计折旧（元）	37 800	25 515	39 375	45 198	7 236
月折旧率	0.002 7	0.002 7	0.008 1	0.008 1	0.016 2
月折旧额（元）	1 112.40	1 215	1 215	1 458	324
净值（元）	374 200	424 485	110 625	134 802	12 764

操作步骤

（1）单击“业务工作”/“财务会计”/“固定资产”/“卡片”/“录入原始卡片”命令，打开“固定资产类别档案”窗口，如图6-14所示。

（2）选择“011 办公楼”前的复选框，单击“确定”按钮后进入“固定资产卡片[录入原始卡片：00001号卡片]”窗口。

（3）在“固定资产名称”栏录入“行政楼”，“类别编号”栏录入“011”，单击“使用部门名称”栏，再单击“部门名称”按钮，打开“固定资产——本资产部门使用方式”对话框，如图6-15所示。

（4）单击“确定”按钮，打开“部门参照”窗口，选择“人事部”，双击确认。

（5）单击“增加方式”栏，再单击“增加方式”按钮，打开“固定资产增减方式”对话框，选择“105 在建工程转入”，双击确认。

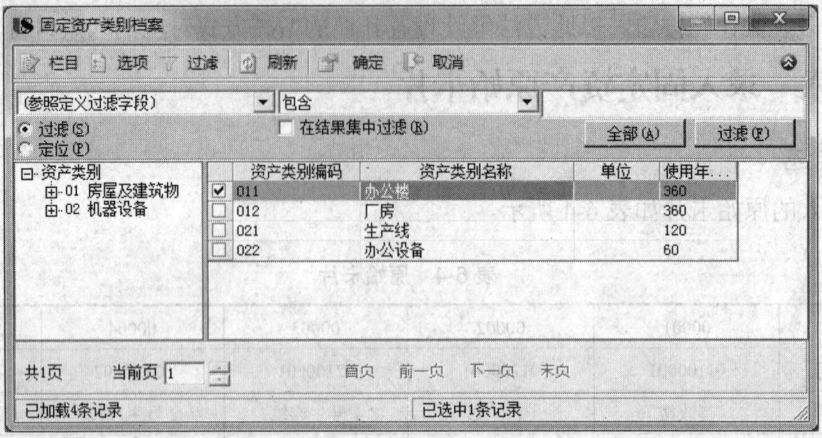

图 6-14　固定资产类别档案

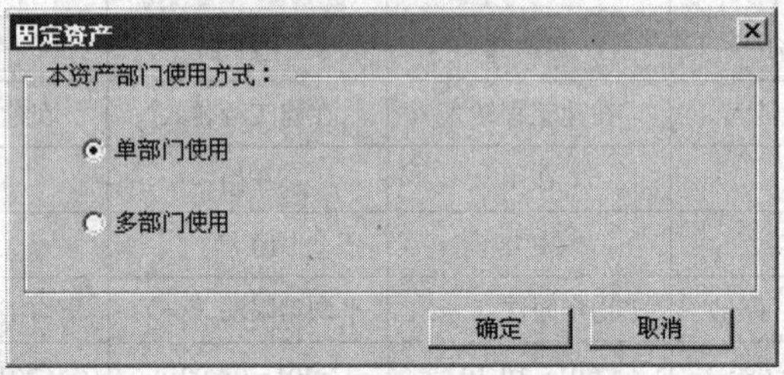

图 6-15　固定资产——本资产部门使用方式

（6）单击“使用状况”栏，再单击“使用状况”按钮，打开“使用状况参照”对话框。默认“在用”，单击“确定”按钮。

（7）在“开始使用日期”栏录入“2015-09-08”，在“原值”栏录入“412 000.00”，在“累计折旧”栏录入“37 800.00”，月折旧率等项目系统自动填充，录入固定资产原始卡片如图 6-16 所示。

图 6-16　录入固定资产原始卡片

（8）单击“保存”按钮，系统提示“数据成功保存！”。

（9）单击“确定”按钮。以此方法继续录入表6-4中的其他4个固定资产卡片。

任务二　固定资产日常业务处理

业务一　修改固定资产卡片

业务描述

2017年1月15日，将卡片编号为“00003”的固定资产（1号生产线）的使用状况由“在用”修改为“大修理停用”。

操作步骤

（1）单击“业务工作”/“财务会计”/“固定资产”/“卡片”/“卡片管理”命令，打开“查询条件选择——卡片管理”对话框，如图6-17所示。

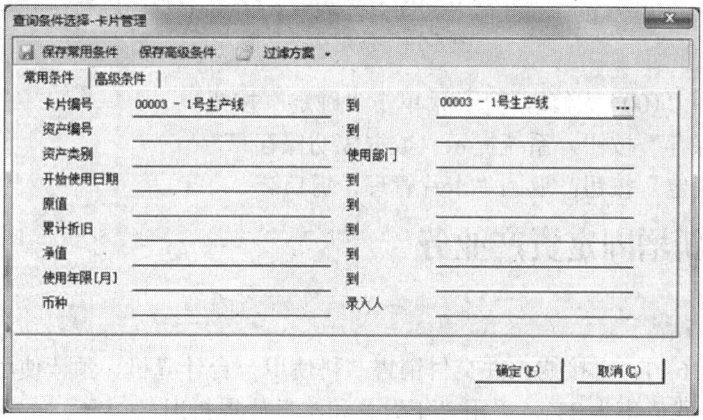

图6-17　查询条件选择——卡片管理

（2）“卡片编号”选择“00003”（如果不选，则将查询所有的卡片），“开始使用日期”不选。单击“确定”按钮，打开“卡片管理”窗口，如图6-18所示。

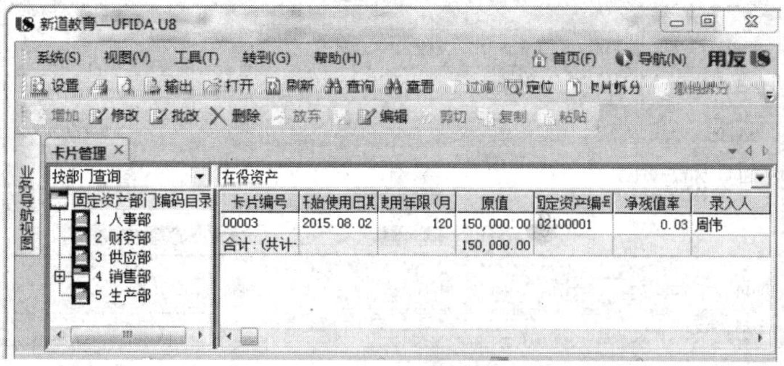

图6-18　卡片管理

（3）单击选中“00003”所在行，再单击“修改”按钮，进入“固定资产卡片[编辑卡片：00003 号卡片]”窗口。

（4）单击“使用状况”栏，再单击“使用状况”按钮，打开“使用状况参照”对话框，如图 6-19 所示。

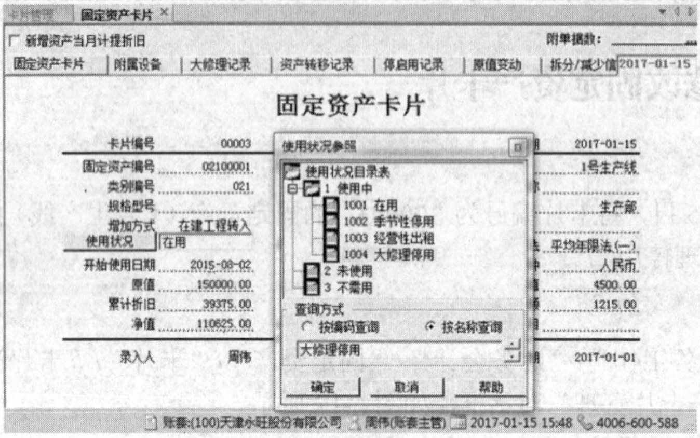

图 6-19　使用状况参照

（5）单击选中“1004 大修理停用”，单击“确定”按钮。

（6）单击“保存”按钮，系统提示“数据成功保存！”。

（7）单击“确定”按钮，返回“卡片管理”窗口。

业务二　新增固定资产业务

业务描述

2017 年 1 月 16 日，直接购入并交付销售二科使用一台计算机，预计使用年限为 5 年，原值为 6 000 元，净残值率为 3%，采用“年数总和法”计提折旧。

操作步骤

（1）单击“业务工作”/“财务会计”/“固定资产”/“卡片”/“资产增加”命令，打开“固定资产类别档案”窗口，如图 6-20 所示。

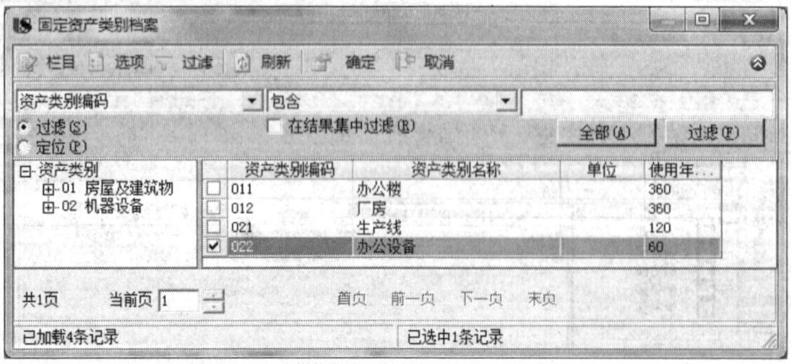

图 6-20　固定资产类别档案

（2）双击“022 办公设备”，进入“固定资产卡片[新增资产：00006 号卡片]”窗口。

（3）在“固定资产名称”栏录入“计算机”；选择“使用部门”为“销售二科”；“增加方式”为“直接购入”；“使用状况”为“在用”；选择“折旧方法”为“年数总和法”；在“原值”栏录入“6 000.00”，新增固定资产如图 6-21 所示。

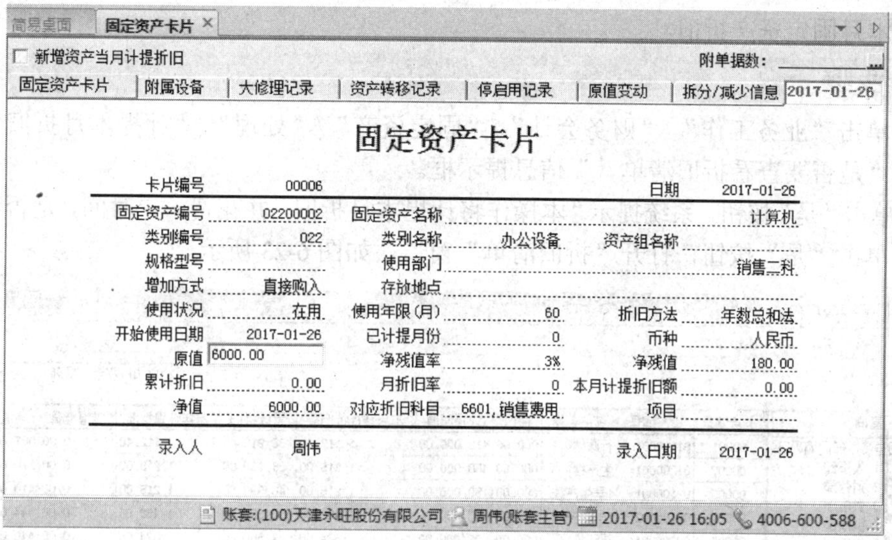

图 6-21　新增固定资产

（4）单击“保存”按钮，系统提示“数据成功保存！”，如果前面系统参数设置选中了“业务发生后立即制单”选项，则会弹出如图 6-22 所示的“填制凭证”窗口，如果没有选中可以通过“批量制单”命令进行手动选择制单。

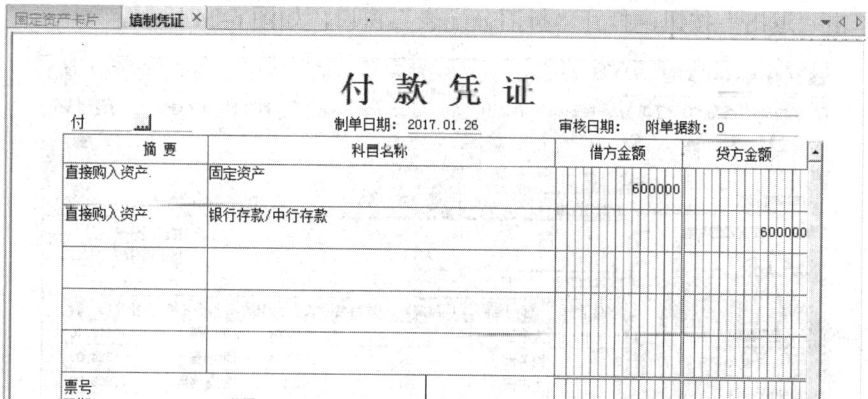

图 6-22　填制凭证

（5）检查分录无误后，单击“保存”按钮，退出。

业务三　计提固定资产折旧业务

业务描述

计提本月固定资产折旧。

操作步骤

（1）单击“业务工作”/“财务会计”/“固定资产”/“处理”/“计提本月折旧”命令，系统弹出“是否要查看折旧清单？”信息提示框。

（2）单击“是”按钮，系统提示“本操作将计提本月折旧，并花费一定时间，是否继续？”。

（3）单击“是”按钮，打开“折旧清单”窗口，如图6-23所示。

图6-23　折旧清单

（4）单击“退出”按钮，打开“折旧分配表”窗口，如图6-24所示。

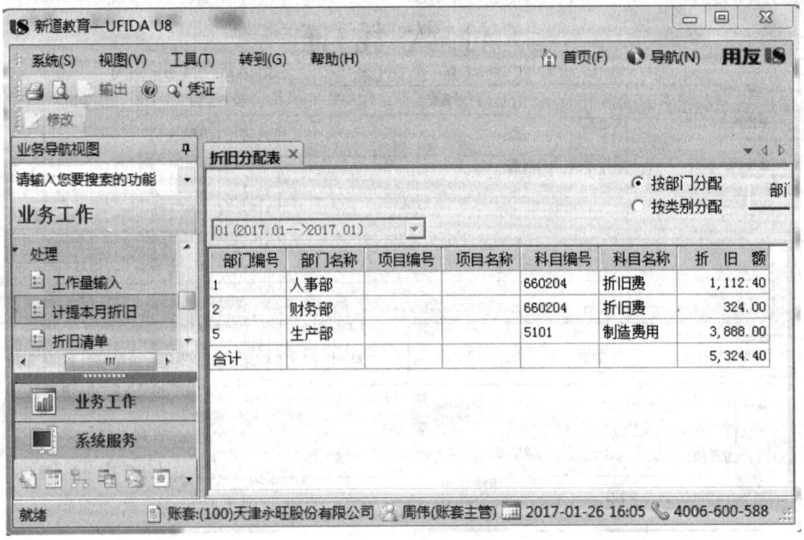

图6-24　折旧分配表

（5）单击“凭证”按钮，生成一张记账凭证。

（6）修改凭证类别为“转账凭证”。

（7）单击“保存”按钮，凭证左上角出现“已生成”字样，表示凭证已传递到总账，生成的计提固定资产折旧业务的记账凭证如图 6-25 所示。

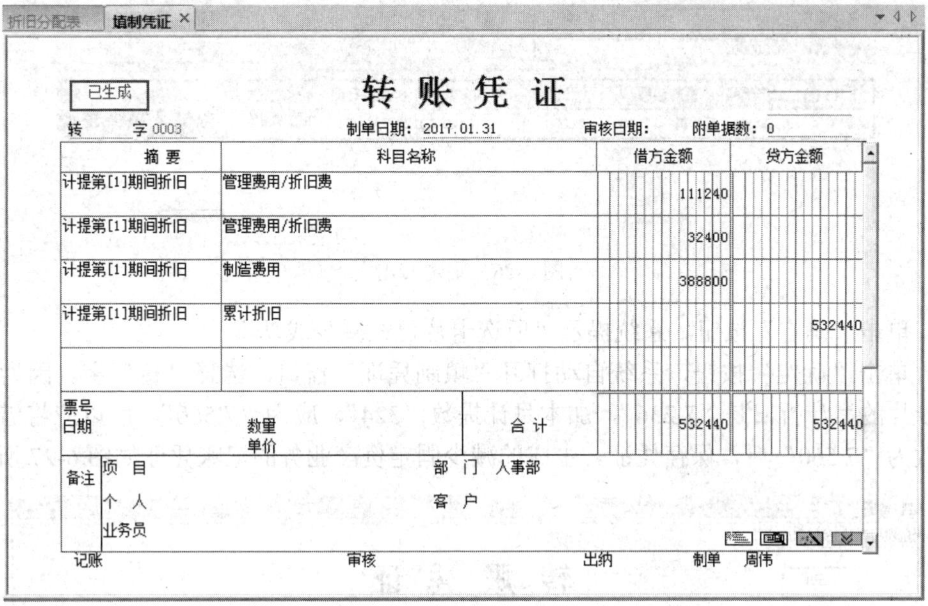
折旧分配表 填制凭证

已生成

转账凭证

转 字 0003 制单日期：2017.01.31 审核日期： 附单据数：0

摘要	科目名称	借方金额	贷方金额
计提第[1]期间折旧	管理费用/折旧费	111240	
计提第[1]期间折旧	管理费用/折旧费	32400	
计提第[1]期间折旧	制造费用	388800	
计提第[1]期间折旧	累计折旧		532440
票号 日期	数量 单价 合计	532440	532440

备注 项目 部门 人事部

个人 客户

业务员

记账 审核 出纳 制单 周伟

图 6-25　生成的计提固定资产折旧业务的记账凭证

（8）单击“退出”按钮，退出。

提示

1. 计提折旧功能对各项资产每期计提一次折旧，并自动生成折旧分配表，然后生成记账凭证，将本期的折旧费用自动登账。

2. 在一个期间内可以多次计提折旧，每次计提折旧后，只是将计提的折旧累加到月初的累计折旧上，不会重复累计。

3. 若上次计提折旧已制单并已传递到总账系统，则必须删除该张凭证才能重新计提折旧。方法是在固定资产下“查询凭证”中删除该张凭证。

业务四　减少固定资产业务

业务描述

2017 年 1 月 31 日，将财务部使用的复印机“00005”号固定资产捐赠给希望工程。

操作步骤

（1）单击“业务工作”/“财务会计”/“固定资产”/“卡片”/“资产减少”命令，打开“资产减少”窗口。

（2）在“卡片编号”栏录入“00005”，或者单击卡片编号栏的参照按钮，选择“00005”。

（3）单击“增加”按钮，双击“减少方式”栏，再单击“减少方式”栏参照按钮，选择“捐赠转出”，如图 6-26 所示。

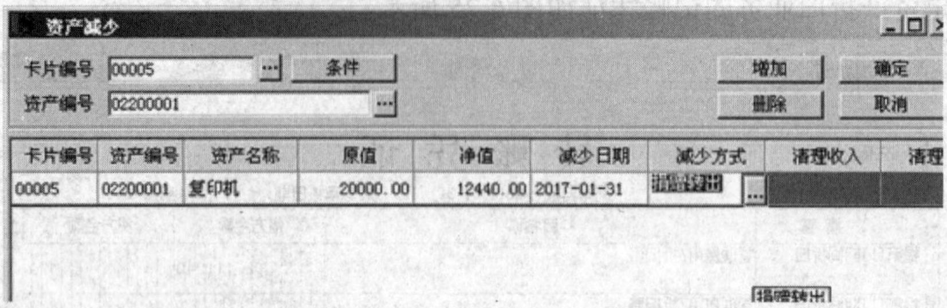

图 6-26　捐赠转出

（4）单击“确定”按钮，系统提示“所选卡片已经减少成功”。

（5）单击“确定”按钮，系统自动打开“填制凭证”窗口，选择“转”字。因为 00005 号原始卡片的累计折旧是“7 236”，加本月计提数“324”，应为“7 560”，所以应将借方累计折旧数改为“7 560”后，保存凭证。生成的减少固定资产业务的记账凭证如图 6-27 所示。

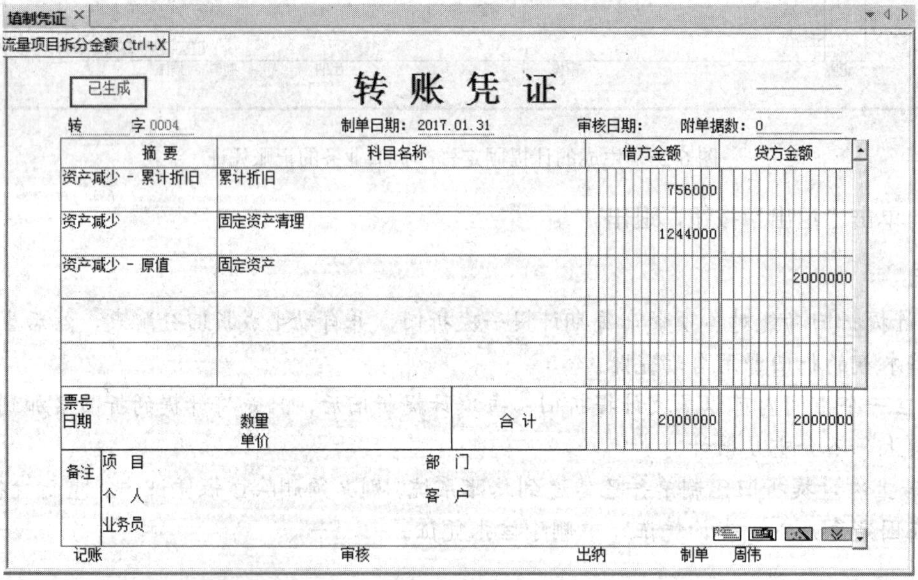

图 6-27　生成的减少固定资产业务的记账凭证

业务五　固定资产变动

业务描述

2017 年 1 月 28 日，根据企业需要，将卡片号码为“00004”号的固定资产（2 号生产线）的折旧方法由“平均年限法（一）”更改为“工作量法”。工作总量为 50 000 小时，累计工作量为 10 000 小时。

操作步骤

（1）单击“业务工作”/“财务会计”/“固定资产”/“卡片”/“变动单”/“折旧方法调整”命令，打开“固定资产变动单”窗口，如图 6-28 所示。

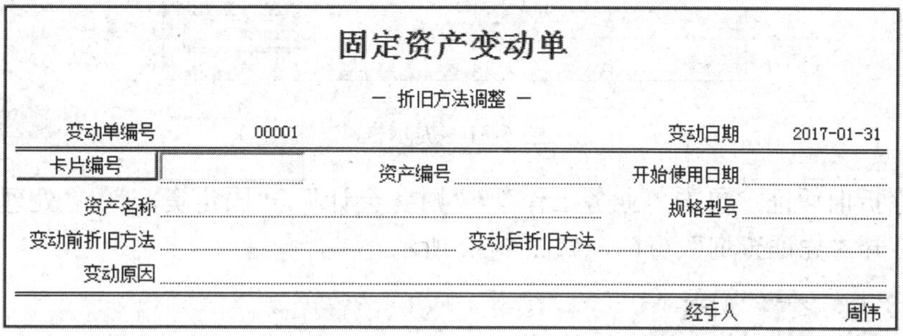

图 6-28　固定资产变动单

（2）在“卡片编号”栏录入“00004”，或者单击“卡片编号”栏，选择“00004”。

（3）单击“变动后折旧方法”栏，再单击“变动后折旧方法”按钮，选择“工作量法”。

（4）单击“确定”按钮，打开“工作量输入”对话框，如图 6-29 所示。

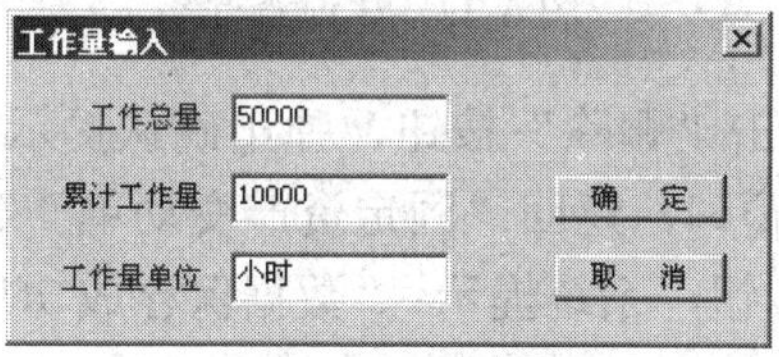

图 6-29　工作量输入

（5）在“工作量输入”对话框中的“工作总量”栏输入“50 000”，在“累计工作量”栏录入“10 000”，在“工作量单位”栏录入“小时”，单击“确定”按钮。返回固定资产变动单窗口，如图 6-30 所示。

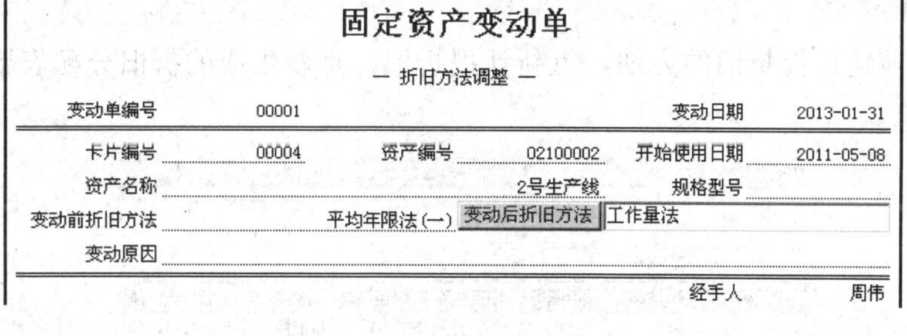

图 6-30　返回固定资产变动单

（6）在“变动原因”栏录入“工作需要”。

（7）单击“保存”按钮，系统会弹出提示框，如图 6-31 所示。

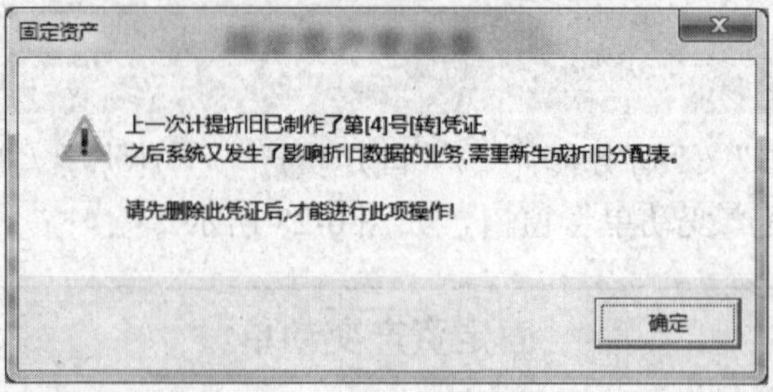

图 6-31 提示框

（8）删除折旧凭证：单击“业务工作”/“财务会计”/“固定资产”/“处理”/“凭证查询”命令，打开“凭证查询”窗口，如图 6-32 所示。

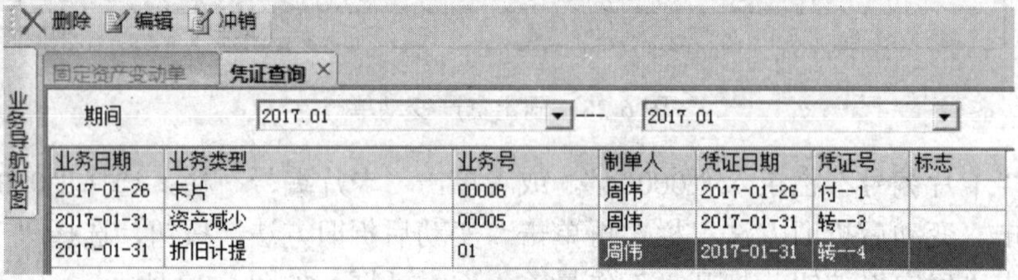

图 6-32 凭证查询

（9）选中折旧计提行，单击“删除”按钮，弹出确认提示信息，单击“是”按钮。删除折旧凭证，关闭“凭证查询”窗口，返回“固定资产变动单”窗口。

（10）再次单击“保存”按钮，系统提示：“数据保存成功!”，完成变动。

业务六 重新计提月末折旧

业务描述

由于卡片编号为 00004 的固定资产折旧方法变成了工作量法，前面利用平均年限法计提的折旧已不正确，需要重新计提折旧。

操作步骤

（1）依照前述计提折旧的方法，重新计提折旧，重新生成的折旧分配表数据如图 6-33 所示。

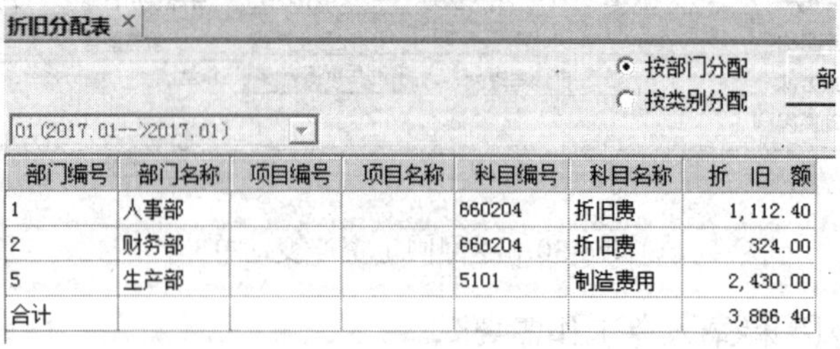

图 6-33 折旧分配表

（2）单击“凭证”按钮，重新生成折旧凭证，如图 6-34 所示。

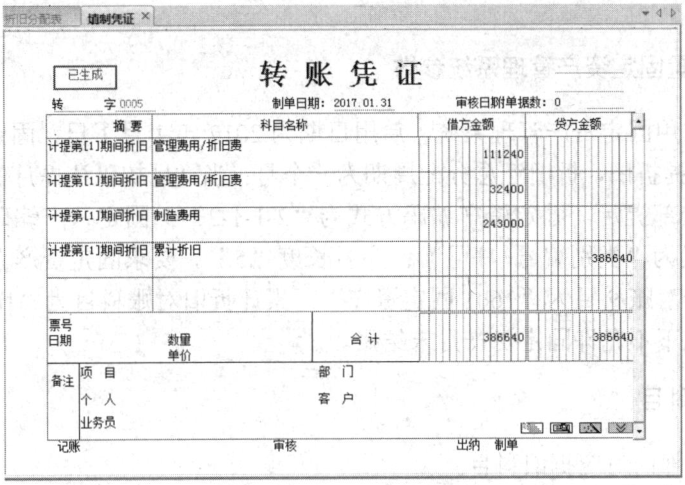

摘要	科目名称	借方金额	贷方金额
计提第[1]期间折旧	管理费用/折旧费	111240	
计提第[1]期间折旧	管理费用/折旧费	32400	
计提第[1]期间折旧	制造费用	243000	
计提第[1]期间折旧	累计折旧		386640
票号 日期	数量 单价 合计	386640	386640

图 6-34 折旧凭证

（3）单击“保存”按钮，保存凭证，完成折旧的计提。

注意：

- 固定资产生成的凭证，只能在固定资产系统下修改、删除。
- 已记账凭证的固定资产系统凭证不能删除，只能在固定资产系统中冲销。

业务七 记账对账业务

业务描述

月末，将固定资产系统所生成的 3 张凭证审核并记账，并与总账进行对账。

操作步骤

（1）由 003 号操作员进入总账系统，对固定资产系统生成的出纳凭证进行出纳签字。

（2）由 002 号操作员进入总账系统，审核 3 张记账凭证，并进行记账处理。若 002 号操作员没有审核权，则请授权，并分配数字权限。

（3）单击“处理”/“对账”命令，打开“与账务对账结果”对话框。结果应为：平衡。

（4）单击“确定”按钮。

模拟实训

固定资产管理系统

一、实验目的

掌握固定资产管理系统初始化设置、日常业务处理、月末处理的操作流程及操作方法。

二、实验资料

1. 启用并设置固定资产管理系统参数

系统管理员启用固定资产管理系统，启用日期为2017年1月1日，固定资产采用“平均年限法（一）”计提折旧，折旧汇总分配周期为一个月；当“月初已计提月份=可使用月份-1”时，将剩余折旧全部提足。固定资产编码方式为“2-1-1-2”；固定资产编码方式采用自动编码方法，编码方式为“类别编号+序号”；序号长度“5”。要求固定资产系统与总账系统进行对账；固定资产对账科目为“1601固定资产”；累计折旧对账科目为“1602累计折旧”；对账不平衡的情况下不允许固定资产月末结账。

2. 对应折旧科目

按表6-5设置部门对应折旧科目。

表6-5　对应折旧科目

部门名称	贷方科目
管理部	管理费用（660203）
采购部	销售费用（6601）
销售部	销售费用（6601）
生产部	制造费用（5101）

3. 资产类别

按表6-6设置资产类别。

表6-6　资产类别

类别编码	类别名称	使用年限	净残值率	计提属性
01	房屋及建筑物			正常计提
011	办公楼	30	2%	正常计提
012	厂房	30	2%	正常计提
02	机器设备			正常计提
021	生产线	10	3%	正常计提
022	办公设备	5	3%	正常计提

4. 固定资产增减方式

按表6-7、表6-8设置固定资产增减方式。

表6-7　增加方式对应入账科目设置

增加方式	对应入账科目
直接购入	银行存款——人民币户（100201）
投资者投入	实收资本（4001）

续表

增加方式	对应入账科目
捐赠	营业外收入（6301）
盘盈	待处理财产损益——待处理固定资产损益（190101）
在建工程转入	在建工程（1604）

表 6-8　减少方式对应入账科目设置

减少方式	对应入账科目
出售	固定资产清理（1606）
投资转出	长期股权投资（1511）
捐赠转出	固定资产清理（1606）
盘亏	待处理财产损益——待处理固定资产损益（190101）
报废	固定资产清理（1606）

5. 原始卡片

按照表 6-9 录入原始卡片。

表 6-9　原始卡片数据

卡片编号	00001	00002	00003	00004	00005
固定资产编号	01100001	01200001	02100001	02100002	02200001
固定资产名称	1 号楼	2 号楼	A 生产线	B 生产线	计算机
类别编号	011	012	021	021	022
类别名称	办公楼	厂房	生产线	生产线	办公设备
部门名称	人事部	生产部	生产部	生产部	财务部
增加方式	在建工程转入	在建工程转入	在建工程转入	在建工程转入	直接购入
使用状况	在用	在用	在用	在用	在用
使用年限	30 年	30 年	10 年	10 年	5 年
折旧方法	平均年限法（一）	平均年限法（一）	平均年限法（一）	平均年限法（一）	平均年限法（一）
开始使用日期	2011-01-08	2012-03-10	2010-12-20	2014-04-08	2016-06-01
币种	人民币	人民币	人民币	人民币	人民币
原值（元）	400 000	450 000	150 000	180 000	20 000
净残值率	2%	2%	3%	3%	3%
净残值（元）	8 000	9 000	4 500	5 400	600
累计折旧（元）	37 800	25 515	43 983	43 740	1 944
月折旧率	0.0027	0.0027	0.0081	0.0081	0.0162
月折旧额（元）	1 080	1 215	1 215	1 458	324
净值（元）	362 200	424 485	106 017	136 260	18 056
对应折旧科目	管理费用	制造费用	制造费用	制造费用	管理费用

6. 依照如下业务进行处理

2017 年 1 月发生如下业务。

（1）1 月 5 日，计提 2014 年 1 月折旧，不要生成凭证。

（2）1 月 6 日将卡片编号为“00003”的固定资产（A 生产线）的使用状况由“在用”修改为“大修理停用”。

（3）1 月 15 日直接购入并交付给销售一部使用一台计算机，预计使用年限为 5 年，原值为 12 000 元，净残值率为 3%，采用“年数总和法”计提折旧。

（4）1 月 23 日根据企业需要，将卡片号码为“00004”号固定资产（B 生产线）的折旧方法由“平均年限法”更改为“工作量法”。工作总量为“60 000”小时，累计工作量为“10 000”小时。

（5）计提月折旧。

（6）1 月 26 日，将财务部使用的计算机“00005”号固定资产捐赠给希望工程。（注：要修改生成凭证中的累计折旧金额。）

（7）完成 2017 年 1 月批量制单（生成凭证）。

7. 将生成的凭证记账并进行对账

略。

项目7

应收款管理系统

能力目标

通过学习"应收款管理系统"中的销售发票、其他应收单等单据录入方法，掌握"应收款管理系统"中单据处理、往来款项收回和转账、期末坏账处理的操作方法。要求能够实现企业与客户之间业务往来账款的核算管理，并能够了解购销存系统与应收款管理的数据传递流程。

任务一　应收款管理系统初始化

业务一　启用应收款管理系统进行初始参数设置

业务描述

启用应收款系统，设置"单据审核日期依据"为"单据日期"，"坏账处理方式"为"应收余额百分比法"，"代垫费用类型"为"其他应收单"，"应收款核算类型"为"详细核算"，"受控科目制单依据"为"明细到客户"，"非受控科目制单方式"为"汇总方式"；启用客户权限，并且按信用方式根据单据提前7天自动报警，"应收款核销方式"为"按单据"。

操作步骤

（1）启用"应收款管理"系统（如已启用，请略过此步）：以"001 周伟"注册登录，单击"基础设置"/"基本信息"/"系统启用"命令，打开对话框，选择"AR 应收款管理"，并将启用日期设置为"2017-1-1"。

（2）单击"业务工作"/"财务会计"/"应收款管理"/"设置"/"选项"命令，打开"账套参数设置"对话框。

（3）单击"编辑"命令，在"常规"选项卡中，单击"坏账处理方式"栏的下三角按钮，选择"应收余额百分比法"，如图7-1所示。设置代垫费用类型为"其他应收单"，应收账款核算模型为"详细核算"。

（4）打开"凭证"选项卡，设置受控科目制单依据为"明细到客户"，非受控科目制单方式为"汇总方式"。

（5）打开"权限与预警"选项卡，设置按信用方式单据提前7天自动报警。

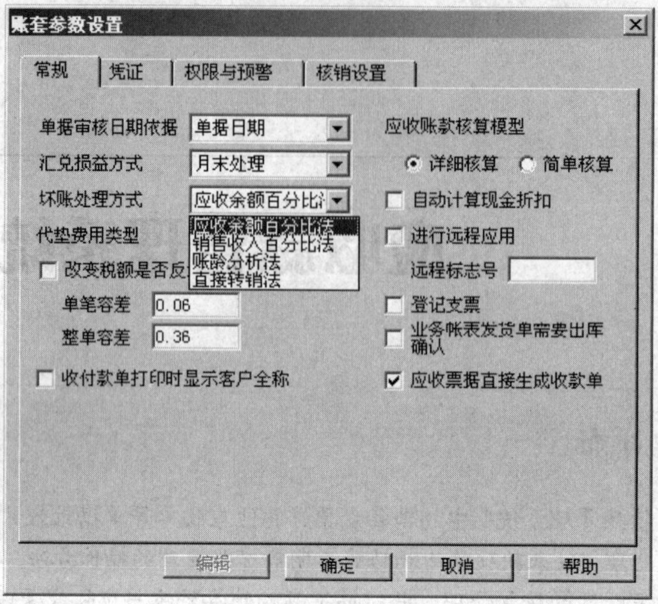

图 7-1　账套参数设置

（6）打开“核销设置”选项卡，设置应收款核销方式为“按单据”。

（7）单击“确定”按钮，完成设置，更改完成后，需要重新注册才可生效。

业务二　设置存货分类

业务描述

存货分类如表 7-1 所示。

表 7-1　存货分类

分类编码	存货分类名称
1	原料及主要材料
2	包装物
3	库存商品
4	运输劳务

操作步骤

（1）在企业应用平台中，单击“基础设置”/“基础档案”/“存货”/“存货分类”命令，打开“存货分类”窗口，如图 7-2 所示。

（2）单击“增加”按钮，按表 7-1 的实验资料录入存货分类情况。

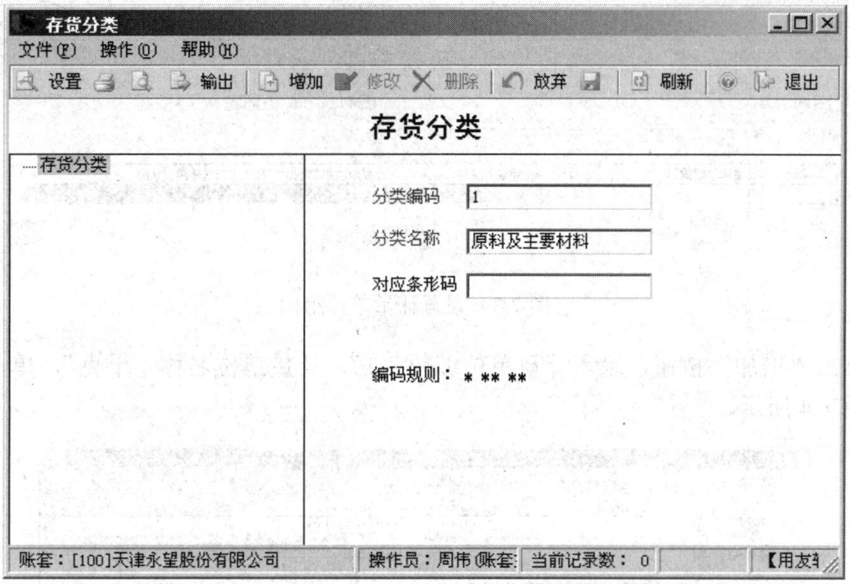

图 7-2　存货分类

业务三　设置计量单位

业务描述

先设置计量单位组“主要计量单位组”，然后在主要计量单位组下设置如表 7-2 所示的计量单位。

表 7-2　计量单位

计量单位组	计 量 单 位
主要计量单位组（01）	千克（1）
	件（2）
	桶（3）
	千米（4）

操作步骤

（1）单击“基础设置”/“基础档案”/“存货”/“计量单位”命令，打开“计量单位”对话框。

（2）单击“分组”按钮，打开“计量单位组”对话框。

（3）单击“增加”按钮，录入计量单位组编码“01”，录入计量单位组名称“主要计量单位组”，单击“计量单位组类别”栏的下三角按钮，选择“无换算率”，如图 7-3 所示。

（4）设置完毕后单击“保存”按钮，再单击“退出”按钮。

（5）单击“单位”按钮，进入“计量单位设置”对话框。

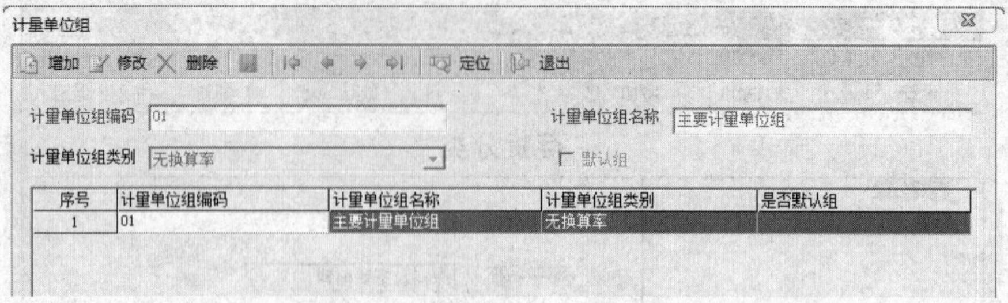

图 7-3　设置计量单位组

（6）单击“增加”按钮，录入计量单位编码“1”，计量单位名称“千克”，单击“保存”按钮，如图 7-4 所示。

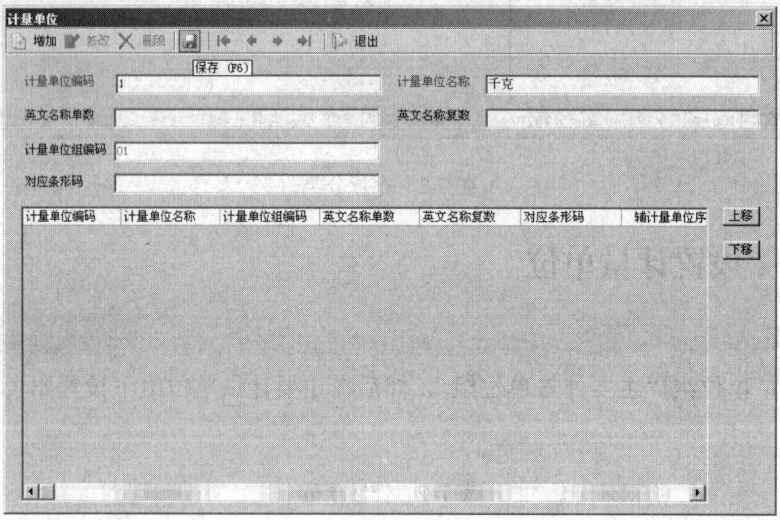

图 7-4　录入计量单位

（7）继续录入其他的计量单位，如图 7-5 所示，录入完所有的计量单位之后，单击“退出”按钮。

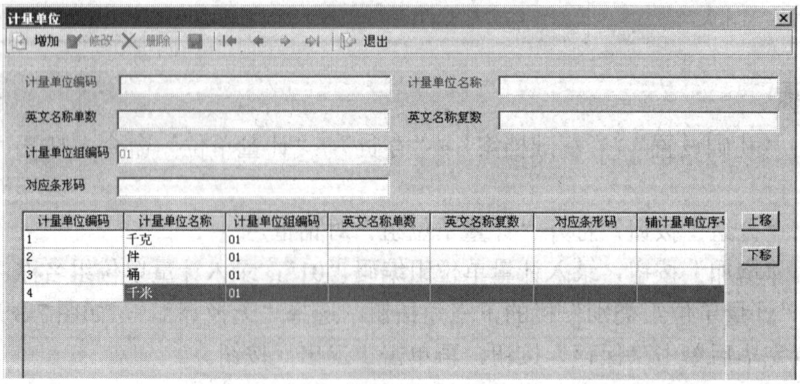

图 7-5　录入全部计量单位

业务四 设置存货档案

业务描述

要求设置的存货档案如表7-3所示。

表7-3 存货档案

存货名称	所属分类	计量单位	税率（%）	存货属性
001 钢材	1	千克	17	外购、生产耗用
002 油漆	1	桶	17	外购、生产耗用
003 甲产品	3	件	17	自制、内销
004 乙产品	3	件	17	自制、内销
005 运输费	4	千米	17	外购、内销、应税劳务

操作步骤

（1）单击“基础设置”/“基础档案”/“存货”/“存货档案”命令，打开“存货档案”窗口。

（2）单击存货分类中的“原料及主要材料”，再单击“增加”按钮，打开“增加存货档案”窗口，如图7-6所示，录入存货编号“001”，存货名称“钢材”，单击“计量单位组”栏的参照按钮，选择“01-主要计量单位组”，单击“主计量单位”栏的参照按钮，选择“01-千克”，单击选中“外购”和“生产耗用”前的复选框。

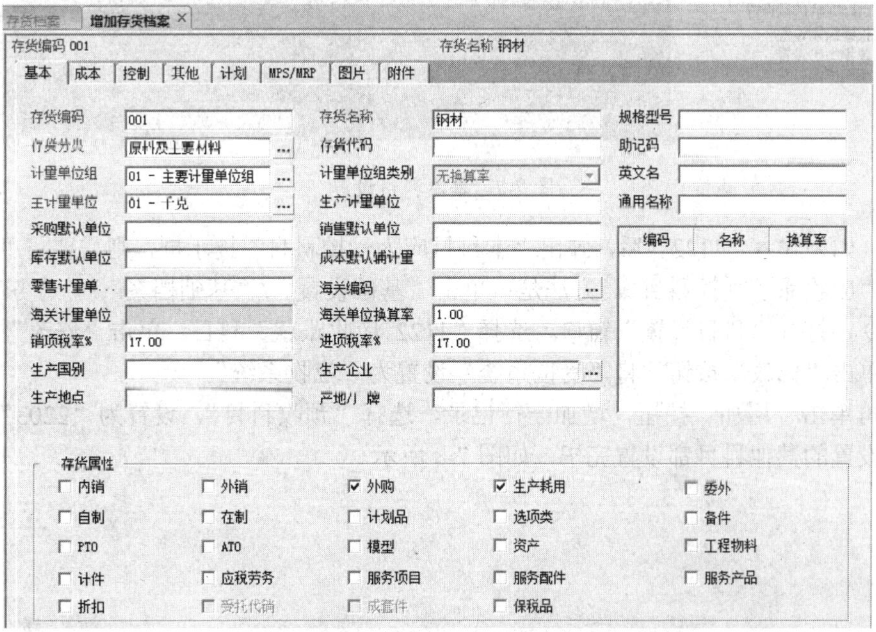

图7-6 增加存货档案

（3）单击“保存并新增”按钮，继续录入其他存货档案信息。

业务五　设置基本会计科目

业务描述

设置“应收科目”为“1122 应收账款”，“预收科目”为“2203 预收账款”，“销售收入”科目为“6001 主营业务收入”，“应交增值税”科目为“22210102 应交税费——应交增值税——销项税额”，“销售退回”科目为“6001 主营业务收入”，“银行承兑”科目为“1121 应收票据”，“商业承兑”科目为“1121 应收票据”，“现金折扣”科目为“6603”，“票据利息”科目为“6603”，“票据费用”科目为“6603”，“收支费用”科目为“6601”。

操作步骤

（1）单击“业务工作”/“财务会计”/“应收款管理”/“设置”/“初始设置”命令，打开“初始设置”窗口。

（2）单击“设置科目”/“基本科目设置”命令，再单击“增加”按钮，增加一行记录，在“基础科目种类”的下拉列表框中选择“应收科目”，“科目”处输入“1122”，按回车键，如图 7-7 所示。

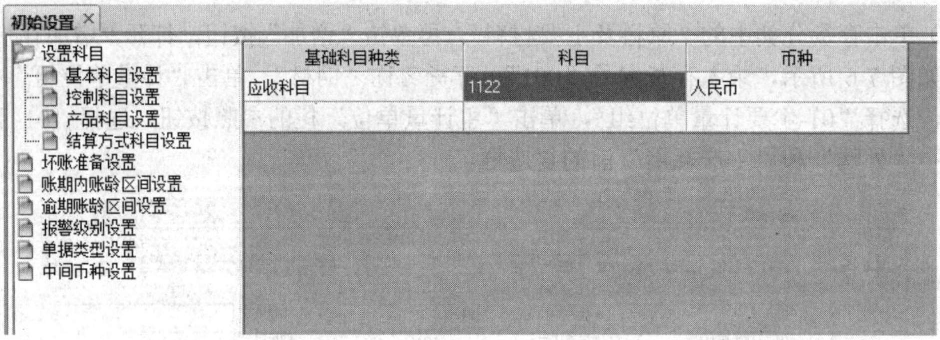

图 7-7　基本科目设置

注意：如果输入“1122”后，弹出“本科目应为受控科目”提示框，则需要将“1122”科目设置为“应收系统受控科目”。方法是：单击“基础设置”/“基础档案”/“财务”/“会计科目”命令，打开“科目设置”窗口，选择“1122 应收账款”科目，单击“修改”按钮，在窗口中再单击“修改”按钮，将“受控系统”设置为“应收系统”。

（3）再单击“增加”按钮，增加一行记录，选择“预收科目”，设置为“2203”，以此方法将要求设置的其他科目都设置完毕，如图 7-8 所示。

图 7-8 基本科目设置完毕

业务六 结算方式科目设置

业务描述

要求设置“现金结算方式”科目为“1001 库存现金”，“现金支票结算方式”科目为“100201 中行存款”，“转账支票结算方式”科目为“100201 中行存款”，“银行汇票结算方式”科目为“100201 中行存款”，“信汇结算方式”科目为“100201 中行存款”，“电汇结算方式”科目为“100201 中行存款”。

操作步骤

（1）单击“业务工作”/“财务会计”/“应收款管理”/“设置”/“初始设置”命令，打开“初始设置”窗口。

（2）单击“设置科目”/“结算方式科目设置”命令，再单击“增加”按钮，增加一条记录，在“结算方式”框中选择“现金”，“币种”设置为“人民币”，“科目”设置为“1001”。如此设置所有结算方式，如图 7-9 所示。

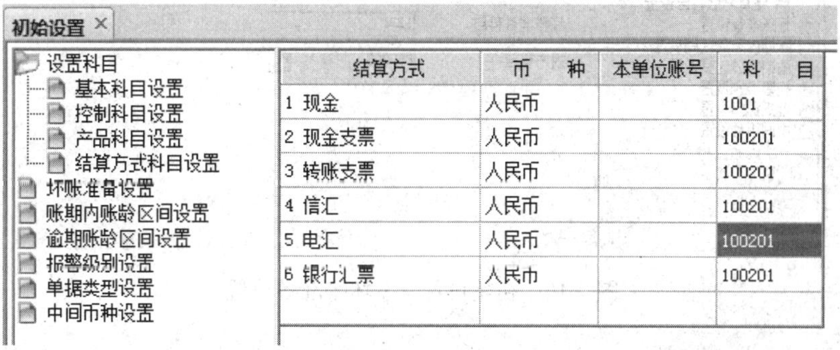

图 7-9 结算方式设置

（3）本章将用到“银行汇票”结算方式，请新增结算方式，再进行科目设置。

业务七　坏账准备、账龄区间及开户行设置

业务描述

1．坏账准备

提取比率为“0.5%”，坏账准备期初余额为“0”，坏账准备科目为“1231 坏账准备”，坏账准备对方科目为“660206 管理费用——坏账准备”。

2．账龄区间

账期内账龄区间设置总天数为 10 天、30 天、60 天、90 天。

逾期账龄区间设置总天数分别为 30 天、60 天、90 天和 120 天。

3．本单位开户银行

本单位开户银行为中行天津支行马场道办事处。账号为“100-65432109”，机构号和联行号设置为“0001”。

操作步骤

1．坏账准备设置

在应收款管理系统中，单击“设置”/“初始设置”/“坏账准备设置”命令，打开“初始设置——坏账准备设置”窗口，录入提取比率“0.500”，坏账准备期初余额“0.00”，坏账准备科目“1231”，对方科目“660206”，如图 7-10 所示，单击“确定”按钮，弹出“储存完毕”信息提示，单击“确定”按钮。

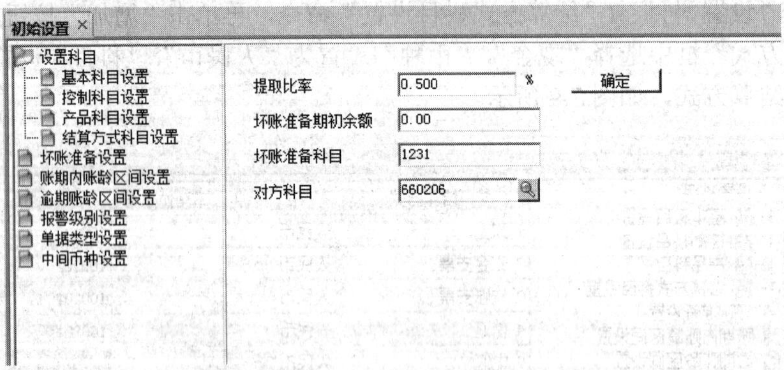

图 7-10　初始设置——坏账准备设置

2．账龄区间设置

（1）在应收款管理系统中，单击“设置”/“初始设置”/“账期内账龄区间设置”命令，打开“初始设置——账期内账龄区间设置”窗口。

（2）在“总天数”栏录入“10”，回车，再在“总天数”栏录入“30”后回车。以此方法继续录入其他的总天数，如图 7-11 所示。

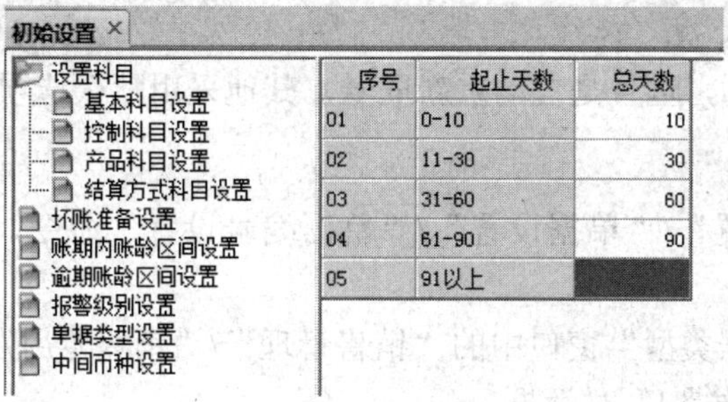

图 7-11　初始设置——账期内账龄区间设置

（3）用同样的方法录入“逾期账龄区间设置”。

3. 设置开户银行

（1）单击“基础设置”/“基础档案”/“收付结算”/“本单位开户银行”命令，进入“本单位开户银行”窗口。

（2）单击“增加”按钮，打开“修改本单位开户银行”对话框。

（3）在“修改本单位开户银行”对话框的“编码”栏录入“1”，在“银行账号”栏录入“100-65432109”，在“币种”栏选择“人民币”，在“开户银行”栏录入“中行天津支行马场道办事处”，在“所属银行编码”栏中选择“00002-中国银行”，设置的结果如图 7-12 所示。

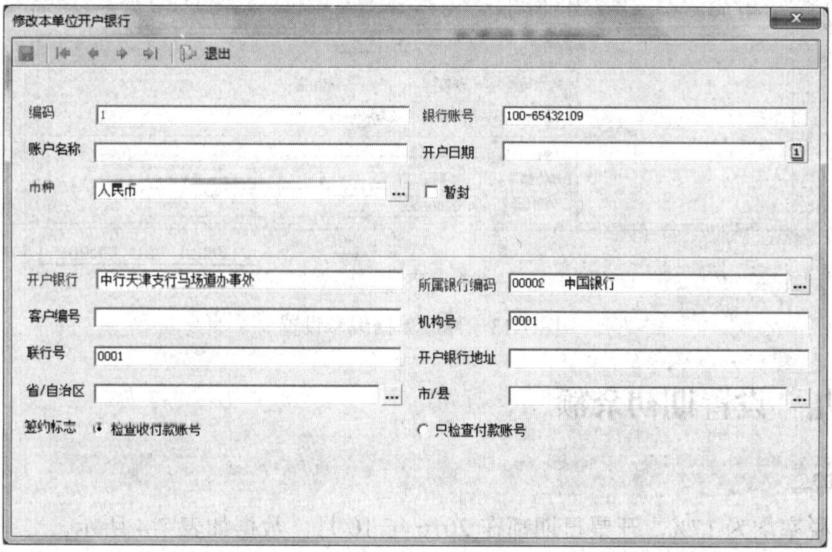

图 7-12　设置开户银行

（4）单击“保存”按钮，再单击“退出”按钮。

业务八 单据编号设置

业务描述

设置为可以手工改动，重号是自动重新取号，其他采用默认选项。

操作步骤

（1）单击“基础设置”/“单据设置”/“单据编号设置”命令，进入“单据编号设置”对话框。

（2）单击左侧“单据类型”窗口中的“销售管理”/“销售专用发票”命令，打开“单据编号设置——[销售专用发票]”对话框。

（3）在“单据编号设置——[销售专用发票]”对话框中，单击“修改”按钮，选中“手工改动，重号时自动重取”，如图7-13所示。

（4）单击“保存”按钮，保存设置。

（5）以此方法，设置对应收款系统“其他应收单”“收款单”，编号允许手工修改。

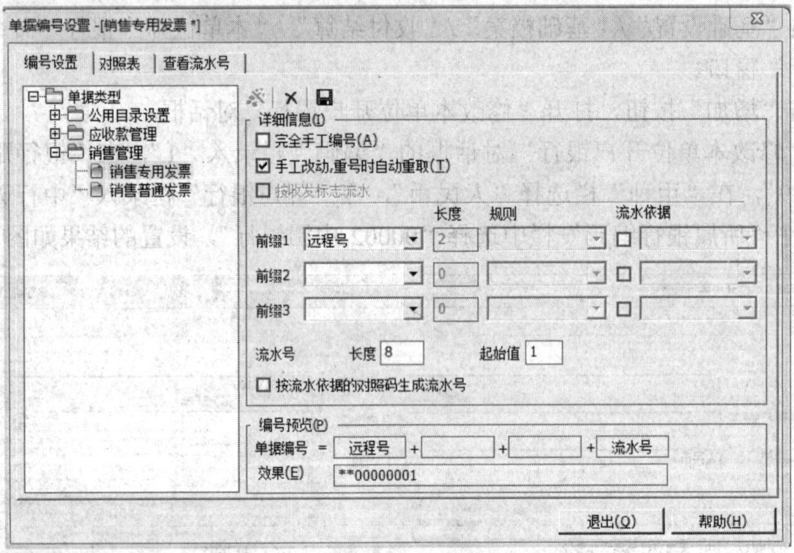

图7-13 修改单据编号设置

业务九 设置期初余额

业务描述

存货税税率均为17%，开票日期都在2016年10月，数据如表7-4所示。

表7-4 期初余额

单据名称	客户名称	摘要	科目	不含税单价（元）	价税合计（元）
销售专用发票	日升公司	16日，销售一科销售甲产品3件。票号00007	1122	2 000	7 020

续表

单据名称	客户名称	摘　　要	科　目	不含税单价（元）	价税合计（元）
销售专用发票	永兴公司	22日，销售一科销售甲产品3件。票号00008	1122	2 000	7 020
销售专用发票	上极公司	26日，销售一科销售乙产品2件，票号00009	1121	500	1 170
其他应收单	永兴公司	26日，销售一科，运费。票号001	1122		500
预收款单（银行汇票）	宏伟公司	30日，销售二科。票号111	2203		25 000

操作步骤

1. 录入销售专用发票

（1）在应收款管理系统中，单击“设置”/“期初余额”命令，进入“期初余额——查询”窗口。

（2）单击“确定”按钮，进入“期初余额明细表”窗口。

（3）单击“增加”按钮，打开“单据类别”对话框，如图7-14所示。

（4）选择单据名称为“销售发票”，单据类型为“销售专用发票”，然后单击“确定”按钮，进入“销售专用发票”窗口。

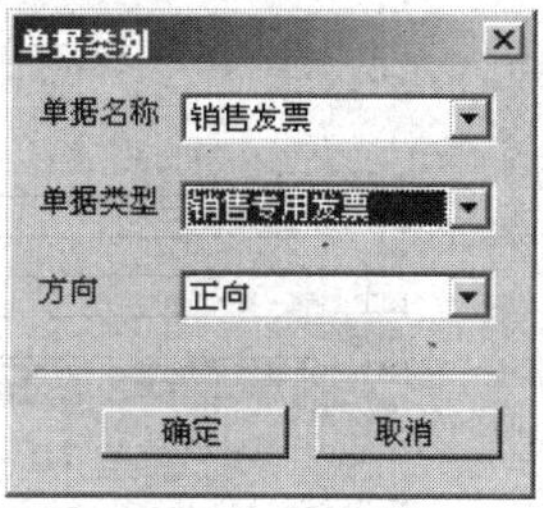

图7-14　单据类别

（5）单击“增加”按钮，生成一张新发票，修改开票日期为“2016-10-16”，录入发票号“00007”，在“客户名称”栏录入“01”，或单击“客户名称”栏的参照按钮，选择“日升公司”，系统自动带出客户相关信息；在“税率”栏录入“17.00”，在“科目”栏录入“1122”，或单击“科目”栏参照按钮，选择“1122应收账款”，在“货物编号”栏录入“003”，或单击“货物编号”栏的参照按钮，选择“甲产品”，在“数量”栏录入“3.00”，在“无税单价”栏录入“2 000.00”，录入销售专用发票的结果如图7-15所示。

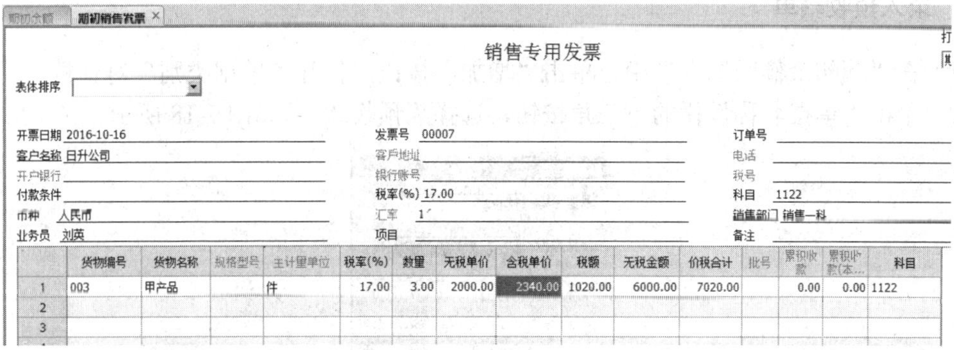

图7-15　录入销售专用发票

（6）单击“保存”按钮。以此方法继续录入第2张和第3张销售专用发票。

2．录入期初其他应收单

（1）在应收款管理系统中，单击“设置”/“期初余额”命令，打开“期初余额——查询”窗口。

（2）单击“确定”按钮，打开“期初余额明细表”窗口。

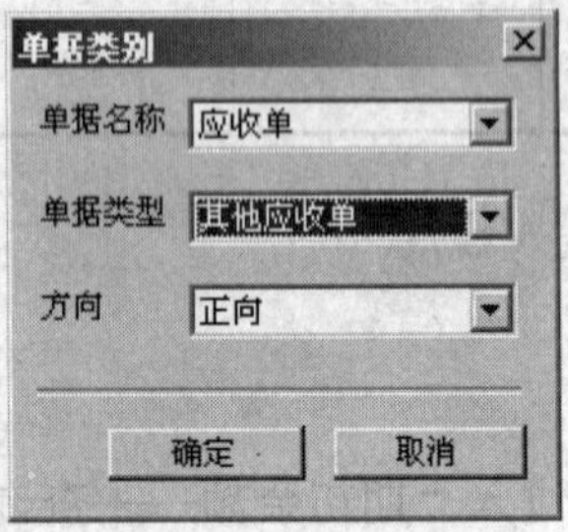

图 7-16　单据类别——应收单

（3）单击“增加”按钮，打开“单据类别”对话框。

（4）单击“单据名称”栏的下三角按钮，选择“应收单”，如图 7-16 所示。

（5）单击“确定”按钮，打开“应收单”窗口。

（6）单击“增加”按钮，增加一张新的应收单，修改单据日期为“2016-12-31”，在“客户”栏录入“04”，或单击“客户”栏的参照按钮，选择“永兴公司”，系统自动带出相关信息，在“本币金额”栏录入“500.00”，在“摘要”栏录入“代垫运费”，录入应收单的结果如图 7-17 所示。

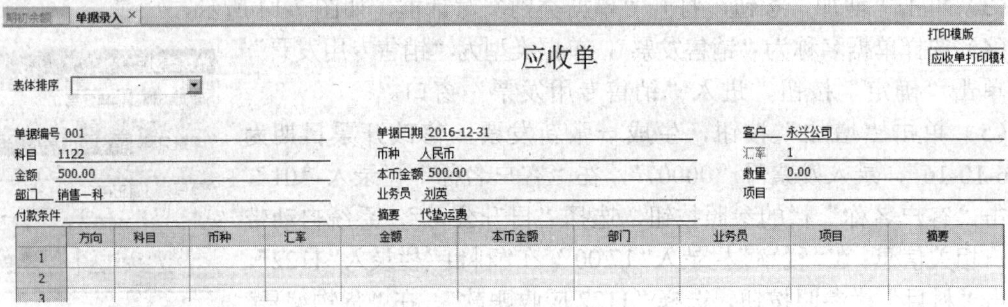

图 7-17　录入应收单

（7）单击“保存”按钮。

3．录入预收款单

（1）在“期初余额明细表”中，单击“增加”按钮，打开“单据类别”对话框。

（2）单击“单据名称”栏的下三角按钮，选择“预收款”，如图 7-18 所示。

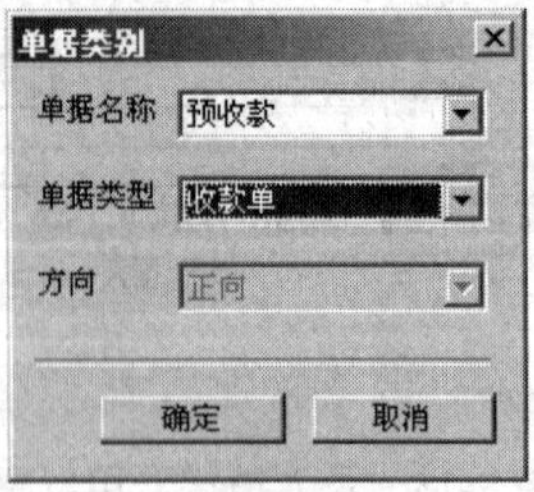

图 7-18　单据类别——预收款

（3）单击“确定”按钮，打开“收款单”窗口。

（4）修改日期为“2016-10-30”，在“客户”栏录入“06”，或单击“客户”栏参照按钮，选择“宏伟公司”，在“结算方式”栏录入“6”，或单击“结算方式”栏的参照按钮，选择“银行汇票”，在“金额”栏录入“25 000.00”，在“摘要”栏录入“预收货款”。在收款单下半部分中的“科目”栏录入“2203”，或单击“科目”栏的参照按钮，选择“2203 预收账款”，录入预收款单的结果如图 7-19 所示。

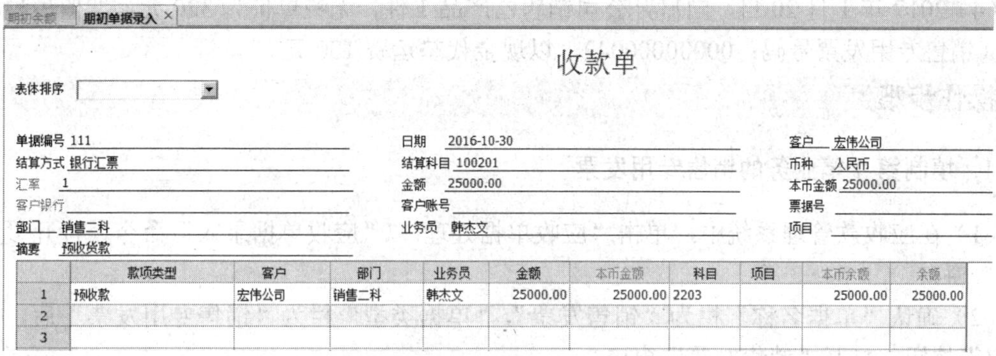

期初余额 | 期初单据录入

收款单

表体排序

单据编号 111　日期 2016-10-30　客户 宏伟公司

结算方式 银行汇票　结算科目 100201　币种 人民币

汇率 1　金额 25000.00　本币金额 25000.00

客户银行　客户账号　票据号

部门 销售二科　业务员 韩杰文　项目

摘要 预收货款

	款项类型	客户	部门	业务员	金额	本币金额	科目	项目	本币余额	余额
1	预收款	宏伟公司	销售二科	韩杰文	25000.00	25000.00	2203		25000.00	25000.00
2										
3										

图 7-19　录入预收款单

（5）单击“保存”按钮。

4．应收款系统与总账系统对账

（1）在“期初余额明细表”窗口中，单击“对账”按钮，打开“期初对账”窗口，如图 7-20 所示。

期初余额 | 期初对账

科目		应收期初		总账期初		差额	
编号	名称	原币	本币	原币	本币	原币	本币
1121	应收票据	0.00	0.00	1,170.00	1,170.00	-1,170.00	-1,170.00
1122	应收账款	15,710.00	15,710.00	14,540.00	14,540.00	1,170.00	1,170.00
2203	预收账款	-25,000.00	25,000.00	-25,000.00	-25,000.00	0.00	0.00
	合计		-9,290.00		-9,290.00		0.00

图 7-20　期初对账

（2）检查对账是否平衡，单击“退出”按钮。

任务二　单据处理

业务一　填制销售专用发票和应收单

业务描述

（1）2017 年 1 月 19 日，向日升公司销售甲产品 2 件，无税单价为 2 000 元，增值税税率为 17%（销售专用发票号码：0000000001）。

（2）2017 年 1 月 19 日，向宏伟公司销售甲产品 5 件，无税单价为 2 080 元，增值税税率为 17%（销售专用发票号码：0000000002）。

（3）2017 年 1 月 20 日，向上海天立公司销售乙产品 2 件，无税单价为 312 元，增值税税率为 17%（销售专用发票号码：0000000003）。以转账支票代垫运费 100 元。

（4）2017 年 1 月 20 日，向日升公司销售乙产品 1 件，无税单价为 320 元，增值税税率为 17%（销售专用发票号码：0000000004）。以现金代垫运费 100 元。

操作步骤

1. 填制第 1 笔业务的销售专用发票

（1）在应收款管理系统中，单击“应收单据处理”/“应收单据录入”命令，打开“单据类别”窗口。

（2）确认“单据名称”栏为“销售发票”，“单据类型”栏为“销售专用发票”后，单击“确定”按钮，打开“销售发票”窗口。

（3）单击“增加”按钮，生成一张新的销售发票，修改开票日期为“2017-01-19”，录入发票号“0000000001”。

（4）录入“销售类型”时需要添加销售类型，添加方法：

单击“销售类型”后的按钮，打开“销售类型基本参照”窗口；单击“编辑”按钮，打开“销售类型”窗口；单击“增加”按钮增加一条记录，“销售类型编码”输入“01”，“销售类型名称”输入“经销”；再单击“出库类别”后面的按钮，打开“收发类别档案基本参照”窗口，单击“编辑”按钮，打开“收发类别”窗口，单击“增加”按钮，在“收发类别编码”中输入“1”，在“收发类别名称”中输入“正常出库”，“收发标志”选择“发”，单击“保存”按钮，返回。

（5）继续在“客户简称”栏录入“01”，或单击“客户简称”栏的参照按钮，选择“日升公司”，在“存货编码”栏录入“003”，或单击“存货名称”栏的参照按钮，选择“甲产品”，在“数量”栏录入“2.00”，在“无税单价”栏录入“2 000.00”，填制第 1 笔业务的销售专用发票如图 7-21 所示。

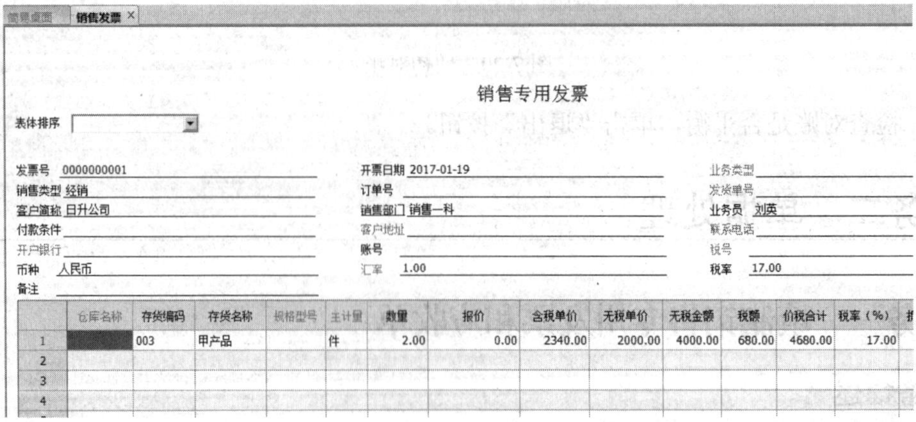

图 7-21 填制第 1 笔业务的销售专用发票

（6）单击“保存”按钮。

2. 填制第 2 笔业务的销售专用发票

再单击“增加”按钮，按第 1 笔业务销售专用发票的录入方法录入第 2 笔业务的销售专用发票，如图 7-22 所示。

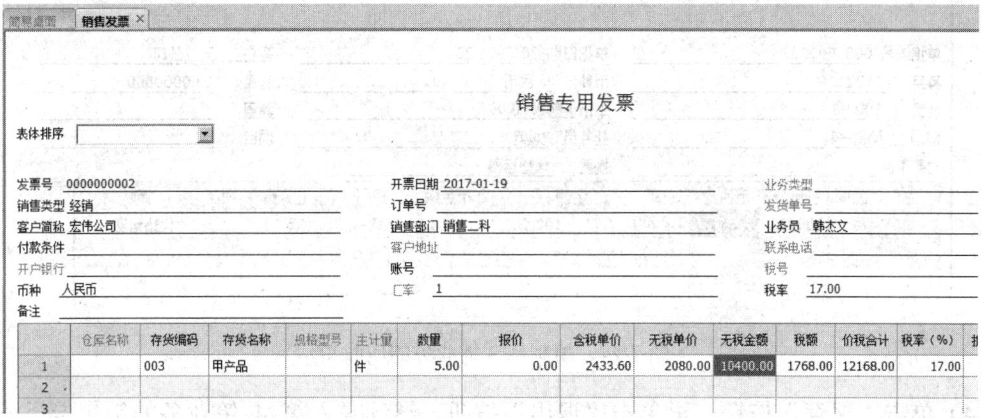

简易桌面 销售发票

销售专用发票

表体排序

发票号 0000000002
开票日期 2017-01-19
业务类型
销售类型 经销
订单号
发货单号
客户简称 宏伟公司
销售部门 销售二科
业务员 韩杰文
付款条件
客户地址
联系电话
开户银行
账号
税号
币种 人民币
汇率 1
税率 17.00
备注

	仓库名称	存货编码	存货名称	规格型号	主计量	数量	报价	含税单价	无税单价	无税金额	税额	价税合计	税率（%）
1		003	甲产品		件	5.00	0.00	2433.60	2080.00	10400.00	1768.00	12168.00	17.00
2													
3													

图 7-22　填制第 2 笔业务的销售专用发票

3. 填制第 3 笔业务的销售专用发票和应收单

（1）按上述录入方法录入第 3 笔业务的销售专用发票，如图 7-23 所示。

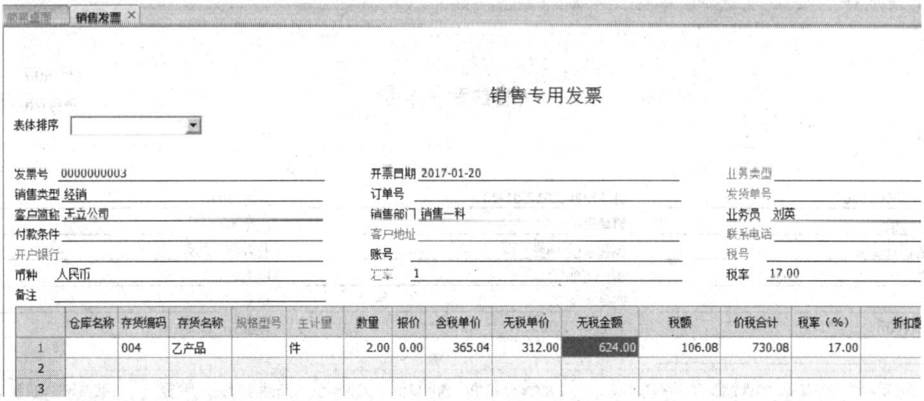

简易桌面 销售发票

销售专用发票

表体排序

发票号 0000000003
开票日期 2017-01-20
业务类型
销售类型 经销
订单号
发货单号
客户简称 天立公司
销售部门 销售一科
业务员 刘英
付款条件
客户地址
联系电话
开户银行
账号
税号
币种 人民币
汇率 1
税率 17.00
备注

	仓库名称	存货编码	存货名称	规格型号	主计量	数量	报价	含税单价	无税单价	无税金额	税额	价税合计	税率（%）	折扣额
1		004	乙产品		件	2.00	0.00	365.04	312.00	624.00	106.08	730.08	17.00	
2														
3														

图 7-23　填制第 3 笔业务的销售专用发票

（2）在“应收款管理系统”中，单击“应收单据处理”/“应收单据录入”命令，打开“单据类别”窗口。单击“单据名称”栏的下三角按钮，选择“应收单”。单击“确定”按钮，打开“应收单”窗口。

（3）修改单据日期为“2017-01-20”，在“客户”栏录入“03”，或单击“客户”栏的参照按钮，选择“天立公司”，在“本币金额”栏录入“100.00”，在“摘要”栏录入“代垫运费”，在下半部分的“科目”栏录入“100201”，或单击“科目”栏的参照按钮，选择“100201 中行存款”，填制第 3 笔业务的应收单如图 7-24 所示。

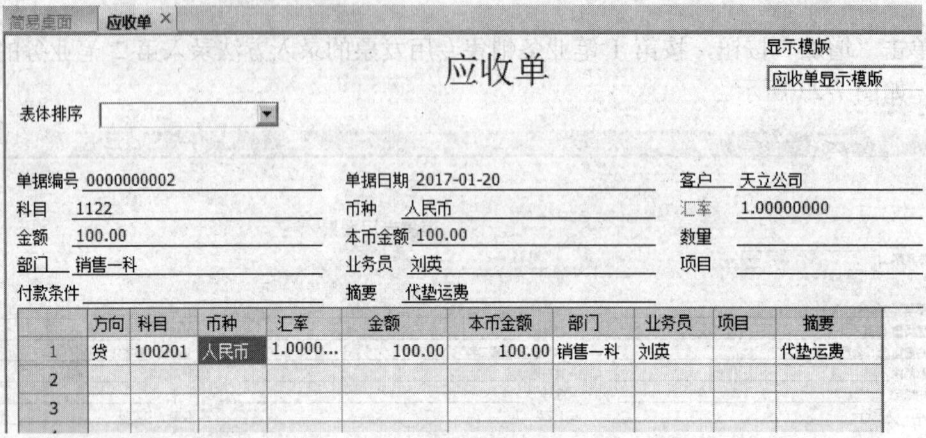
简易桌面 应收单

应收单

显示模版 应收单显示模版

表体排序

单据编号 0000000002　单据日期 2017-01-20　客户 天立公司

科目 1122　币种 人民币　汇率 1.00000000

金额 100.00　本币金额 100.00　数量

部门 销售一科　业务员 刘英　项目

付款条件　摘要 代垫运费

	方向	科目	币种	汇率	金额	本币金额	部门	业务员	项目	摘要
1	贷	100201	人民币	1.0000...	100.00	100.00	销售一科	刘英		代垫运费
2										
3										

图 7-24　填制第 3 笔业务的应收单

（4）单击“保存”按钮，再单击“退出”按钮。继续录入第 4 笔业务的销售专用发票及应收单。

4．填制第 4 笔业务的销售专用发票和应收单

按上述录入方法录入第 4 笔业务的销售专用发票和应收单，如图 7-25、图 7-26 所示。

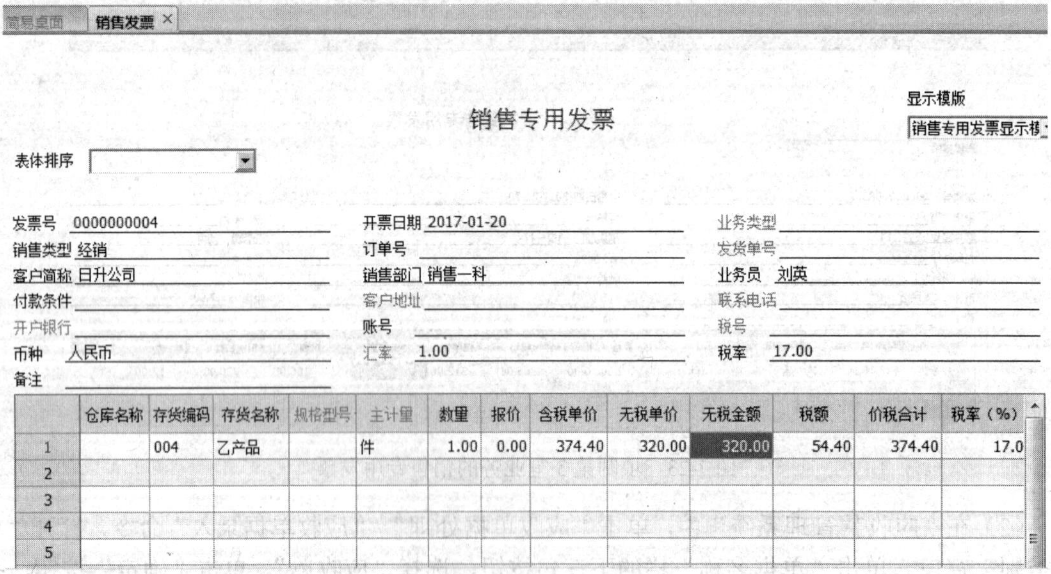
简易桌面 销售发票

销售专用发票

显示模版 销售专用发票显示模

表体排序

发票号 0000000004　开票日期 2017-01-20　业务类型

销售类型 经销　订单号　发货单号

客户简称 日升公司　销售部门 销售一科　业务员 刘英

付款条件　客户地址　联系电话

开户银行　账号　税号

币种 人民币　汇率 1.00　税率 17.00

备注

	仓库名称	存货编码	存货名称	规格型号	主计量	数量	报价	含税单价	无税单价	无税金额	税额	价税合计	税率（%）
1		004	乙产品		件	1.00	0.00	374.40	320.00	320.00	54.40	374.40	17.0
2													
3													
4													
5													

图 7-25　填制第 4 笔业务的销售专用发票

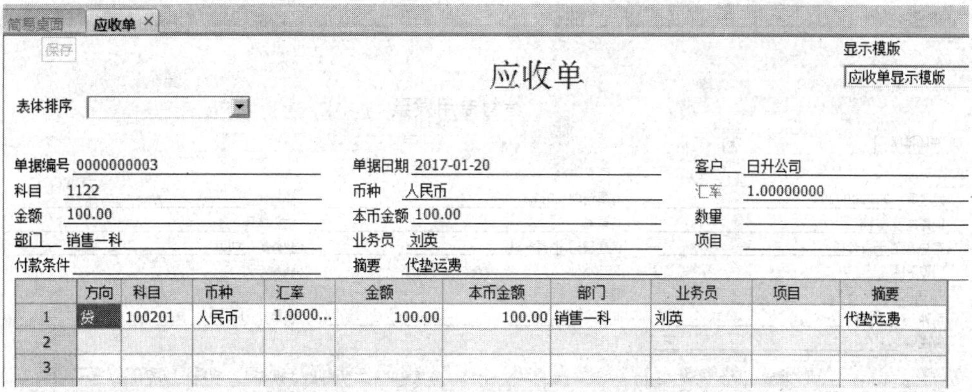

图 7-26 填制第 4 笔业务的应收单

业务二 修改、删除、审核销售专用发票及应收单

业务描述

（1）2017 年 1 月 22 日，发现 2017 年 1 月 20 日所填制的向上海天立公司销售乙产品 2 件，无税单价为 312 元，增值税税率为 17%的“0000000003”号销售专用发票中的“无税单价”为“310 元”。

（2）2017 年 1 月 22 日，发现 2017 年 1 月 19 日，向日升公司销售甲产品 2 件，无税单价为 2 000 元，增值税税率为 17%的“0000000001”号销售专用发票填制错误，应删除。

（3）审核应收单据。

操作步骤

1. 修改销售专用发票

（1）在应收款管理系统中，单击“应收单据处理”/“应收单据录入”命令，打开“单据类别”窗口。

（2）单击“确定”按钮，打开“销售专用发票”窗口。

（3）单击“上张”“下张”按钮，找到“0000000003”号销售专用发票。

（4）单击“修改”按钮，将无税单价修改为“310.00”，如图 7-27 所示。

（5）单击“保存”按钮，再单击“关闭”按钮退出。

2. 删除销售专用发票

（1）在应收款管理系统中，单击“应收单据处理”/“应收单据录入”命令，打开“单据类别”窗口。

（2）单击“确定”按钮，打开“销售专用发票”窗口。

（3）单击“上张”“下张”按钮，找到“0000000001”号销售专用发票。

（4）单击“删除”按钮，系统提示“单据删除后不能恢复，是否继续？”，如图 7-28 所示。

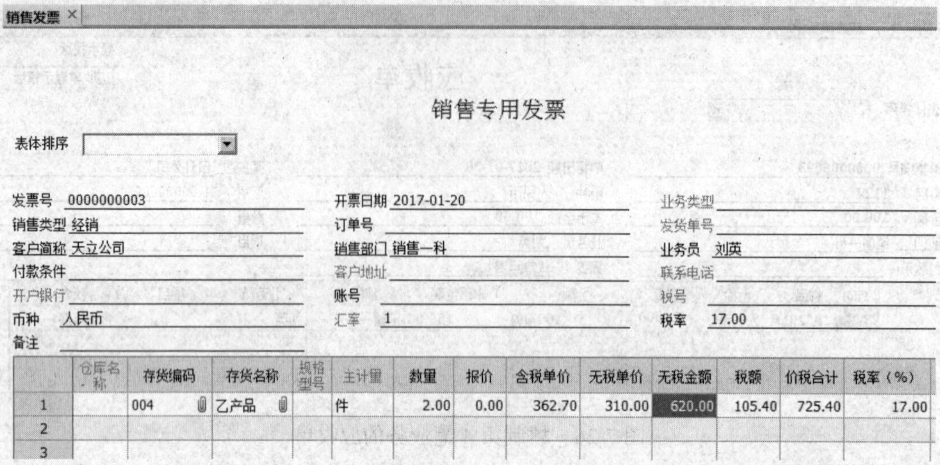

销售发票 ×

销售专用发票

表体排序

发票号 0000000003　开票日期 2017-01-20　业务类型

销售类型 经销　订单号　发货单号

客户简称 天立公司　销售部门 销售一科　业务员 刘英

付款条件　客户地址　联系电话

开户银行　账号　税号

币种 人民币　汇率 1　税率 17.00

备注

	仓库名称	存货编码	存货名称	规格型号	主计量	数量	报价	含税单价	无税单价	无税金额	税额	价税合计	税率（%）
1		004	乙产品		件	2.00	0.00	362.70	310.00	620.00	105.40	725.40	17.00
2													
3													

图 7-27　修改销售专用发票

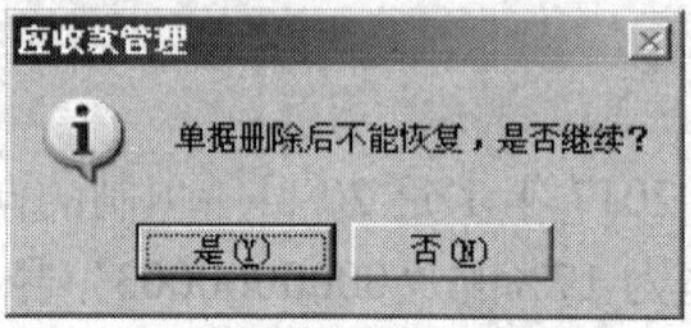

图 7-28　单据删除提示

（5）单击“是”按钮删除，再单击“关闭”按钮退出。

3．审核应收单据

（1）在应收款管理系统中，单击“应收单据处理”/“应收单据审核”命令，打开“单据过滤条件”窗口。

（2）单击“确定”按钮，打开“应收单据列表”窗口。

（3）在“应收单据列表”窗口中，单击“全选”按钮，如图 7-29 所示。

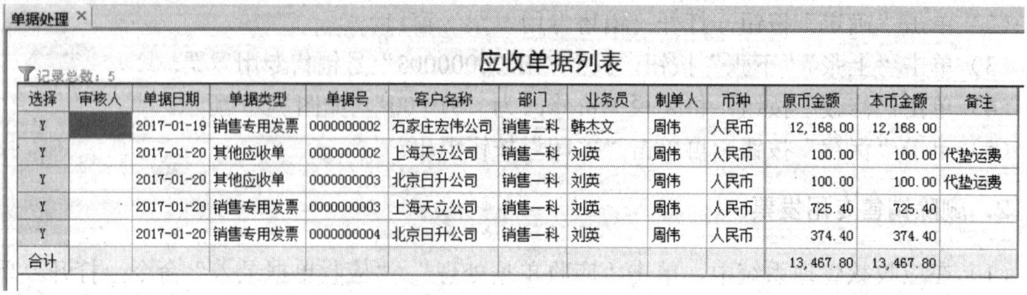

单据处理 ×

应收单据列表

记录总数：5

选择	审核人	单据日期	单据类型	单据号	客户名称	部门	业务员	制单人	币种	原币金额	本币金额	备注
Y		2017-01-19	销售专用发票	0000000002	石家庄宏伟公司	销售二科	韩杰文	周伟	人民币	12,168.00	12,168.00	
Y		2017-01-20	其他应收单	0000000002	上海天立公司	销售一科	刘英	周伟	人民币	100.00	100.00	代垫运费
Y		2017-01-20	其他应收单	0000000003	北京日升公司	销售一科	刘英	周伟	人民币	100.00	100.00	代垫运费
Y		2017-01-20	销售专用发票	0000000003	上海天立公司	销售一科	刘英	周伟	人民币	725.40	725.40	
Y		2017-01-20	销售专用发票	0000000004	北京日升公司	销售一科	刘英	周伟	人民币	374.40	374.40	
合计										13,467.80	13,467.80	

图 7-29　应收单据列表

（4）单击“审核”按钮，系统提示信息如图 7-30 所示。

（5）单击“确定”按钮，再单击“关闭”按钮退出。

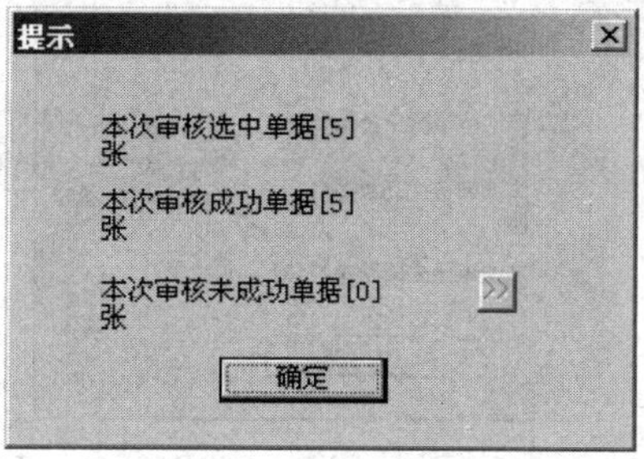

图 7-30 审核单据提示

业务三 填制收款单并审核

业务描述

2017 年 1 月 26 日，收到银行通知，收到上海天立公司以信汇方式支付购买乙产品 2 件，货税款及代垫运费款 825.4 元。

操作步骤

（1）在“应收款管理系统”中，单击“收款单据处理”/“收款单据录入”命令，打开“收款单”窗口。

（2）单击“增加”按钮。修改开票日期为“2017-01-26”，在“客户”栏录入“03”，或单击“客户”栏的参照按钮，选择“天立公司”，在“结算方式”栏录入“4”，或单击“结算方式”栏的下三角按钮，选择“信汇”，在“金额”栏录入“825.40”，在“摘要”栏录入“收到货款及运费”，填制收款单如图 7-31 所示。

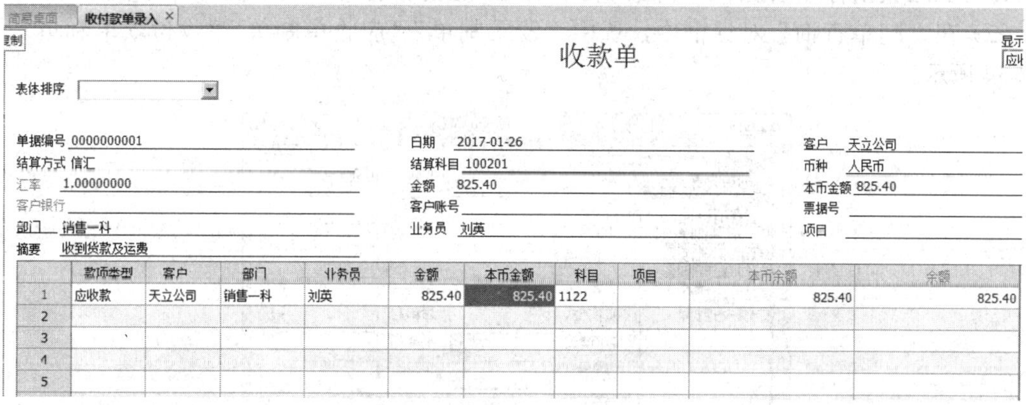

图 7-31 填制收款单

（3）单击“保存”按钮。

（4）单击“收款单据处理”/“收款单据审核”命令，审核这张收款单，审核提示如图 7-32 所示，审核收款单如图 7-33 所示。

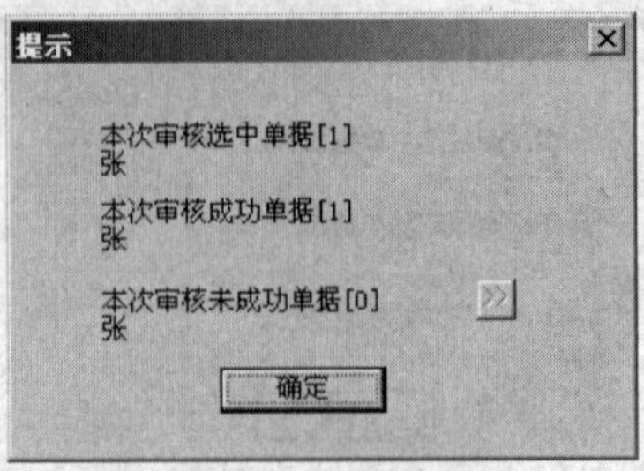

图 7-32　审核提示

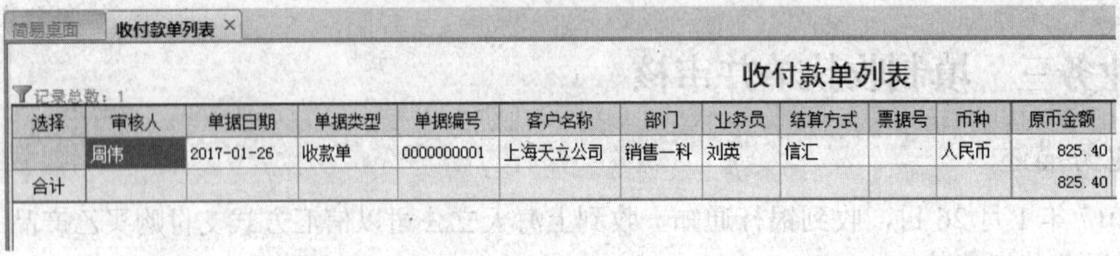

收付款单列表

选择	审核人	单据日期	单据类型	单据编号	客户名称	部门	业务员	结算方式	票据号	币种	原币金额
	周伟	2017-01-26	收款单	0000000001	上海天立公司	销售一科	刘英	信汇		人民币	825.40
合计											825.40

图 7-33　审核收款单

业务四　制单（生成凭证）

业务描述

依据前面填写的销售发票、代垫运杂费的应收单和收款单生成记账凭证。

操作步骤

（1）在应收款管理系统中，单击“制单处理”命令，打开“制单查询”对话框。

（2）在“制单查询”对话框中，选中“发票制单”“应收单制单”“收付款单制单”，如图 7-34 所示。

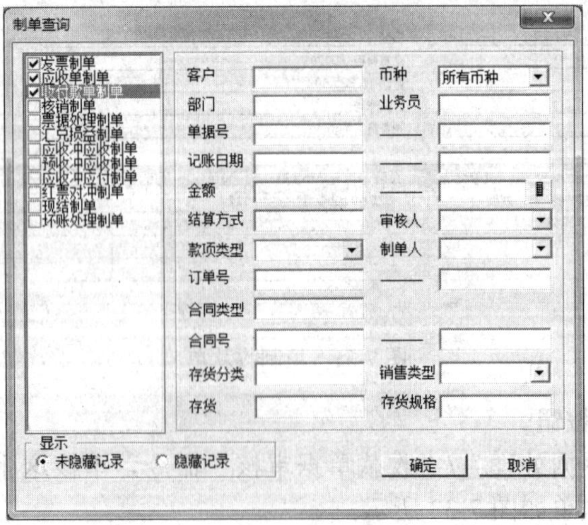

图 7-34　制单查询

（3）单击“确定”按钮，进入“应收制单”窗口。

（4）单击“全选”按钮，单击“凭证类别”栏的下三角按钮，选择“转账凭证”，如图 7-35 所示。

制单 ×

应收制单

凭证类别 转账凭证　　制单日期 2017-01-26

选择标志	凭证类别	单据类型	单据号	日期	客户编码	客户名称	部门	业务员	金额
1	转账凭证	销售专用发票	0000000004	2017-01-20	01	北京日升公司	销售一科	刘英	374.40
2	转账凭证	销售专用发票	0000000003	2017-01-20	03	上海天立公司	销售一科	刘英	725.40
3	转账凭证	其他应收单	0000000003	2017-01-20	01	北京日升公司	销售一科	刘英	100.00
4	转账凭证	销售专用发票	0000000002	2017-01-20	06	石家庄宏伟公司	销售二科	韩杰文	12,168.00
5	转账凭证	其他应收单	0000000002	2017-01-20	03	上海天立公司	销售一科	刘英	100.00
6	转账凭证	收款单	0000000001	2017-01-26	03	上海天立公司	销售一科	刘英	825.40

图 7-35　制单选择

（5）单击“制单”按钮，生成第 1 张凭证，如图 7-36 所示。

（6）单击“保存”按钮。

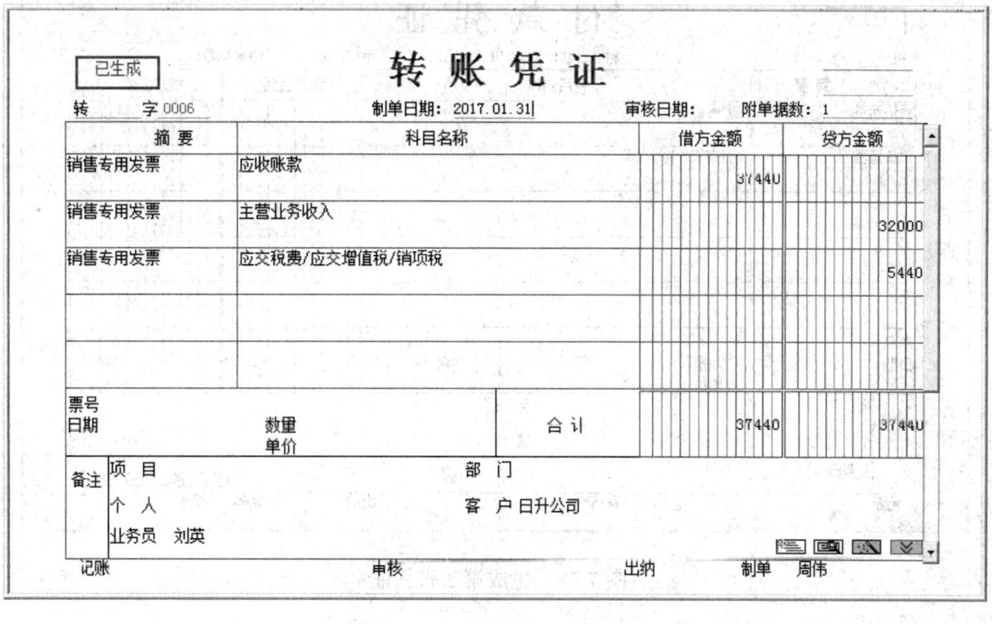
已生成

转 账 凭 证

转　字 0006　　制单日期：2017.01.31　　审核日期：　　附单据数：1

摘 要	科目名称	借方金额	贷方金额
销售专用发票	应收账款	37440	
销售专用发票	主营业务收入		32000
销售专用发票	应交税费/应交增值税/销项税		5440
票号 日期　数量 单价	合 计	37440	37440

备注　项 目　　部 门
个 人　　客 户 日升公司
业务员 刘英

记账　　审核　　出纳　　制单 周伟

图 7-36　生成第 1 张凭证

（7）单击“下张”按钮，再单击“保存”按钮，生成第 2 张凭证，如图 7-37 所示。

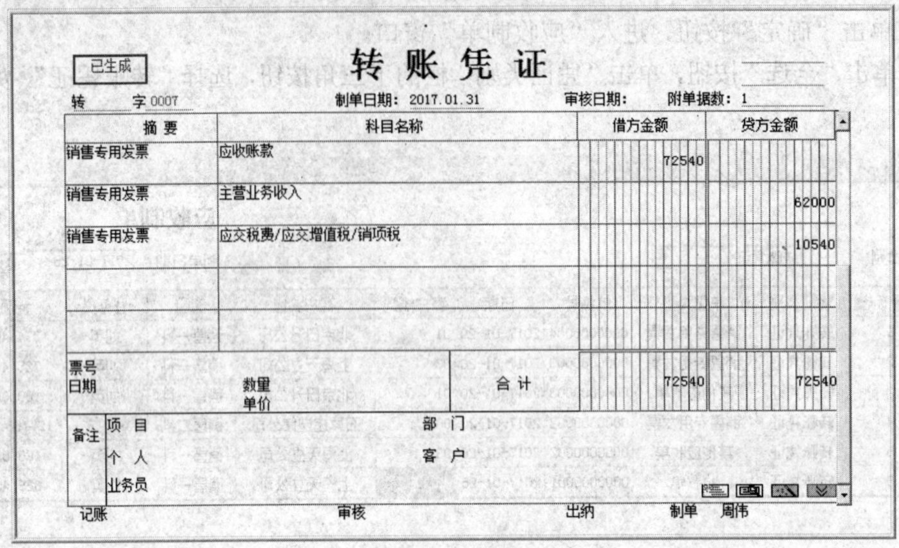

已生成

转账凭证

转 字 0007 制单日期：2017.01.31 审核日期： 附单据数：1

摘要	科目名称	借方金额	贷方金额
销售专用发票	应收账款	72540	
销售专用发票	主营业务收入		62000
销售专用发票	应交税费/应交增值税/销项税		10540
票号 日期	数量 单价 合计	72540	72540

备注 项目 部门 个人 客户 业务员

记账 审核 出纳 制单 周伟

图 7-37　生成第 2 张凭证

（8）依照此方法生成其他凭证，如图 7-38、图 7-39、图 7-40、图 7-41 所示。

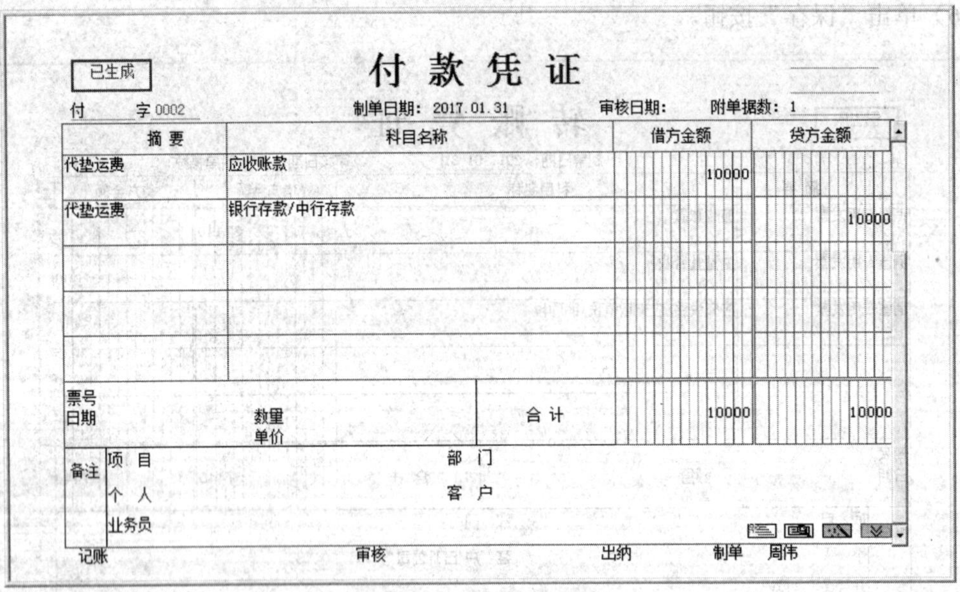

已生成

付款凭证

付 字 0002 制单日期：2017.01.31 审核日期： 附单据数：1

摘要	科目名称	借方金额	贷方金额
代垫运费	应收账款	10000	
代垫运费	银行存款/中行存款		10000
票号 日期	数量 单价 合计	10000	10000

备注 项目 部门 个人 客户 业务员

记账 审核 出纳 制单 周伟

图 7-38　生成第 3 张凭证

已生成

转 账 凭 证

转 字 0008　　制单日期：2017.01.31　　审核日期：　　附单据数：1

摘 要	科目名称	借方金额	贷方金额
销售专用发票	应收账款	1216800	
销售专用发票	主营业务收入		1040000
销售专用发票	应交税费/应交增值税/销项税		176800
票号 日期	数量 单价 合 计	1216800	1216800

备注　项 目　　部 门
　　　个 人　　客 户
　　　业务员

记账　　审核　　出纳　　制单 周伟

图 7-39　生成第 4 张凭证

已生成

付 款 凭 证

付 字 0003　　制单日期：2017.01.31　　审核日期：　　附单据数：1

摘 要	科目名称	借方金额	贷方金额
代垫运费	应收账款	10000	
代垫运费	银行存款/中行存款		10000
票号 日期	数量 单价 合 计	10000	10000

备注　项 目　　部 门
　　　个 人　　客 户
　　　业务员

记账　　审核　　出纳　　制单 周伟

图 7-40　生成第 5 张凭证

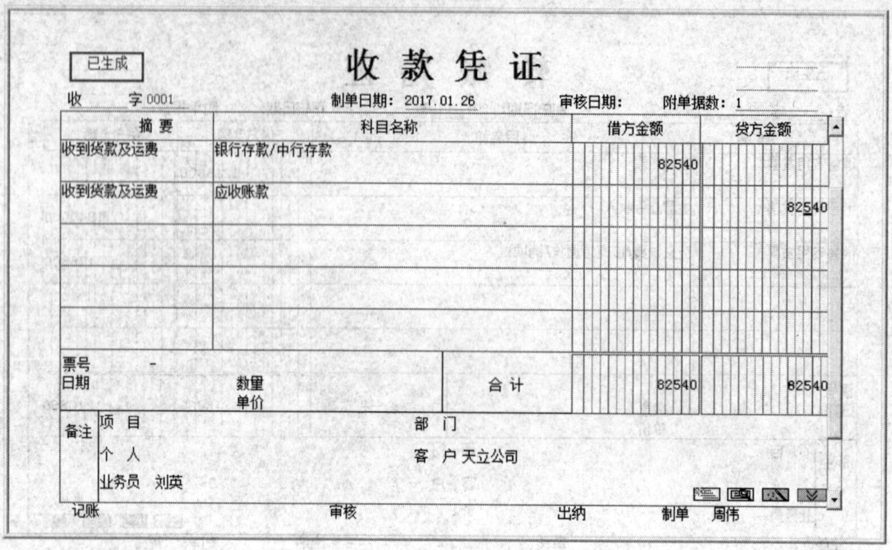

图 7-41 生成第 6 张凭证

（9）单击“关闭”按钮，返回“制单选择”窗口，可以发现 6 条记录不见了。

任务三 转账处理、坏账处理

业务一 转账（应收冲应收）业务

业务描述

2017 年 1 月 30 日，经三方同意将 1 月 20 日形成的应向“北京日升公司”收取的货税款及代垫费用款 474.4 元转为向“永兴公司”的应收账款。

操作步骤

（1）在“应收款管理系统”中，单击“转账”/“应收冲应收”命令，打开“应收冲应收”窗口。

（2）在“客户”栏录入“01”，或单击“客户”栏的参照按钮，选择“北京日升公司”，再在“转入客户”栏录入“04”，或单击“转入客户”栏参照按钮，选择“上海永兴公司”。

（3）单击“查询”按钮。在第 1 行“并账金额”栏录入“374.40”，再在第 3 行“并账金额”栏录入“100.00”，共计 474.40 元，应收冲应收如图 7-42 所示。

（4）单击“保存”按钮，出现“是否立即制单”提示，单击“是”按钮，生成应收冲应收凭证，如图 7-43 所示。

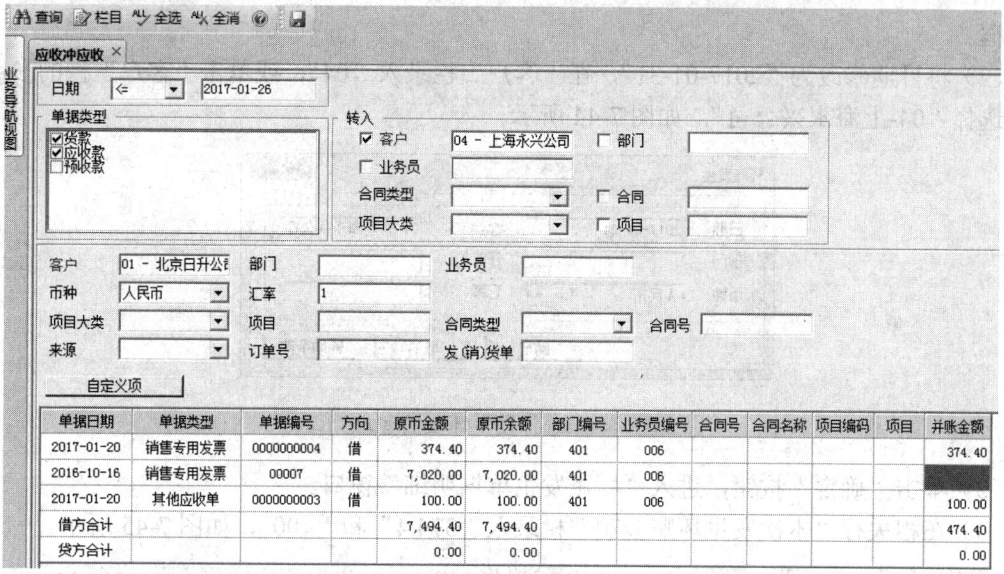

图 7-42 应收冲应收

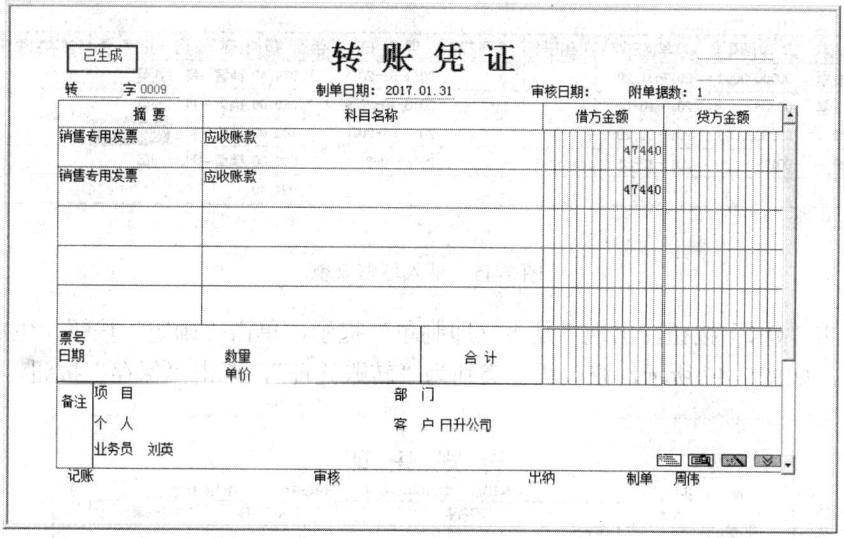

图 7-43 应收冲应收凭证

业务二 坏账处理业务

业务描述

2017 年 1 月 31 日，将 1 月 20 日形成的应向永兴公司收取的应收账款 474.4 元（刚转入的），其中包括货款 374.4 元，代垫运费 100 元转为坏账。

操作步骤

（1）在“应收款管理系统”中，单击“坏账处理”/“坏账发生”命令，打开“坏账发生”

对话框。

（2）将日期修改为“2017-01-31”，在“客户”栏录入“04”，或单击“客户”栏的参照按钮，选择“04-上海永兴公司”，如图7-44所示。

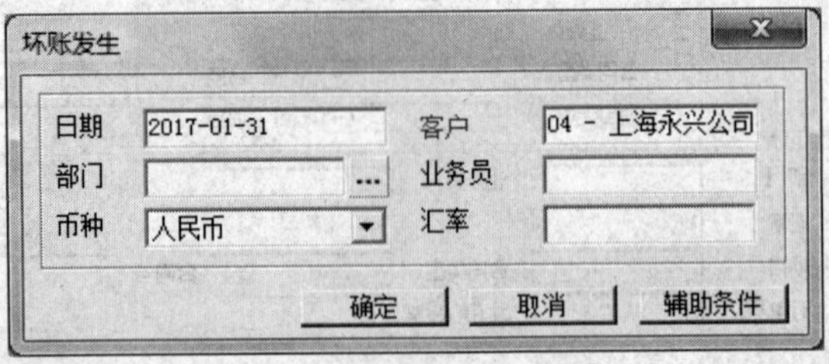

图7-44 选择发生坏账的客户

（3）单击“确定”按钮，进入“坏账发生单据明细”窗口。

（4）在相关行“本次发生坏账金额”栏录入“374.4”和“100”，如图7-45所示。

坏账发生单据明细

单据类型	单据编号	单据日期	合同号	合同名称	到期日	余额	部门	业务员	本次发生坏账金额
销售专用发票	0000000004	2017-01-20			2017-01-20	374.40	销售一科	刘英	374.4
销售专用发票	00008	2016-10-22			2016-10-22	7,020.00	销售一科	刘英	
其他应收单	0000000003	2017-01-20			2017-01-20	100.00	销售一科	刘英	100
其他应收单	001	2016-12-31			2016-12-31	500.00	销售一科	刘英	
合计						7,994.40			474.40

图7-45 录入坏账金额

（5）单击“OK”按钮，出现“是否立即制单”提示，单击“确定”按钮，生成发生坏账的记账凭证，如图7-46所示，修改凭证类别为“转账凭证”，单击“保存”按钮。

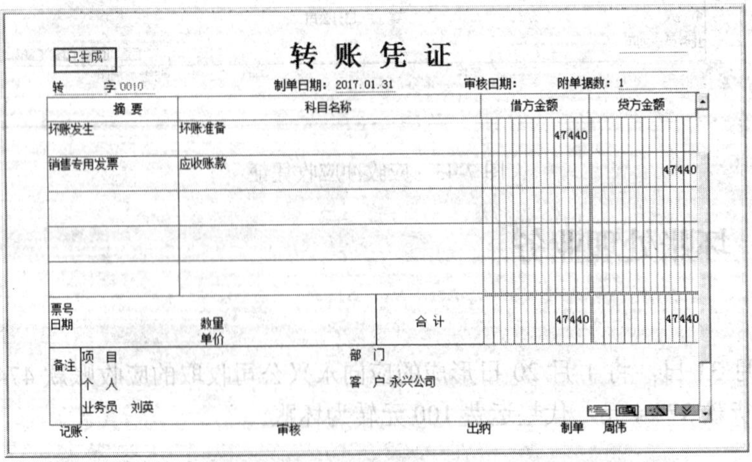

图7-46 生成坏账凭证

（6）关闭“凭证”窗口。

业务三　坏账收回业务

业务描述

2017 年 1 月 31 日，收到银行通知（电汇），收回已作为坏账处理的应向永兴公司收取的应收账款 474.4 元。

操作步骤

1．先填制收款单

（1）在应收款管理系统中，单击“收款单据处理”/“收款单据录入”命令，进入“收款单”窗口，如图 7-47 所示。

收付款单录入

收款单

显示模版：应收收款单显示模版

表体排序

单据编号 0000000002　日期 2017-01-31　客户 永兴公司

结算方式 电汇　结算科目 100201　币种 人民币

汇率 1.00000000　金额 474.40　本币金额 474.40

客户银行　客户账号　票据号

部门 销售一科　业务员 刘英　项目

摘要 已做坏账处理的应收账款又收回

	款项类型	客户	部门	业务员	金额	本币金额	科目	项目	本币余额	余额
1	应收款	永兴公司	销售一科	刘英	474.40	474.40	1122		474.40	474.40
2										
3										
4										

图 7-47　收款单

（2）单击“增加”按钮。在“客户”栏录入“04”，或单击“客户”栏的参照按钮，选择“永兴公司”，在“结算方式”栏录入“5”，或单击“结算方式”栏的参照按钮，选择“电汇”，在“金额”栏录入“474.40”，在“摘要”栏录入“已做坏账处理的应收账款又收回”。

（3）单击“保存”按钮。

（4）单击“关闭”按钮退出。

2．坏账收回处理

（1）在“应收款管理系统”中，单击“坏账处理”/“坏账收回”命令，打开“坏账收回”对话框。

（2）在“客户”栏录入“04”，或单击“客户”栏的参照按钮，选择“永兴公司”，单击“结算单号”栏的参照按钮，选择刚才填制的 474.4 元的收款单。

（3）单击“确定”按钮，系统提示“是否立即制单”信息，单击“是”按钮，生成一张收款凭证，如图 7-48 所示，单击“保存”按钮。

（4）单击“关闭”按钮退出。

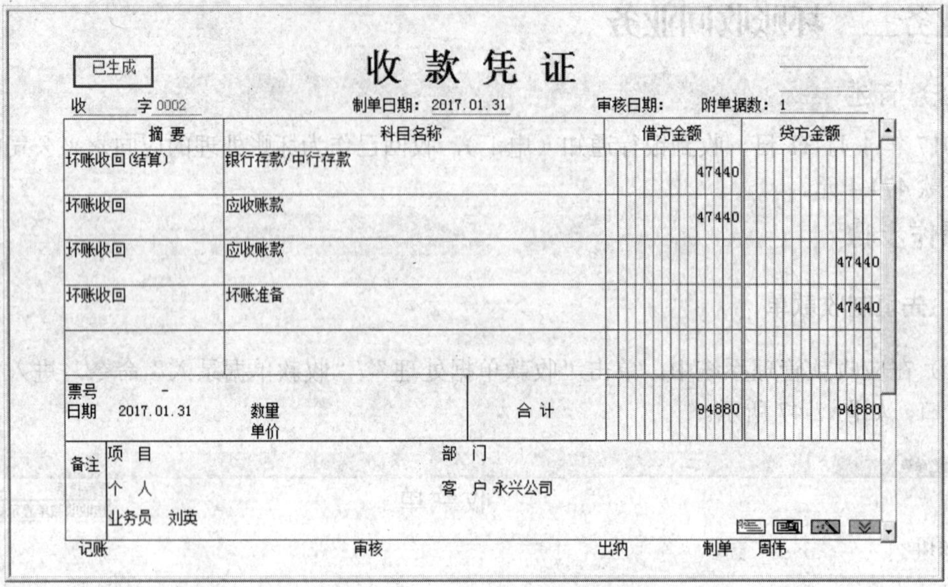

图 7-48　收款凭证

业务四　结账业务

业务描述

结账后不允许更改本月数据。

操作步骤

（1）在“应收款管理系统”中，单击“期末处理”/“月末结账”命令，打开“月末处理”对话框，如图 7-49 所示。

（2）双击一月份“结账标志”栏。

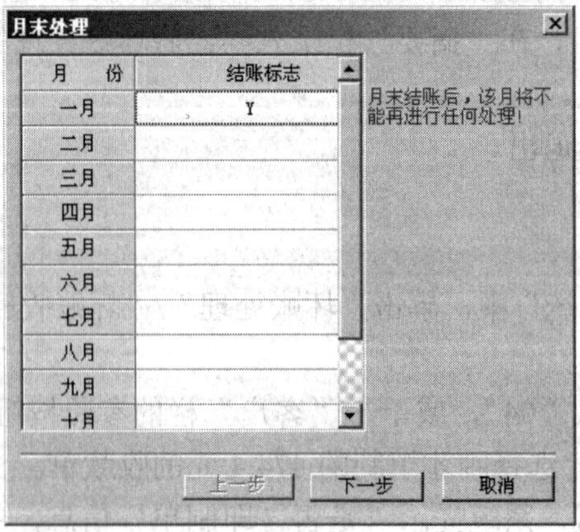

图 7-49　月末处理

(3) 单击“下一步”按钮，出现“月末处理——处理情况”表。

(4) 单击“完成”按钮，系统弹出“1月份结账成功”信息提示框。

(5) 单击“确定”按钮。

模拟实训

应收款管理系统

一、实训目的

通过实训掌握销售与应收款管理系统初始化、日常业务处理及月末处理的操作，理解销售管理、应收款管理、总账系统之间的数据传递关系。

二、实训资料

1. 系统参数

应收款核销方式为“按单据”，单据审核日期依据为“单据日期”，坏账处理方式为“应收余额百分比法”，代垫费用类型为“其他应收单”，应收款核算类型为“详细核算”，受控科目制单依据为“明细到客户”，非受控科目制单方式为“汇总方式”，启用客户权限，并且按信用方式根据单据提前7天自动报警。

如表7-5所示为存货分类。

表7-5 存货分类

分类编码	存货分类名称
01	原料
02	库存商品

如表7-6所示为计量单位。

表7-6 计量单位

计量单位组	计量单位
01 第一组（无换算率）	1 台
	2 吨

如表7-7所示为存货档案。

表7-7 存货档案

存货名称	所属分类	计量单位	税率	存货属性
001 钢材	1	吨	17%	外购、生产耗用
002 电视机	2	台	17%	自制、内销
003 空调机	2	台	17%	自制、内销

2．基本科目

应收科目为“1122 应收账款”，预收科目为“2203 预收账款”，销售收入科目为“6001 主营业务收入”，应交增值税科目为“22210102 应交税费——应交增值税——销项税额”，销售退回科目为“6001 主营业务收入”，银行承兑科目为“1121 应收票据”，商业承兑科目为“1121 应收票据”，现金折扣科目为“6603”，票据利息科目为“6603”，票据费用科目为“6603”，收支费用科目为“6601”。

3．结算方式科目

现金结算方式科目为“1001 库存现金”，转账支票结算方式科目为“100201 人民币户”。

4．坏账准备

提取比率为“0.3%”，坏账准备期初余额为“0”，坏账准备科目为“1231 坏账准备”，坏账准备对方科目为“660206 管理费用——其他”。

5．期初余额

填制其他应收单：应收湖南华信；金额：900 000 元。

6．日常业务

（1）1 月 2 日，销售一部销售给湖南华信电视机 20 台，销售单价 4 200 元；空调机 30 台，销售单价 3 500 元，增值税税率 17%，形成应收款共计 221 130 元。

（2）1 月 13 日，收到湖南华信转账支票一张，还 2013 年欠款 800 000 元。

（3）1 月 15 日，销售给北师大空调 25 台，销售单价为 4 000 元，增值税税率 17%，以现金垫付运费 200 元。

（4）1 月 26 日，收到北师大转账支票金额为 117 000 元。

（5）1 月 30 日，将 2013 年湖南华信剩余货款 100 000 元作为坏账。

（6）1 月 31 日，已作为坏账的湖南华信货款又收回 50 000 元。

7．实训要求

- 销售与应收款系统建账及初始设置；
- 销售业务处理；
- 应收及收款业务处理；
- 销售及应收款系统月末处理。

项目8

应付款管理系统

能力目标

通过学习“应付款管理系统”中的采购发票、其他应付单等单据录入方法，掌握“应付款管理系统”中单据处理、往来款项支付和转账的操作方法。要求能够实现企业与供应商之间业务往来账款的核算管理，并能够了解购销存系统与应付款管理系统的数据传递流程。

任务一　应付款管理系统初始化

业务一　启用应付款管理系统进行初始参数设置

业务描述

启用应付款系统，设置应付款核销方式为“按单据”，单据审核日期依据为“业务日期”，应付款核算类型为“详细核算”，受控科目制单依据为“明细到供应商”，非受控科目制单方式为“汇总方式”；按信用方式根据单据提前 7 天自动报警。

操作步骤

（1）启用“应收款管理”系统（如已启用，请忽略此步）：以“001 周伟”注册登录，打开“基础设置”/“基本信息”/“系统启用”，选择“AP 应付款管理”，并将启用日期设置为“2017-1-1”。

（2）单击“业务工作”/“财务会计”/“应付款管理”/“设置”/“选项”命令，打开“账套参数设置”对话框，如图 8-1 所示。

（3）单击“编辑”命令，在“常规”选项卡中，设置应付款核销方式为“按单据”，单据审核日期依据为“业务日期”，应付款核算类型为“详细核算”。打开“权限与预警”选项卡，选择按照“信用方式”进行单据自动报警，在“提前天数”栏选择提前天数“7”。

（4）单击“确定”按钮，完成设置，更改完成后，需要重新注册才可生效。

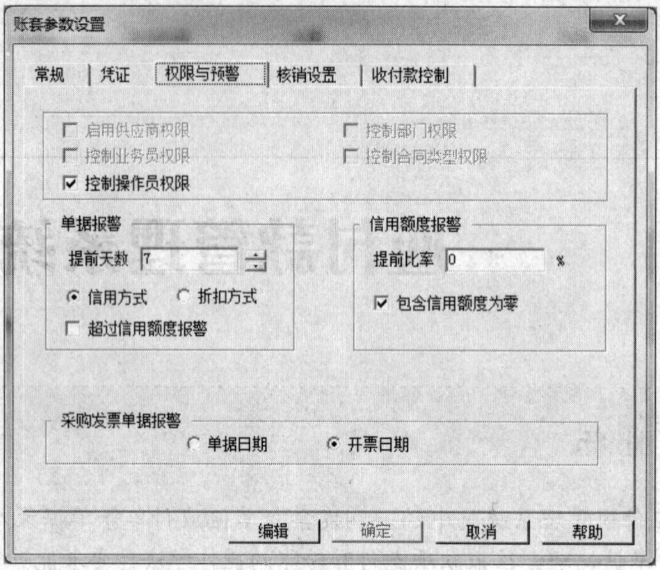

图 8-1　账套参数设置

业务二　设置基本会计科目

业务描述

应付科目为“2202 应付账款”，预付科目为“1123 预付账款”，采购科目为“1401 材料采购”，采购税金科目为“22210101 应交税费——应交增值税——进项税额”，银行承兑科目为“2201 应付票据”，商业承兑科目为“2201 应付票据”，现金折扣科目为“6603”，票据利息科目为“6603”，票据费用科目为“6603”，收支费用科目为“6601”。

操作步骤

（1）单击“业务工作”/“财务会计”/“应付款管理”/“设置”/“初始设置”命令，打开“初始设置”对话框。

（2）单击“设置科目”/“基本科目设置”命令，单击“增加”按钮，增加一行记录，在基础科目种类的下拉列表框中选择“应付科目”，科目处输入“2202”，按回车键。

注意：如果输入“2202”后，弹出“本科目应为受控科目”提示框，则需要将“2202”科目设置为应收系统受控科目。方法是：单击“基础设置”/“基础档案”/“财务”/“会计科目”命令，打开“科目设置”窗口，选择“2202 应付账款”科目，单击“修改”按钮，再单击“修改”按钮，将“受控系统”设置为“应付系统”。

（3）再单击“增加”按钮，增加一行记录，选择“预付科目”，设置为“1123”，以此方法将要求设置的其他科目都设置完毕，如图 8-2 所示。

图 8-2 科目设置

业务三 结算方式科目设置

业务描述

要求设置现金结算方式科目为“1001 库存现金”，现金支票结算方式科目为“100201 中行存款”，转账支票结算方式科目为“100201 中行存款”，银行汇票结算方式科目为“100201 中行存款”，信汇结算方式科目为“100201 中行存款”，电汇结算方式科目为“100201 中行存款”。

操作步骤

（1）单击“业务工作”/“财务会计”/“应付款管理”/“设置”/“初始设置”命令，打开“初始设置”窗口，如图 8-3 所示。

（2）单击“设置科目”/“结算方式科目设置”命令，单击“增加”按钮，增加一条记录，在“结算方式”框中选择“现金”，币种设置为“人民币”，科目设置为“1001”。如此设置所有结算方式。

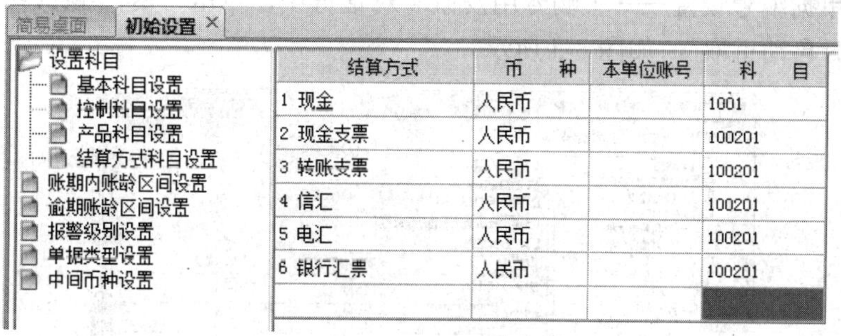

图 8-3 初始设置

业务四 逾期账龄区间设置

业务描述

总天数分别为 30 天、60 天、90 天和 120 天。

操作步骤

（1）在应付款管理系统中，单击“设置”/“初始设置”/“逾期账龄区间设置”命令，打开“逾期账龄区间设置”窗口。

（2）在“总天数”栏录入“30”，回车，再在“总天数”栏录入“60”后回车。以此方法继续录入其他的总天数，如图 8-4 所示。

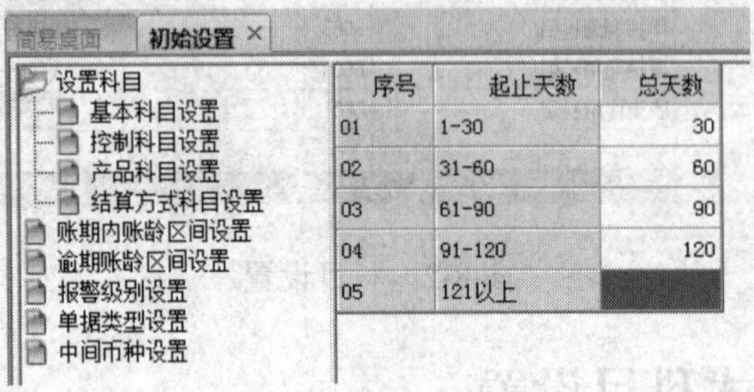

图 8-4　录入“总天数”

业务五　单据编号设置

业务描述

设置为可以手工改动，重号是自动重新取号，其他默认。

操作步骤

（1）单击“基础设置”/“单据设置”/“单据编号设置”命令，进入“单据编号设置”对话框。

（2）单击左侧“单据类型”中的“采购管理”/“采购专用发票”命令，打开“单据编号设置——采购专用发票”对话框。

（3）在“单据编号设置——采购专用发票”对话框中，单击“ ”修改按钮，选中“手工改动，重号时自动重取”，如图 8-5 所示。

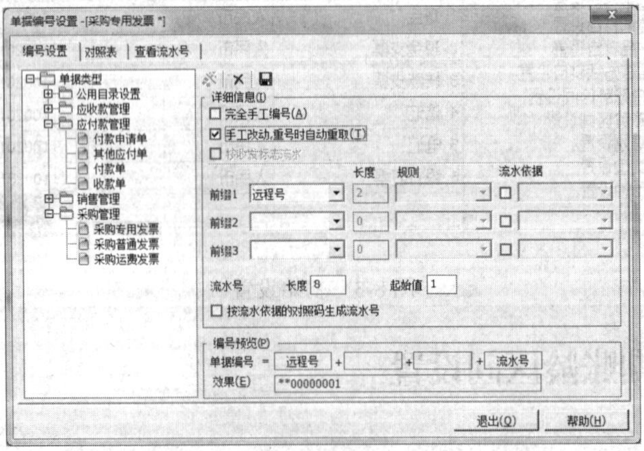

图 8-5　单据编号设置

（4）单击“保存”按钮，保存设置。

（5）以此方法，设置对应付款系统“付款申请单”“其他应付单”“付款单”“收款单”“采购普通发票”“采购运费发票”，编号允许手工修改。

业务六　录入期初采购发票

业务描述

存货税税率均为17%，开票日期均为2016年10月，期初余额如表8-1所示。

表8-1　期初余额

单据名称	客户名称	摘　要	科　目	不含税单价（元）	价税合计（元）
采购专用发票	胜利公司	19日，供应部采购钢材30千克。票号1001	2202	1 100	38 610
采购专用发票	本利公司	22日，供应部采购油漆200桶。票号1002	2202	100	23 400
采购专用发票	红日公司	27日，供应部采购钢材22千克件，票号1003	2201	1 000	25 740

操作步骤

在应付款管理系统中，单击“设置”/“期初余额”命令，打开“期初余额——查询”对话框。

（1）单击“确定”按钮，进入“期初余额明细表”对话框。

（2）单击“增加”按钮，打开“单据类别”对话框，如图8-6所示。

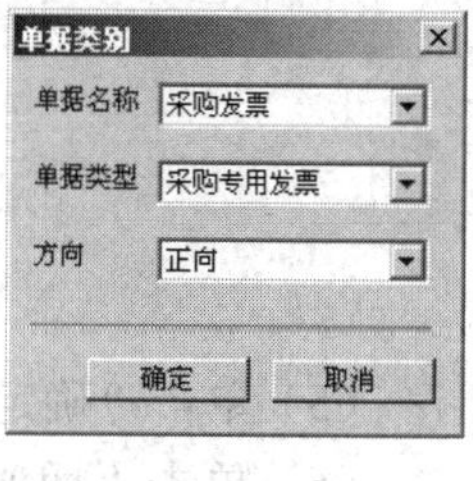

图8-6　单据类别

（3）单击“确定”按钮，打开“采购专用发票”窗口。

（4）单击“增加”按钮，增加一张新的采购发票，修改开票日期为“2016-10-19”，录入发票号“1001”，在“供应商”栏录入“01”，或单击“供应商”栏的参照按钮，选择“胜利公司”，在“存货编码”栏录入“001”，单击“存货名称”栏的参照按钮，选择“钢材”，在“数量”栏录入“30.00”，在“原币单价”栏录入“1 100.00”，录入期初采购发票如图8-7所示。

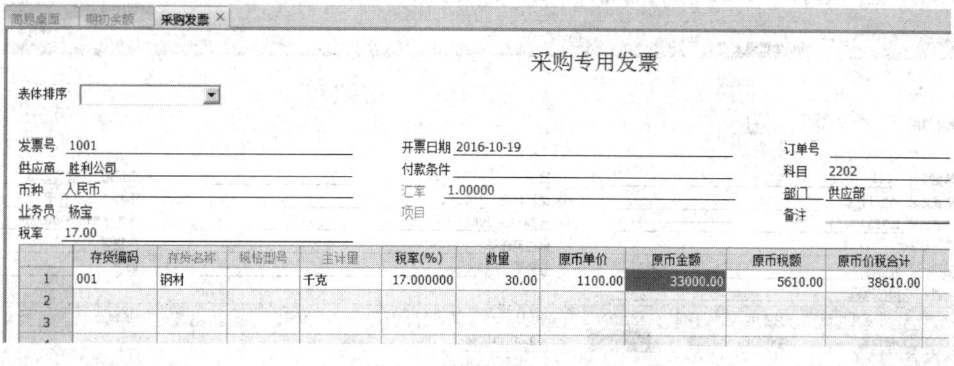

图8-7　录入期初采购发票

（5）单击“保存”按钮。以此方法继续录入第2张和第3张采购专用发票。

业务七　录入预付款单

业务描述

2016 年 10 月 27 日，供应部以转账支票的形式预付胜利公司购货款 20 000 元，票号 111，计入预付账款账户。

操作步骤

（1）在“应付款管理系统”中，单击“设置”/“期初余额”命令，打开“期初余额——查询”对话框。

（2）单击“确定”按钮，进入“期初余额明细表”对话框。

（3）单击“增加”按钮，打开“单据类别”对话框。

（4）单击“单据名称”栏的下三角按钮，选择“预付款”选项，如图 8-8 所示。

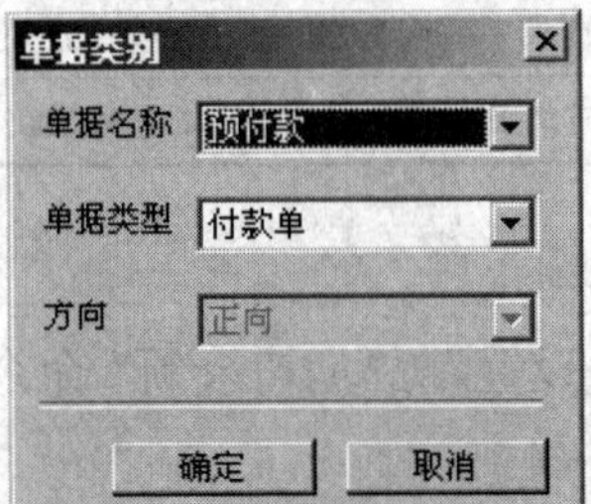

图 8-8　单据类别选择

（5）单击“确定”按钮，进入“付款单”窗口。

（6）单击“增加”按钮，增加新付款单，修改日期为“2016-12-27”，在“供应商”栏录入“01”，或单击“供应商”栏参照按钮，选择“胜利公司”，在“结算方式”栏录入“3”，或单击“结算方式”栏的参照按钮，选择“银行汇票”，在“金额”栏录入“20 000.00”，在“摘要”栏录入“预付货款”。在付款单下半部分中的“科目”栏录入“1123”，或单击“科目”栏的参照按钮，选择“1123 预付账款”，录入预付款单如图 8-9 所示。

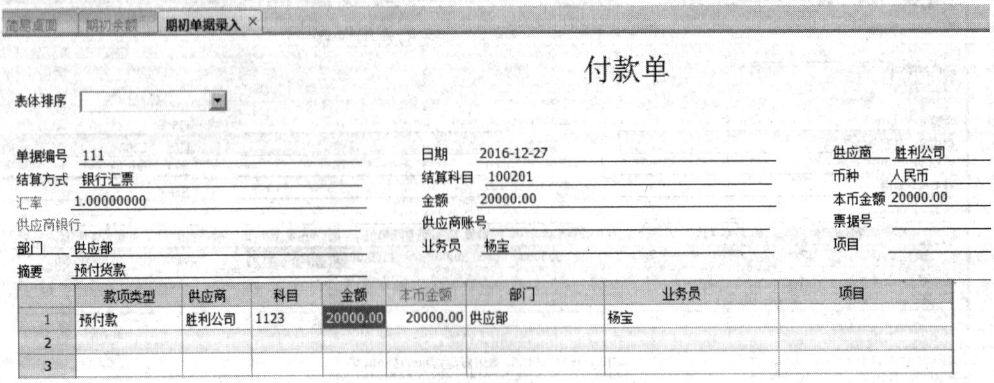

图 8-9　录入预付款单

（7）应付款系统与总账系统对账，在“期初余额明细表”窗口中，单击“对账”按钮，打开“期初对账”窗口，如图 8-10 所示。

简易桌面 期初余额 期初对账

科目		应付期初		总账期初		差额	
编号	名称	原币	本币	原币	本币	原币	本币
1123	预付账款	-20,000.00	-20,000.00	-20,000.00	-20,000.00	0.00	0.00
2201	应付票据	25,740.00	25,740.00	25,740.00	25,740.00	0.00	0.00
2202	应付账款	62,010.00	62,010.00	62,010.00	62,010.00	0.00	0.00
	合计		67,750.00		67,750.00		0.00

图 8-10　期初对账

（8）单击“关闭”按钮退出。

任务二　单据处理

业务一　录入采购专用发票

业务描述

2017 年 1 月 19 日，从北京胜利公司采购钢材 10 千克，原币单价为 1 200 元，增值税税率 17%，采购专用发票号码：0000000001。

操作步骤

（1）在应付款管理系统中，单击“应付单据处理”/“应付单据录入”命令，打开“单据类别”对话框。

（2）单击“确定”按钮，进入“采购专用发票”窗口。

（3）单击“增加”按钮，修改开票日期为“2017-01-19”，录入发票号“0000000001”，在“供应商”栏录入“01”，或单击“供应商”栏的参照按钮，选择“胜利公司”，在“存货名称”栏录入“001”，或单击“存货名称”栏的参照按钮，选择“钢材”，在“数量”栏录入“10.00”，在“原币单价”栏录入“1 200.00”，录入采购专用发票如图 8-11 所示。

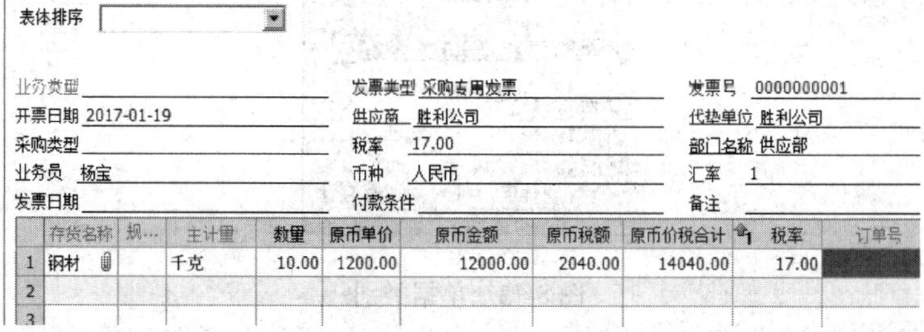

图 8-11　录入采购专用发票

（4）单击“保存”按钮，单击“关闭”按钮退出。

业务二　录入采购专用发票和运费普通发票

业务描述

2017年1月19日，从本利公司采购油漆20桶，原币单价为110元，增值税税率为17%，采购专用发票号码：0000000002，运费80元。

操作步骤

（1）根据业务一的方法填制一张采购专用发票，如图8-12所示，关闭专用发票窗口。

（2）在“应付款管理系统”中，单击“应付单据处理”/“应付单据录入”命令，打开“单据类别”对话框，如图8-13所示。

（3）单击“单据类型”栏的下三角按钮，选择“采购普通发票”。

（4）单击“确定”按钮，打开“采购发票”窗口。

（5）单击“增加”按钮，修改开票日期为“2017-01-19”，在“供应商”栏录入“03”，或单击“供应商”栏的参照按钮，选择“本利公司”，在“税率”栏录入“7.00”，在“存货编码”栏录入“005”，单击“存货名称”栏的参照按钮，选择“运输费”，在“原币金额”栏录入“80.00”，录入运费普通发票如图8-14所示。

（6）单击“保存”按钮，单击“关闭”按钮退出。

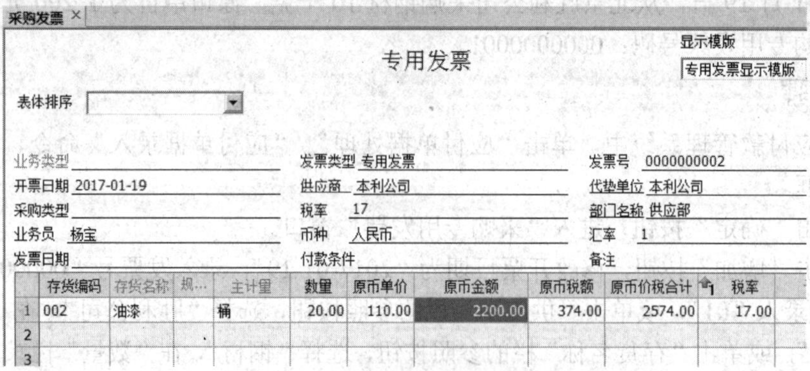

图8-12　填制采购专用发票

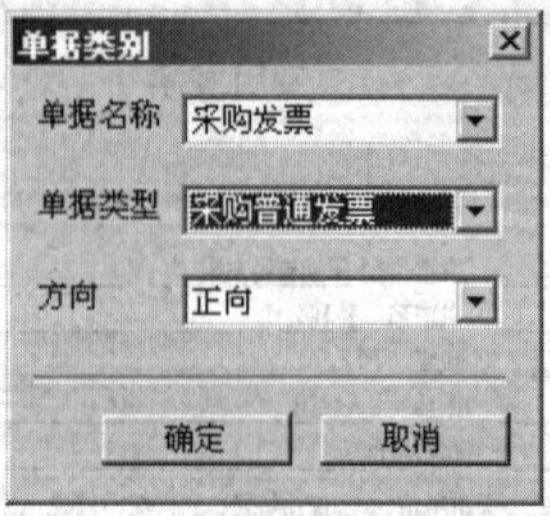

图8-13　单据类别

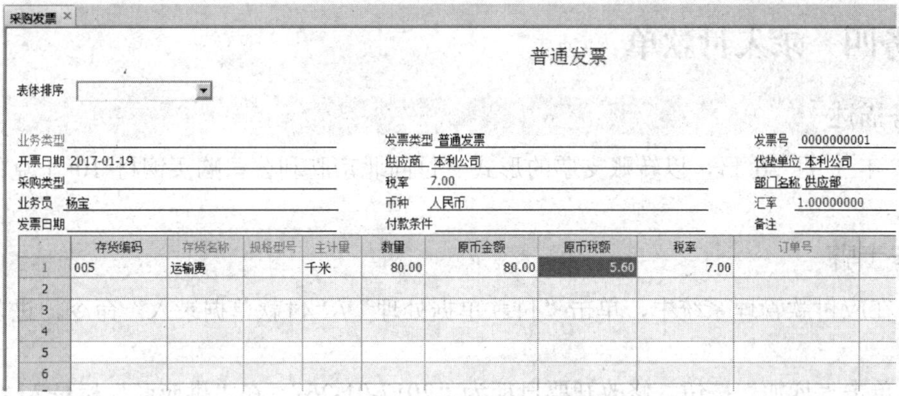
采购发票

普通发票

表体排序

业务类型 | 发票类型 普通发票 | 发票号 0000000001
开票日期 2017-01-19 | 供应商 本利公司 | 代垫单位 本利公司
采购类型 | 税率 7.00 | 部门名称 供应部
业务员 杨宝 | 币种 人民币 | 汇率 1.00000000
发票日期 | 付款条件 | 备注

	存货编码	存货名称	规格型号	主计量	数量	原币金额	原币税额	税率	订单号
1	005	运输费		千米	80.00	80.00	5.60	7.00	
2									
3									
4									
5									
6									

图 8-14　录入运费普通发票

业务三　审核应付单据

业务描述

审核前面录入的应付单据，包括两张采购专用发票和一张普通发票。

操作步骤

（1）在应付款管理系统中，单击“应付单据处理”/“应付单据审核”命令，打开“付款单过滤条件”对话框，去掉单据日期条件。

（2）单击“确定”按钮，进入“应付单据列表”窗口，如图 8-15 所示。

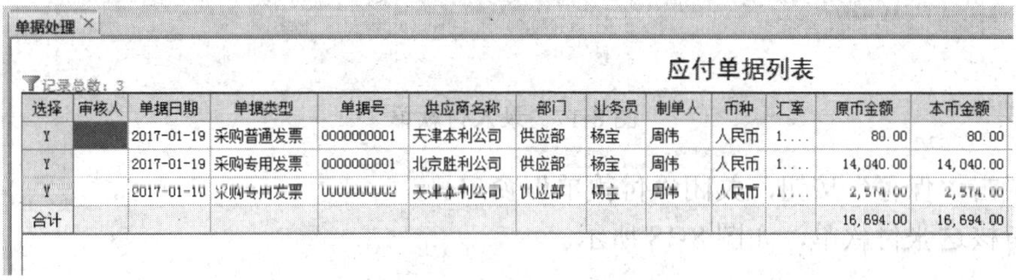
单据处理

应付单据列表

记录总数：3

选择	审核人	单据日期	单据类型	单据号	供应商名称	部门	业务员	制单人	币种	汇率	原币金额	本币金额
Y		2017-01-19	采购普通发票	0000000001	天津本利公司	供应部	杨宝	周伟	人民币	1....	80.00	80.00
Y		2017-01-19	采购专用发票	0000000001	北京胜利公司	供应部	杨宝	周伟	人民币	1....	14,040.00	14,040.00
Y		2017-01-19	采购专用发票	0000000002	天津本利公司	供应部	杨宝	周伟	人民币	1....	2,574.00	2,574.00
合计											16,694.00	16,694.00

图 8-15　应付单据列表

（3）单击“全选”按钮，单击“审核”按钮，系统提示如图 8-16 所示。

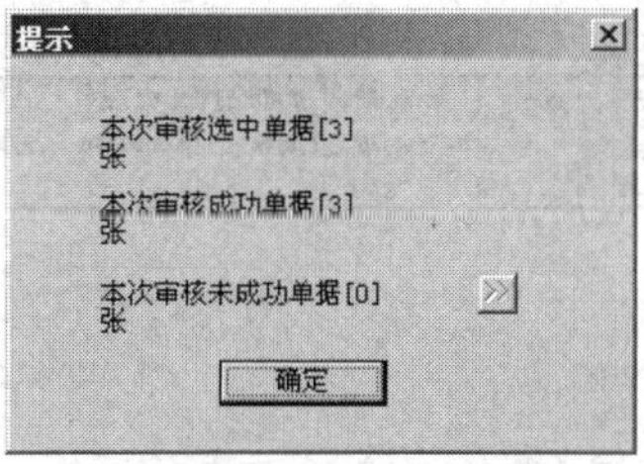

图 8-16　系统提示

（4）单击“确定”按钮关闭，单击“关闭”按钮，关闭列表窗口。

业务四　录入付款单

业务描述

2017 年 1 月 26 日，以转账支票的形式支付向北京胜利公司购买钢材 10 千克的货税款 14 040 元。

操作步骤

（1）在应付款管理系统中，单击“付款单据处理”/“付款单据录入”命令，进入“付款单”窗口。

（2）单击“增加”按钮，修改开票日期为“2017-01-26”，在“供应商”栏录入“01”，或单击“供应商”栏的参照按钮，选择“胜利公司”，单击“结算方式”栏的下三角按钮，选择“转账支票”，在“金额”栏录入“14 040.00”，在“摘要”栏录入“支付购买钢材的货税款”，录入付款单如图 8-17 所示。

图 8-17　录入付款单

（3）单击“保存”按钮，关闭“付款单”窗口。

（4）审核这张付款单，如图 8-18 所示。

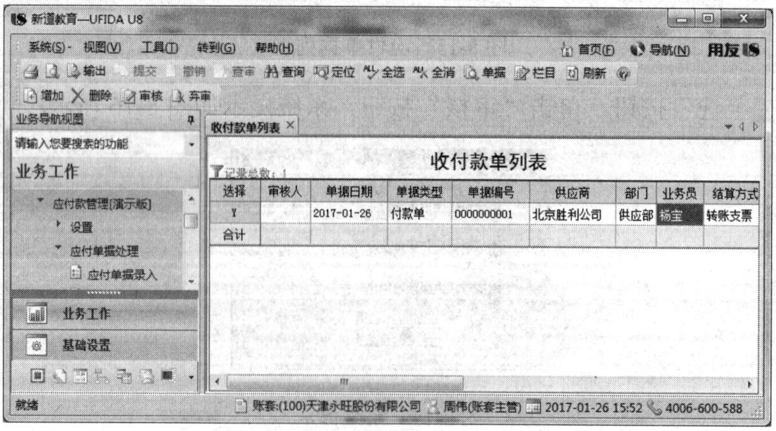

图 8-18　审核付款单

业务五　制单（生成凭证）处理

业务描述

2017 年 1 月 31 日，对前面录入的单据进行制单。

操作步骤

（1）在“应付款管理系统”中，单击“制单处理”命令，打开“制单查询”对话框。

（2）选中“发票制单”前的复选框，以及“付款单制单”前的复选框，单击“确定”按钮，进入“制单”窗口。

（3）单击“全选”按钮，单击“凭证类别”栏的下三角按钮，选择“转账凭证”，如图 8-19 所示。

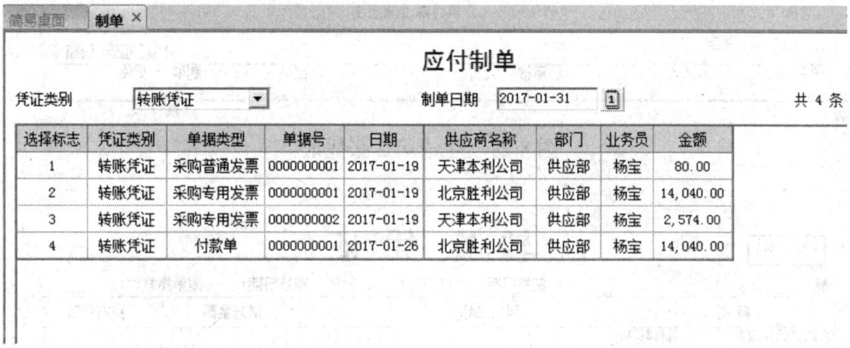

选择标志	凭证类别	单据类型	单据号	日期	供应商名称	部门	业务员	金额
1	转账凭证	采购普通发票	0000000001	2017-01-19	天津本利公司	供应部	杨宝	80.00
2	转账凭证	采购专用发票	0000000001	2017-01-19	北京胜利公司	供应部	杨宝	14,040.00
3	转账凭证	采购专用发票	0000000002	2017-01-19	天津本利公司	供应部	杨宝	2,574.00
4	转账凭证	付款单	0000000001	2017-01-26	北京胜利公司	供应部	杨宝	14,040.00

图 8-19　制单选择

（4）单击“制单”按钮，打开填制凭证窗口，生成第 1 张凭证，如图 8-20 所示。

（5）单击“保存”按钮。

（6）单击“下张”按钮，再单击“保存”按钮，依次完成全部单据的制单，如图 8-21、图 8-22、图 8-23 所示。

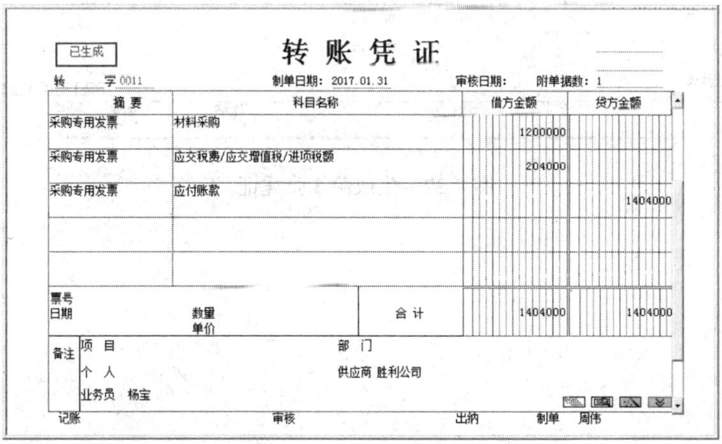

图 8-20　生成第 1 张凭证

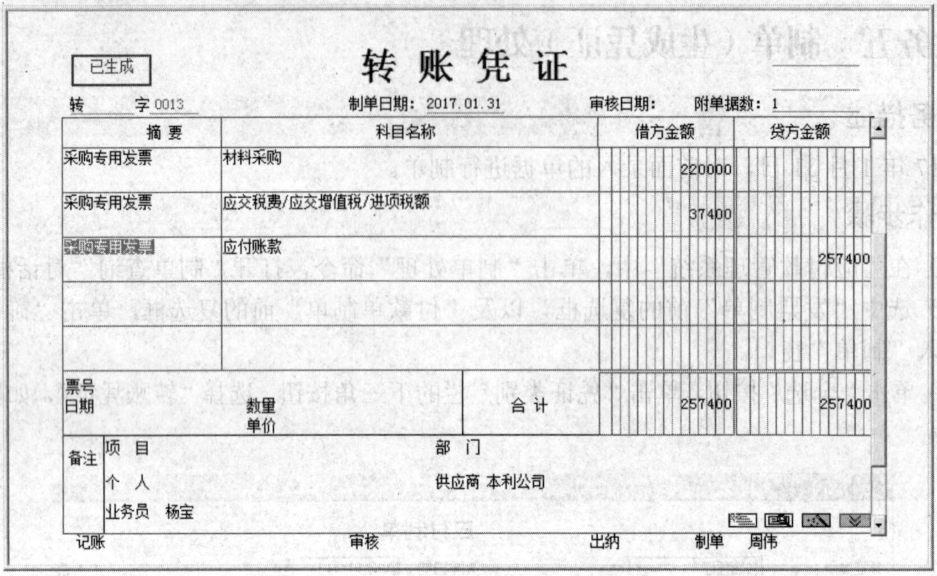

已生成

转 账 凭 证

转 字 0013　　制单日期：2017.01.31　　审核日期：　　附单据数：1

摘要	科目名称	借方金额	贷方金额
采购专用发票	材料采购	220000	
采购专用发票	应交税费/应交增值税/进项税额	37400	
采购专用发票	应付账款		257400
票号 日期	数量 单价 合计	257400	257400

备注　项　目　　部　门

个　人　　供应商 本利公司

业务员 杨宝

记账　　审核　　出纳　　制单 周伟

图 8-21　生成第 2 张凭证

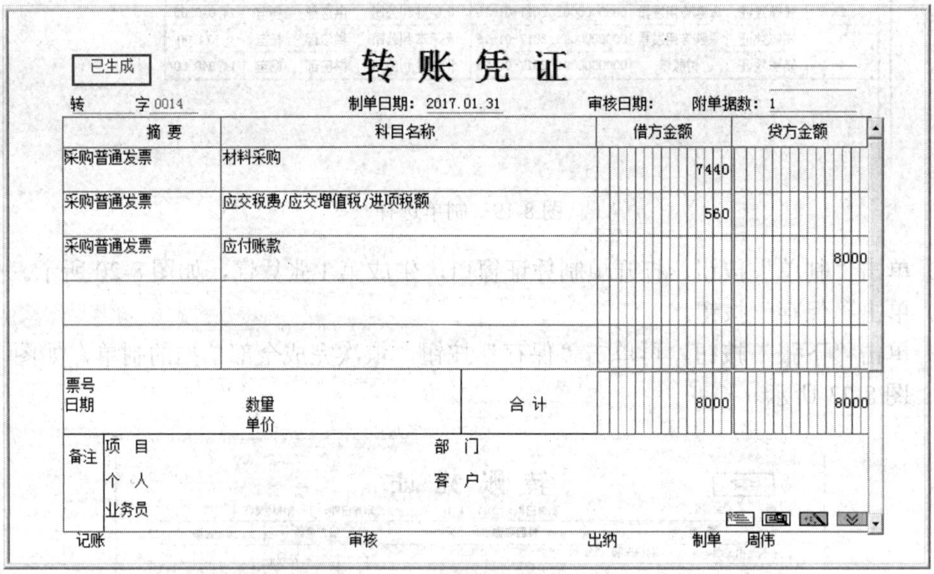

已生成

转 账 凭 证

转 字 0014　　制单日期：2017.01.31　　审核日期：　　附单据数：1

摘要	科目名称	借方金额	贷方金额
采购普通发票	材料采购	7440	
采购普通发票	应交税费/应交增值税/进项税额	560	
采购普通发票	应付账款		8000
票号 日期	数量 单价 合计	8000	8000

备注　项　目　　部　门

个　人　　客　户

业务员

记账　　审核　　出纳　　制单 周伟

图 8-22　生成第 3 张凭证

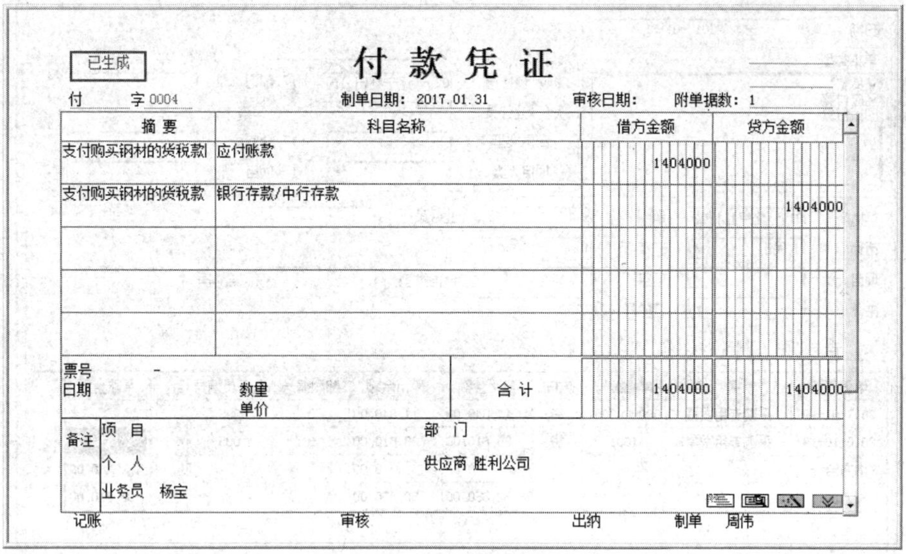

已生成

付款凭证

付 字 0004 制单日期：2017.01.31 审核日期： 附单据数：1

摘要	科目名称	借方金额	贷方金额
支付购买钢材的货税款	应付账款	1404000	
支付购买钢材的货税款	银行存款/中行存款		1404000
票号 - 日期 数量 单价	合计	1404000	1404000

备注 项目 部门

个人 供应商 胜利公司

业务员 杨宝

记账 审核 出纳 制单 周伟

图 8-23　生成第 4 张凭证

任务三　转账处理、结账处理

业务一　转账业务

业务描述

1．转账（应付冲应付）

2017 年 1 月 31 日，经三方同意，将 2016 年 10 月 19 日形成的应向“北京胜利公司”支付的货税款 38 610 元转为向“辽宁红日公司”的应付账款。

2．结账

操作步骤

（1）转账（应付冲应付）。

① 在“应付款管理系统”中，单击“转账”/“应付冲应付”命令，打开“应付冲应付”对话框。

② 在“供应商”栏录入“01”，或单击“转出户”栏的参照按钮，选择“北京胜利公司”，再在“转入——供应商”栏录入“02”，或单击“转入户”栏的参照按钮，选择“辽宁红日公司”，其他选项默认。

③ 单击“查询”按钮，在第 2 行“并账金额”栏录入“38 610.00”，如图 8-24 所示。

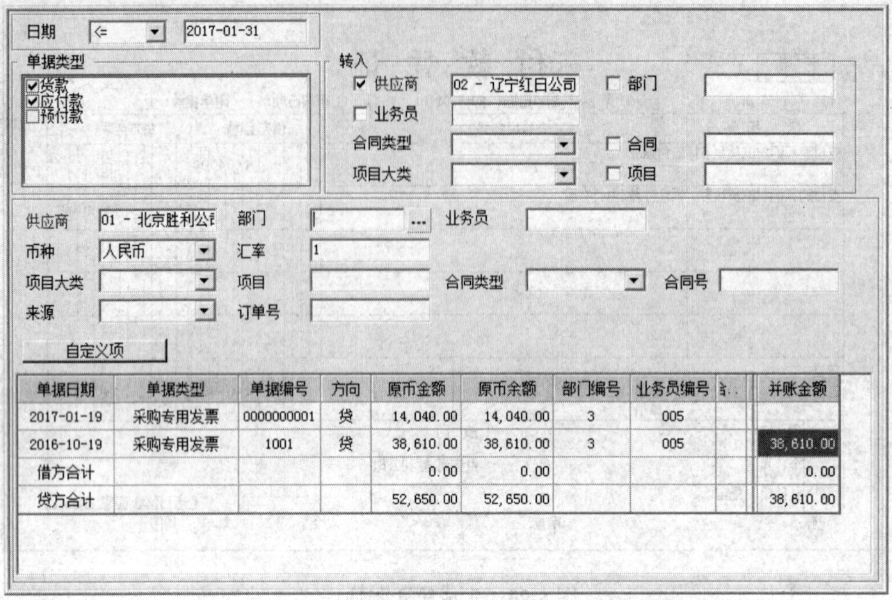

图 8-24　应付冲应付

④ 单击“保存”按钮，弹出“是否立即制单”信息提示框，单击“是”按钮，生成凭证如图 8-25 所示。

⑤ 关闭凭证窗口。

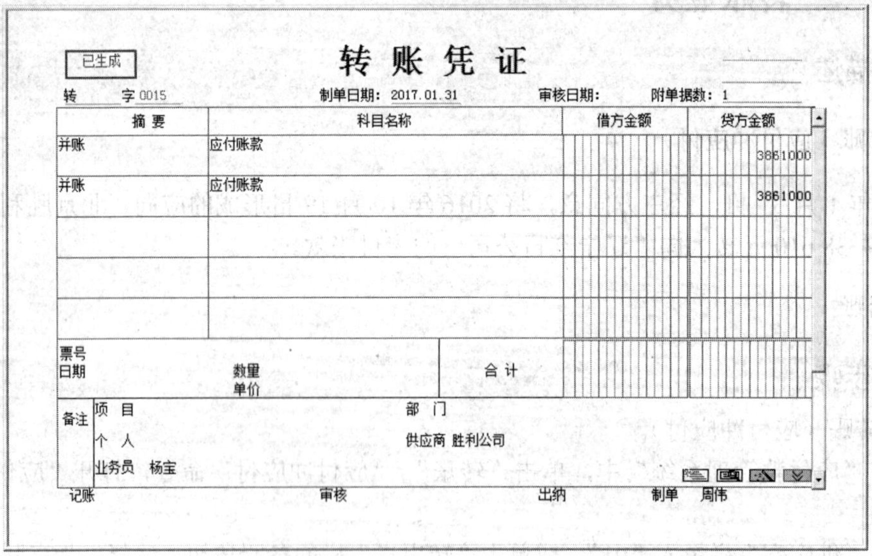

图 8-25　生成凭证

（2）结账。

① 在“应付款管理系统”中，单击“期末处理”/“月末结账”命令，打开“月末处理”对话框，如图 8-26 所示。

② 双击一月份“结账标志”栏。

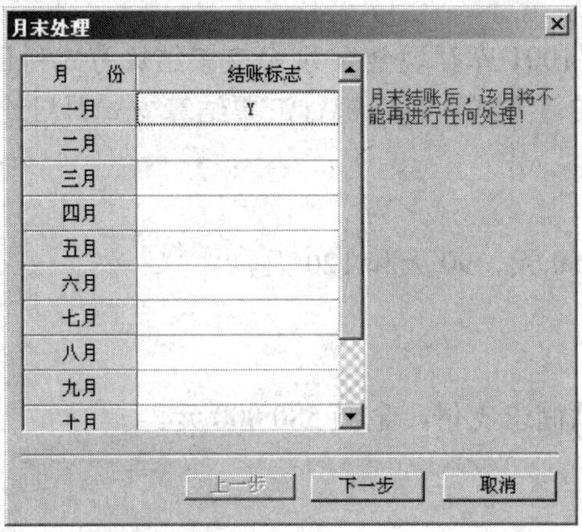

图 8-26 月末处理

③ 单击“下一步”按钮，出现“月末处理——处理情况”表。

④ 单击“完成”按钮，系统弹出“1 月份结账成功”信息提示框。

⑤ 单击“确定”按钮。

模拟实训

应付款系统

一、实训目的

通过实训掌握采购与应付款管理系统初始化、日常业务处理及月末处理的操作，理解采购管理、应付款管理、总账系统间的数据传递关系。

二、实训资料

1. 系统参数

应付款核销方式为“按单据”，单据审核日期依据为“业务日期”，应付款核算类型为“详细核算”，受控科目制单依据为“明细到供应商”，非受控科目制单方式为“汇总方式”；启用供应商权限，并且按信用方式根据单据提前 7 天自动报警。

2. 基本科目

应付科目为“2202 应付账款”，预付科目为“1123 预付账款”，采购科目为“1401 材料采购”，采购税金科目为“22210101 应交税费——应交增值税——进项税额”，现金折扣科目为“6603”，票据利息科目为“6603”，票据费用科目为“6603”，收支费用科目为“6601”。

3．结算方式科目

现金结算方式科目为“1001 库存现金”，现金支票结算方式科目、转账支票结算方式科目、信汇结算方式科目、电汇结算方式科目及银行汇票结算方式科目均为“100201 工行存款”。

4．逾期账龄区间

总天数分别为 30 天、60 天、90 天和 120 天。

5．期初余额

山东德成公司的设备款尚未支付，金额 580 000 元。

6．日常业务

（1）1 月 5 日，采购部对外采购钢材 20 吨，单价 1 100 元，增值税专用发票注明：价款 22 000 元，进项税额 3 740 元，货款尚未支付，材料尚未验收入库。

（2）1 月 25 日，偿还前欠山东德成公司 580 000 元货款的 50%，用转账支票支付，支票号 0446，领用部门：采购部，领用人姓名：钱进。

7．实训要求

- 建账及初始设置；
- 采购业务处理；
- 应付及付款业务处理；
- 采购及应付款系统月末处理。

反侵权盗版声明